# 基于学习进阶的
# 小学科学与初中生物学衔接探索与实践

徐国艳　李兴锐　主编

首都师范大学出版社
CAPITAL NORMAL UNIVERSITY PRESS

图书在版编目（CIP）数据

基于学习进阶的小学科学与初中生物学衔接探索与实践 /
徐国艳，李兴锐主编. —北京：首都师范大学出版社，2022.11

ISBN 978-7-5656-7291-0

Ⅰ.①基… Ⅱ.①徐… ②李… Ⅲ.①科学知识－教学研究
－小学②生物课－教学研究－初中 Ⅳ.①G623.62②G633.912

中国版本图书馆CIP数据核字(2022)第222502号

基于学习进阶的小学科学与初中生物学衔接探索与实践

徐国艳　李兴锐◎主编

责任编辑　王莉莉

首都师范大学出版社出版发行

| | | |
|---|---|---|
| 地　　址 | 北京西三环北路105号 | |
| 邮　　编 | 100048 | |
| 电　　话 | 68418523（总编室） | 68982468（发行部） |
| 网　　址 | www.cnupn.com.cn | |
| 印　　刷 | 廊坊市印艺阁数字科技有限公司 | |
| 版　　次 | 2022年11月第1版 | |
| 印　　次 | 2022年11月第1次印刷 | |
| 书　　号 | ISBN 978-7-5656-7291-0 | |
| 开　　本 | 710 mm×1000 mm　　1/16 | |
| 印　　张 | 19.25 | |
| 字　　数 | 290 千字 | |
| 定　　价 | 45.00 元 | |

# 编委会名单

# 序　言

　　培育核心素养是应对 21 世纪挑战的重要方式，因此也成为我国新一轮教育领域改革的重要任务。核心素养的培育贯穿了基础教育的各个阶段，每一阶段要做什么、怎么做、做到什么程度，如何通观整体设计、学段衔接实现连贯有梯度的培养，是我们每一位基础教育工作者都需要去思考和探索的问题。

　　课程是培育核心素养的重要途径。新出台的义务教育学科课程标准给出了明确的方向和目标。然而从理论到课堂教学实践的落地，还需要结合各方要素，开展深入持续的教学研究与实践探索。

　　燕山教委自 2017 年起，以全面提升学生核心素养为目标，立足地区教育实际，充分发挥地区教育格局优势，以课程建设为切入点，深入开展"课程一体化建设"研究。希望通过循序渐进的实践研究，构建起内部融通、上下贯通、横向整合的结构化、体系化课程实践体系，解决长期以来课程内容、学习方式"零散""割裂""孤立"的教学现状，实现对学生的"完整培养"，从而更好地培育核心素养。

　　生物学科就是该项教育改革的最早实验学科之一。该学科以构建起义务教育阶段科学、体系化、可操作的生物学科课程实践体系为基本目标，开展了深入、持续、扎实的理论与实践研究。本书就是该项研究的阶段性成果之一。

　　理论性与实践性相结合是本书的一大特点。核心素养以何种方式落地，学段衔接以何种方式展开，是课程研究的重点也是难点问题。研究团队通过对大量理论资料的阅读、对比，最后基于研究目标、结合学科特点，确立了以"学习进阶"为主要理论基础，结合学生在生物学概念理解、科学思维、探究实践、态度责任以及生命观念五个方面的发展状况，将五个维度不同层级的描述进行整合，利用整合后的表现期望开发了贯通核心素养的衔接活动，并由此展开一系列由简单到复杂、相互关联的教学序列实践探索。

　　有扎实的研究基础是本书的又一特点。本书的编写建立在《义务教育科学课程标准（2022 年版）》和《义务教育生物学课程标准（2022 年版）》对比分析的基础上，致力于寻找小学"科学"和初中"生物学"课程的衔接点。"活动"是沟通两个学段素养的台阶，学生反复经历基于事实或证据解决实际问题的活动，容易突破中间层次，其素养的进阶路径会走得更平稳。编者应用学习进阶理论，分别开发了适合6年级学生的32个衔接活动，根据学生动手操作的不同将活动分为观察类、探究类及实践类进行呈现。书中的活动内容注重从学生的生活经验出发，配有大量图片，力求美观活泼，思考与讨论注意引导学生的知识迁移，丰富多彩的知识拓展有利于激发学生的阅读兴趣。

可操作性强是本书的第三个特点。详细的活动方案可为小学科学教师提供有效的衔接途径，也可为初中生物学教师拓展课堂教学提供资源。教学案例将活动方案与教学实践结合起来，能够直接地、形象地反映衔接教学的具体过程。因此本书可以直接成为教师教学实践的蓝本。阅读完这本书，教师不仅能够理解知识进阶理论，并能借助实践活动案例更好地理解和运用理论，若教学环境相似，还可以直接应用到自己的课堂教学中，从而实现由学习到实践的最大效益转换。

本书从酝酿到成稿，是由教研员和一线教师长期的智慧和心血凝结而成，它不仅是一项重要的实践研究，更是一本将理论与教学实践很好地结合在一起的教师教学实用指导手册，阅读者能从理论学习中理解实践的本质，也能从教学实践案例中很好地理解、消化吸收学习进阶理论的内涵，更能借助本书有效展开自己的教学实践。

希望我们老师的研究能为各位教育同仁带来启发，也诚挚地期待和大家一起交流、碰撞，共同为基础教育的高质量、高品质发展贡献力量！

北京市房山区燕山教育委员会主任

2022年6月

# 目 录

# 第一章　理论篇

　　随着科技的发展，社会进步对人才需求的不断提高，世界各国都致力于发展和改革科学教育，相继出台了教育改革方案、修订了学科课程标准。2015 年《教育部关于全面深化改革落实立德树人根本任务的意见》中提出了"核心素养体系"这一概念，标志着我国基础教育迈进了"核心素养时代"。基于学习进阶的研究在推动教育与时俱进的进程中起到了引领的作用。那么什么是学习进阶？什么是基于进阶的实践活动？基于进阶的实践活动又有哪些重要意义和价值？

# 第一节 学习进阶研究概述

国内外不少专家与学者就学习进阶的定义、特点、要素、开发与应用等方面进行了讨论与分析，这些都决定了学习进阶需要对学生认知发展和已有生活经验进行重点关注。目前，有关学习进阶的研究逐渐从理论研究向实践应用过渡。学习进阶是当前国际科学教育领域的重要研究课题，其开发研究促进了课程、教学、评价的融合。

## 一、学习进阶定义

学习进阶 (learning progressions，LPs) 也称学习进程，是国际科学教育领域研究的热点，它能够将课程、教学与评价连为一体。2005 年美国国家研究理事会（National Research Council, NRC）在《国家科学评价体系》（*The Systems for State Science Assessment*）的报告中首次明确提出了这一名词[1]。自提出以来受到了广泛关注，2007 年美国研究委员会在《把科学带到学校》（*Taking Science to School*）的报告中再一次指出学习进阶可以作为课程开发的基础，是沟通学习研究与课堂教学实践的桥梁，联结课程、教学与评价，促进其相互一致性的有效工具[2]。2009 年举办的学习进阶的科学研究峰会将学习进阶热潮推向了高潮，《科学教育研究》（*Journal of Research on Science Teaching*）杂志在同年出版了关于学习进阶研究的特刊[3]。随着 2013 年《下一代科学标准》的出版，学习进阶作为一种新的教与学的方式被广泛推广。2010 年《学习进程：促进课程、教学和评价的一致性》一文的发表意味着我国也开始了关于"学习进阶"的研究[4]。随后学习进阶在国内受到广泛关注，并迅速应用于教学实践。乔通等人进行了"运动与相互作用"主题中的重要概念及其学习进阶研究[5]。孙影等人基于评价系统进行了化学变化的学习进阶研究[6]。陈樱樱等人以高中"生物进化理论"为例将学习进阶应用于生物学课堂教学中[7]。

事实上，学习进阶并非是一个全新的思想，它与"概念研究"或"概念发展"一脉相承，1994 年罗莎琳德在"儿童对科学概念的理解"的研究中指出，儿童对科学概念的理解遵循一条概念轨迹。利用"概念轨迹"（conceptual trajectory）能为贯通中小学课程规划提供指导[8]。泰伯等在化学教育领域对"概念发展"（conceptual development）的研究中采用跨年级的追踪研究方式[9]，这些便是当今学习进阶的雏形。学习进阶理论认为儿童构建的心理模型具有预测性和解释性，概念发展与学生自身变化、学生的推理能力变化、学生认知水平变化相关。早些年前就有发展心理学家致力于儿童诸多领域随时间发展的研究，如布鲁纳的螺旋式课程(spiral curriculum)、布朗和坎皮奥内的"发展长廊"(developmental corridor)以及卡彭特和莱勒的"认知导向教学"(cognitively guided instruction)[10,11]。

不同学者对于学习进阶的内涵也有着不同的理解。表1中总结归纳的几种观点是国内外不同学者在研究过程中对"学习进阶"概念的界定。多数学者用"过程""路径""序列"等词描述学习进阶，例如艾莉西亚·阿朗佐在《开发和评估"力和运动"的学习进阶》一文中指出"学习进阶是对学生在各学段学习同一主题的概念时所遵循的连贯的、典型的学习路径的描述，一般呈现为围绕核心概念展开的一系列由简单到复杂、相互关联的概念序列"[12]。卡罗尔·史密斯等人在《对儿童学习标准与评估的研究启示："物质和原子分子"的学习进阶》一文中指出"学习进阶应该围绕某一内容领域的核心概念展开，学生通过特定的实践活动学习和掌握更复杂的推理路径"[13]。皇甫倩等人将学习进阶的内涵概括为：学生关于某一核心知识及相关能力、技能、实践活动在一段时间内进步、发展的历程，表现为特定的知识、技能和能力的潜在发展序列[14]。有的学者基于"假设－检验"对学习进阶进行阐释，例如萨利纳斯等人认为"学习进阶是以实证为基础、可检验的假说，在适当的指导下学生理解和使用核心科学概念、科学解释和相关科学实践的理解和运用会随着时间的推移而增长和变得更加复杂的过程"[15]。姜显光、郑文龙等人秉承假设说，进行了化学反应限度学习进阶预设模型构建，开发测量评价工具，检验并确立学习进阶模型[16]。思维方式是看待事物的角度、方式和方法，它对人们的言行起决定性作用。有的学者用"思维方式"描述学习进阶，认为"学习进阶是学生在学习的过程中，以内容领域为载体，获得的逐步深入且循序渐进的思维方式"[17,18]。冷春莹、王永成等人秉承方法说，认为学习进阶能将逻辑思维形象化[19]。有的学者从认知的角度描述学习进阶，还有学者认为"学习进阶在于刻画学生特定认知心理的阶段性发展"[20]。张玉峰应用学习进阶对中学物理进行了教学改进，将学习进阶描述为受学校正常教学影响，学生在某领域带有层级的认知发展的蓝图[21,22]。北京师范大学郭玉英教授在吸取国外经验与成果的基础之上，建构了核心概念学习进阶与物理学科核心素养关键能力的整合模型，并提出了"整合学习进阶"的概念[23-25]。整合说将学习进阶描述为核心素养的发展轨迹。整合式进阶是在凝练核心素养的背景下，对已开发出的学习进阶的统整和系统化，其更契合当代教育的发展理念，更贴近科学课堂的实际需求。

表 1    不同学者对学习进阶的定义

| 观点 | 定义 |
| --- | --- |
| 过程说 | 学习进阶是对学生在各学段学习同一主题的概念时所遵循的连贯的、典型的学习路径的描述，一般呈现为围绕核心概念展开的一系列由简单到复杂、相互关联的概念序列。 |
| 假设说 | 学习进阶是以实证为基础、可检验的假说，在适当的指导下学生理解和使用核心科学概念、科学解释和相关科学实践的理解和运用会随着时间的推移而增长和变得更加复杂的过程。 |
| 方法说 | 学生在学习的过程中，以内容领域为载体，获得的逐步深入且循序渐进的思维方式。 |
| 认知说 | 学习进阶的本质在于刻画学生特定心理结构的阶段性发展。可描述为在学校正常教学影响下学生在某领域带有层级的认知发展的蓝图。 |
| 整合说 | 将科学核心概念和关键能力整合为核心素养，学习进阶描述了核心素养的发展轨迹。 |

通过分析不难发现，学者们往往会根据研究的范围或视角对学习进阶进行界定，但是大多都引用了 NCR 的定义，描述了学生在学习过程中，对相关主题的思维、认知是如何从简单到复杂，如何从低水平发展到高水平的。通过学习研究者对学习进阶的定义，本书秉承郭玉英教授提出的"整合式进阶"，将概念与依托概念而生的核心素养整合在一起，于是将学习进阶的内涵概括为：学生关于概念、科学思维、探究实践、生命观念及态度责任在一段时间内发展的历程。

## 二、学习进阶的理论基础

学习进阶强调的是发展的过程，是学生的学习从一个状态到另一个状态的逐步发展过程。学习进阶的心理学基础主要包括皮亚杰的认知发展理论、维果茨基的最近发展区等；教育学基础主要包括杜威的经验连续性概念、泰勒的学习经验组织原则等；在成就评价上普遍关注的是比格斯的 SOLO 分类评价理论。

（一）皮亚杰的认知发展理论

认知发展理论由著名发展心理学家皮亚杰所提出，以阶段性著称，聚焦于学生在一段时间内的认知发展。所谓的认知发展是指个体自出生后在适应环境的活动中，对事物的认知及面对问题情境时的思维方式与能力表现，随年龄增长而改变的历程[26]。认知发展理论认为：个体发展的认知结构是不断建构并逐渐完善的，并经历了四个阶段：首先是感知运算阶段，需要用到感官，到前运算阶段，建立表象思维，再到具体运算阶段，由表象思维演化为运算思维，最后到形式运算阶段，发展为抽象逻辑推理水平。表 2 是对儿童认知发展各阶段主要特征的具体描述[27]。从整体上来看，个体的认知发展呈现出明显的阶段性和循序渐进性，对于指导教学的启示是，教学过程要符合学生不同年龄阶段的认知发展水平。

表 2　儿童认知发展阶段及各阶段的主要特征

| 阶段名称 | 年龄 | 功能特征 |
| --- | --- | --- |
| 感知运算阶段 | 0~2 岁 | 凭感觉和动作以发挥其图式功能；由本能性的发射动作到目的性的活动；对物体认识具有物体永恒存在性概念。 |
| 前运算阶段 | 2~7 岁 | 能使用语言表达概念，但有自我中心倾向；能使用符号代表实物；能思维但不合逻辑，不能见及事物的全面。 |
| 具体运算阶段 | 7~11 岁 | 能根据具体经验思维解决问题；能理解可逆性的道理；能理解守恒的道理。 |
| 形式运算阶段 | 11 岁以上 | 具有抽象思维；能按假设验证的科学法则解决问题；能按形式逻辑的法则思考问题。 |

（二）维果茨基的最近发展区理论

维果茨基提出的"最近发展区"理论，强调关注学生的现有水平与"跳一跳摘桃子"能达到的水平之间的差距[28]。最近发展区是一种介于儿童看得见的现实能力与并不明显的潜在能力之间的潜能范围[29]。维果茨基认为儿童有两种心理机能发展水平：一种是现实的现有水平；另一种是潜在的可能达到的水平。最近发展区就是儿童在他人的帮助下能够达到解决问题的最高水平与独自解决问题的水平之间的差[29]。这一理论之所以成为学习进阶的基础，是因为学习进阶在划分其成就水平时，能够体现出学生在某一进阶水平已有的知识，以及要达到下一进阶水平还需要学习什么，其间的差距就是最近发展区。各阶段的学习要求与层次逐渐提升，学习进阶框架为学生的学习提供较完整的路径描述，让学生可以明确地知道现在学习的知识对接下来的学习有什么影响，之间的差距有多大等[30]。所以，该理论对于教师教学的启示主要在两个方面：第一，教学的关键就是创造最近发展区，明确学生处于什么阶段，选择什么样的教学方法来使之顺利进阶达到下一个水平，为学生构建进阶的台阶，这样为学习进阶的中间水平的设定提供了方向；第二，凸显了解学生已有的学习经验对于学习的重要性，教师明确学生已有的知识储备对于进入下一阶段的学习有事半功倍的效果。学习进阶在以上的理论基础上发展而来，对后续的培养原则给予了一定的指导作用。

（三）杜威的经验连续性概念

杜威汲取了科学实验的积极因素，打破了传统意义上人们对理性与经验的分裂与对立关系的理解，然后在此基础上重建了"经验"的概念[31]。杜威受威廉·詹姆斯关于经验总是处于流动过程中并不断生成和发展的思想的影响，超越传统的静态"经验"的理解。杜威认为经验是有机体与环境间的连续性的贯通作用，既包含着经验的事物或活动的结果，又包含着经验的过程或活动的过程（见表3）。在杜威看来，经验是时间上发生的持续性的发展和变化，是在后继的经验中连续得到的改造和发展[32]。在经验连续性概念基础上，学习进阶关注学生经验的变化。学习进阶并非是一个自发发展的过程，精心的教学设计和独具魅力的课堂教学会促进进阶的产生[18]。基于经验连续性概念的学习进阶对课堂教学的启示在于：学习活动时间的连续性能保证学习任务连续地展开，不至于被外部力量打断与分割；学习任务的连续性能保证思维能够连续地展开，连续的活动经验是思维形成和发展的基础，促进复杂问题的解决；思维上的连续性则可以助力思维由低阶走向高阶、由零散走向完整，进而实现学习能力的跃升。少了外界因素的干扰，能不断促进学生的深度学习，从而能让学生在真实探究过程中实现素养的进阶[11,33]。

表3 杜威的经验连续性概念

| "经验"连续性<br>概念论述 | "经验"连续性概念论点 | 教育观点 |
|---|---|---|
| 每种经验既从过去经验中采纳了某些东西，同时又以某种方式改变未来经验的性质 | 儿童新经验的获得与积累是基于旧经验的，同时又是作为后来新经验获得的前提基础的，这一过程本身并非简单的静态经验的积累。 | 基于儿童的发展的能力和发展各种倾向的力量，需要依靠儿童在经验的各种动态联系中连续的发展。儿童经验的动态发展是通过儿童生活经验的连续的新增长，以实现其对社会生活环境的发展。 |
| 有了生长的积累，经验才具有生命力 | 儿童的经验过程是基于未成熟状态的，儿童"朝着后来结果的行动的累积运动"的动态生长和发展过程。 | |
| 经验的改造可能是个人的，也可能是社会的 | 儿童经验是儿童与环境相互交融、吸收、彼此维系的动态生长和发展过程，既包括儿童生活经验的发展，又包括社会生活环境的发展。 | |

（四）泰勒的学习经验组织原则

在《课程与教学的基本原理》一书中，泰勒指出："思维方式、基本习惯、起主要作用的概念、态度以及持久的兴趣等方面的改变，都是缓慢形成的，为了使学习经验产生累积效应，必须对学习经验进行有效组织，以使之相互强化"[34]。学习进阶理论认同有效组织学习经验时必须符合三个准则，即连续性、顺序性和整合性[34]。所谓"连续性"就是指直线式地重申主要的课程要素，即教师为了让学生达到学习目标，需要在组织学习经验时不断重复出现相关内容。就拿"结构与功能"来说，这是生物学最基本的两个概念，需要在为学生提供学习经验的过程中，从不同的主题视角中反复重现结构与功能，让"结构与功能"不断地在学生的眼前。所谓"顺序性"就是在前面经验基础之上建立后继经验，同时又对有关内容作更深入、广泛的探讨。再次拿"结构与功能的关系"来说，需要在为学生提供学习经验的过程中，延伸结构与功能的关系，打破机械性认识结构与功能相适应，某层次结构的功能不能离开它的上一个层次的整体，功能的实现需要其他结构的配合，功能的实现需要内部和外部条件。所谓的"整合性"是指课程经验的横向关系。这些经验的组织应该有助于学生逐渐获得一种统一的观点。依然拿"结构与功能的关系"来说，需要在为学生提供学习经验的过程中，让学生认识到结构与功能相适应的观点能为分析结构、推断功能提供思想方法[35]。

泰勒认为教师在提供学习经验时应考虑如下几个方面：（1）为达到既定的教育目标，给学生提供的学习经验必须既能使学生有机会实践该目标所隐含的行为，又能使学生有机会处理该目标所隐含的内容；（2）学习经验必须使学生在实践该目标所隐含的行为的过程中获得满足；（3）学习经验所期望的反应是在学生力所能及的范围之内的，也就是说，学习经验应该适合学生目前的水平及其心理倾向；等等[36]。

（五）比格斯的 SOLO 分类评价理论

SOLO 分类理论是香港大学教育心理学教授比格斯首创的一种以等级描述为特征，用来评价学生学业质量的方法。SOLO 是英文 "Structure of the Observed Learning Outcome" 的缩写，即可检测的思维结构，又称可观察的学习结果[37]。SOLO 分类理论融合了信息加工理论和认知发展理论的优点，认为任何学习结果的数量和质量都由学习过程中的教学程序和学生特点决定。因此 SOLO 分类理论能系统地描述学习者面对不同学习任务时的表现，既能反映学生认知质的差异，也能反映量的差异。为了研究进阶中的认知水平、能力层级，学习进阶理论基于 SOLO 分类理论进行评价。SOLO 分类法是一种以等级描述为特征的质性评价方法，如图 1 所示，根据学生的已有知识结构、学习投入以及学习策略等多方面的特征，将思维结构从具体到抽象，从单维到多维，从组织无序到有序划分为五个层次，前结构、单点结构、多点结构、关联结构和抽象拓展结构[37-39]。

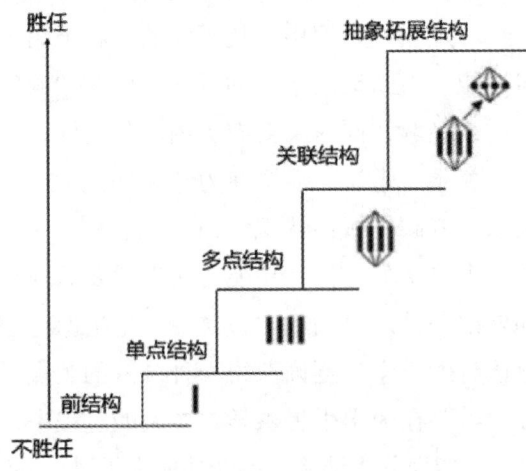

图 1　SOLO 分类法的结构模型

（1）前结构层次：学生基本上无法理解问题和解决问题，只提供了一些逻辑混乱、没有论据支撑的答案。学生可能只是简单说一句"我不懂"，或把问题重复一遍，或回答了一个毫不相关的问题。

（2）单点结构层次：学生找到了一个解决问题的思路，但却就此收敛，单凭一点论据就跳到答案上去。有点类似盲人摸象，说大象像根管子，像一堵墙，像一条蛇，每个人都说出了对他来说是正确的解答。

（3）多点结构层次：学生找到了多个解决问题的思路，但却未能把这些思路有机地整合起来。在这个水平上，可能会出现两个人利用了相同的素材，却得出完全不同的结论的现象。

（4）关联结构层次：学生找到了多个解决问题的思路，并且能够把这些思路结合起来思考。

（5）抽象拓展层次：学生能够对问题进行抽象的概括，从理论的高度来分析问题，而且能够深化问题，使问题本身的意义得到拓展。

### 三、学习进阶的特点及要素

虽然科学教育领域中不同学者对学习进阶的界定仍在碰撞，但学习进阶思想认为，学习是一个逐渐累积、发展的过程。学生对科学概念的理解、关键能力的掌握存在多个不同的中间水平，而在一定的时间范围内，依靠恰当的教学策略，学生对概念的理解和运用便会逐渐发展、不断成熟。发展变化是多种因素相互作用、相互联系的结果。有的学者用模型表示学习进阶（见图2）。模型中的起点是指学生已有的经验和知识，终点为社会对学生的期望，即人们期望学生在到达进阶顶端时"应该知道什么"或"能做些什么"（如课程标准）；在起点和终点之间存在着多个中间水平，人们将大量研究进行总结归纳形成了这些中间水平[4,40]。

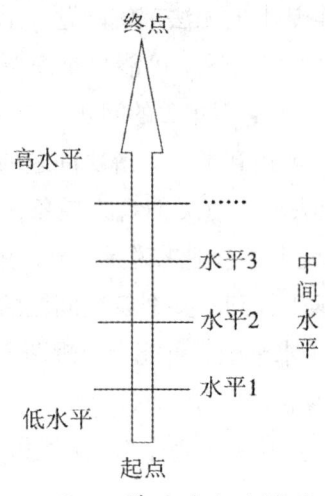

图 2　学习进阶的模型

（一）学习进阶的特点

把握学习进阶，需要对其特点进行认识。学习进阶的特点可以概括为：围绕核心概念建构、刻画学生知识和能力的不同层级，通过学习表现呈现层级发展的证据、体现课程和教学的影响。韦斯林等在《学习进程：促进课程、教学与评价的一致性》一文中将学习进阶的特征归纳为以下五个方面[4]：

（1）基于大量的研究。学习进阶的研究涉及范围广泛，如儿童发展、认知心理、科学教育等方面，能够全方位、更深刻地揭示学生学习发展的规律和特点。

（2）围绕基础、核心、生成性的学科知识和实践活动。学习进阶主要涉及核心知识与实践活动。这些处于基础、中心地位，起着核心骨架作用，极富"繁殖"意义，能够统整学科中的事实、概念、理论、技能等体系。学生借助此体系能够组织、建构和扩展自己对科学的理解，从而达到解决问题的目的。

（3）具有实证性。学习进阶的设计与实证通常交织在一起，经过假设、验证不断交替，学习进阶框架、测评工具等都会逐渐完善，因此学习进阶是在对大量实证研究的分析综合、概括推理基础上形成的。

（4）强调进阶途径的多样性。学习进阶的确立并不意味着学生的发展轨迹是唯一的，相反，由于学生个体、教育背景等方面均存在差异，所以学习发展的路径也不尽相同，即使完成同一个学习进阶，不同学生到达同一成就水平所需时间也不同。

（5）依赖于适当的课程与教学。学生是否沿着学习进阶所描绘的路径发展，逐步提高其核心素养，最终到达进阶的终点，离不开一定的课程与教学实践，并受到其调节与制约，而学生个体的成熟与发展也会影响着学习进阶。

（二）学习进阶的要素

除了熟悉学习进阶的特点以外，理解学习进阶本质的前提是对学习进阶的组成要素进行充分的认识，这也是灵活运用学习进阶的依据。科学教育界普遍认为学习进阶的组成要素包括学习目标（或预期的学习水平，target performance / learning goals）、进阶变量（或发展变量，progress variable）、成就水平（levels of achievements）、学习表现（learning performance）和评价测试（assessment）[3,14]。

（1）学习目标，即学习进阶的终点，它处于学习进阶顶端，由社会期望、学科要求或未来教育需要所规定。

（2）进阶变量，反映学生对学科核心概念的理解、应用及重要技能随时间的发展变化。

（3）成就水平，即大部分学生前往学习进阶终点所要经历的中间步骤、水平或阶段，它们也许并不完善，但却是前进不可缺少的重要基石。

（4）学习表现，即各成就水平的操作性定义，描述每一水平（阶段）上学生理解、技能的实际表现，为评价的设计提供明确详细的说明，可以用来标定学生在学习进阶中所处的位置。

（5）评价测试，用以跟踪、监测学生对核心概念的理解或实践水平沿着预设学习进阶随时间的发展状况，标记学生处于学习进阶量尺上的刻度。将从低水平到高水平的学习进阶视为一种对物质世界新的认识过程。

## 四、学习进阶研究的关键环节

学习进阶是一系列假设，假设学生在教学的影响下，对核心概念的理解、应用能力等如何随时间的推移而逐步深入发展。这种假设基于实证，可以被实证检验。因此学习进阶的研究遵循"证据驱动"范式，即模型预设和实证检验两个部分[41]。

（一）进阶变量的明确

模型预设的关键在于进阶变量的明确。所谓模型预设主要是以已有研究为基础，选定学科核心概念或实践，根据学科逻辑特点和学生的认知思维发展特点，划分出不同进阶层级、提出进阶变量，一般由进阶起点、进阶目标和中间节点构成，这三者由进阶变量将其串联在一起。因此，进阶变量的确定是学习进阶相关研究的关键环节[22,42]。

现阶段研究中进阶变量的内涵日益丰富，从以"知识内容"逐渐发展为以"科学概念""关键能力""知识与能力整合"等为发展主线。北京师范大学郭玉英教授团队以"科学概念"为进阶变量，开展了以大样本、跨年级测评为基础的学习进阶实证研究[22,43]。在认知理论的基础上确立了科学概念理解的发展层级模型。模型划分为五个层级，描述了学生对核心概念的各级表现期望（见表4）。

表4　科学概念理解的发展层级模型

| 发展层级 | 层级描述 |
| --- | --- |
| 经验 | 学生具有尚未相互关联的日常经验和零散事实。 |
| 映射 | 学生能建构事物的具体特征与抽象术语之间的映射关系。 |
| 关联 | 学生能建构抽象术语和事物数个可观测的具体特征间的关系。 |
| 系统 | 学生能从系统层面上协调多要素结构中各变量的自变与共变关系。 |
| 整合 | 学生能由核心概念统整对某一科学观念的理解，并建构科学观念间和跨学科概念的联系。 |

以关键能力的发展为主线的学习进阶关注科学实践能力的发展，具体刻画了各能力的发展脉络。夏玲玉在廉丽姝教授的指导下，以"区域认知能力"为进阶变量，构建了区域认知能力的学习进阶框架。区域发展认知能力指的是学生具备能够对某区域发展的条件、问题与方向等情境，给出评价依据，能够判断是否合理或者存在不足，从而预测该区域发展的方向，甚至对区域的发展提出建议的能力。区域认知能力的学习进阶框架从横向上将区域认知能力划分为六个进阶维度：区域划分认知能力、区域位置认知能力、区域特征认知能力、区域差异认知能力、区域联系认知能力和区域发展认知能力。纵向上按从低到高的层次对每个进阶维度分别划分了成就水平（见表5）和学习表现[30]。

表 5  区域认知能力的进阶维度及成就水平

| 进阶维度 | 成就水平 | | | |
|---|---|---|---|---|
| | 描述水平 | 分析水平 | 评价水平 | 预测水平 |
| 区域划分认知能力 | 初步认识区域划分。 | 能够理解区域划分的不同标准性。 | 能够从不同尺度、属性功能等方面认识区域。 | 明晰区域划分的目的及原理，能够用划区的方法解决地理问题。 |
| 区域位置认知能力 | 能够简单描述区域的绝对地理位置特征。 | 能够结合区域重要的信息进行区域位置定位。 | 能够分析某区域地理位置的影响。 | 能够评价某区域的地理位置，从发展的角度分析对所指定经济活动的可能影响。 |
| 区域特征认知能力 | 能够简单描述区域的自然地理特征和人文地理特征。 | 能够结合资料分析区域特征的原因。 | 能分析区域最主要特征，对区域决策提出赞同或质疑态度，给出依据。 | 能站在某特定区域的角度，综合分析特定时空下人地关系中涉及的区域特征影响及解决措施。 |
| 区域差异认知能力 | 能够根据提示，描述区域差异的表现。 | 能够自主识别并解释给定区域的自然地理要素和人文地理要素的差异原理。 | 能够选择不同尺度的区域对自然和人文地理要素进行对比，并分析其产生的影响。 | 能够落脚到不同区域的人地关系，综合分析不同区域地理要素系统差异对区域活动或开发生的不同决策或发展方向。 |
| 区域联系认知能力 | 能够知道并描述区域联系的事实。 | 能够分析区域内及区域间产生联系的原因。 | 能够对区域之间的联系性进行分析，理解区域联系给区域带来的影响。 | 综合分析区域内或区域间进行联系的路径。 |
| 区域发展认知能力 | 认识区域发展的条件，能够描述区域内主要地理事、象的空间分布状况。 | 知道区域是随时空变化而发生变化的，能分析区域的综合特征。 | 认识区域存在的或者可能存在的问题，并预测区域发展的趋势。 | 能够结合国家建设、区域开发与规划的宏观布局，从发展措施的角度进行有效途径的分析，并能因地制宜给其他区域制定出相对完善的区域发展建议。 |

　　弭乐等人借鉴 Gotwals 的整合范式，以"科学概念＋论证能力"为进阶变量，进行整合式进阶研究[44]。即分别开发科学概念和科学解释的学习进阶，随后将两者不同层级的描述整合，利用整合后的表现期望来设计教学活动开展教学。以科学概念层级的进阶为主线，与此同时在概念进阶的关键点上渗透科学论证能力的整合，从而实现学生的整合发展[44,45]。表 6 所示为概念进

阶与论证能力进阶的整合发展模型。

表 6　概念进阶与论证能力进阶的整合发展模型

| 发展层级 | 整合层级描述 |
|---|---|
| 映射＋初级论证水平 | 学生具备映射层级的知识，识别观点、证据。 |
| 关联＋中级论证水平 B | 学生具备关联层级的知识，能将观点与证据联系起来。 |
| 系统＋中级论证水平 A | 学生具备系统层级的知识，能提出观点，选择证据支持观点，将观点与推理进行整合。 |
| 整合＋高级论证水平 | 学生具备整合层级的知识，能比较和对比两个论证，并构造一个新的论证，证明它为什么优于前面的论证。 |

（二）测量工具的开发

实证检验的关键在于测量工具的开发，所谓的实证检验主要是根据模型预设开发测量工具，制定评分标准，通过数据分析，检验学生的学习表现与预设层级的一致性[46]。

学习进阶测评工具的试题形式广泛，一般而言，能够适用于项目反应理论的试题形式都可以应用于学习进阶测评工具开发，例如可以对个体的分析、综合、应用等能力进行测量的建构反应题（constructed response，CR）。这种题型的优点就是可以呈现学生初始的想法和推理的过程，更适合于测量学生组织、整合、综合知识的能力和解决新问题的能力，但是缺点也同样明显，由于这种试题没有标准答案，评分会受主观因素的影响，体现在评分员自身的知识、能力、经验和情绪状态都会带来评分误差[47]。多选项选择题（multiple-choice，MC）使用方便，但是测试结果不排除猜测效应，不能呈现学生本来的想法，可能不能用来测量高级思维，且在低能力段上测验信度不高。此外，填空题（a short answer）、判断对错题（multiple true or false，MIF）均可应用于学习进阶的测量。Briggs 等人开发了顺序多项选择题（ordered multiple-choice，OMC），这类题型比传统的建构反应题和多项选择题能更有效、更精细地诊断学生的学习进阶水平[46]。学习进阶测量工具设计的一般步骤包括[48]：

①明确测量的目的，即分数的用途；

②界定所要测量的结构变量、心理特质；

③鉴别体现结构的行为表现；

④建立测试细目表；

⑤设计系列测试题；

⑥评审测试题；

⑦试测，实地测试；

⑧进行建模；

⑨信度、效度研究；

⑩设计测试实施、评分、分数解释指南。

# 第二节　学习进阶的开发与应用

## 一、学习进阶的开发

### （一）学习进阶的开发流程

学习进阶的开发流程大致可以分为以下几个步骤：首先需要描述进阶起点、中间水平和进阶终点，这样就完成了原始的学习进阶。基于学生前一段学习结果描述进阶起点，进阶终点一般可以通过参考课程标准或者分析学科知识获得，中间层次的描述需要对学科内容展开分析，此外很大程度上需要借鉴前人的研究成果。原始的学习进阶未经实证，因此开发学习进阶的第二步为编制测量工具，对其进行验证；最后依据测量结果对原始学习进阶进行修改 [5]。

### （二）学习进阶的开发方法

开发学习进阶的方法有三种，分别为逐级进展法（escalated approach）、全景图法 (landscape approach) 和混合方法（也可称综合法）[15]。

逐级进展法一般从认知科学和教学视角出发，对某主题的教学内容进行认知心理学分析，如图 3 所示，用逐级进展法开发学习进阶，也就是把学生关于主题的理解定义为一个几乎线性的、逐级发展的图景。这种方法重在逻辑分析，试图找出较为复杂的概念是基于哪些较为简单的概念开始建构的。通过逐级进展法找出学习者如何从经验中学习，可以较为详尽地描述学生在向目标进展时思维的改变。同时逐级进展法使用预期表现进行呈现，以便于测评。逐级进展法在确定进阶起点时，更多基于假设，在实证研究中进行不断修正。如学生的学习是如何进展的，课堂教学情境的重要性及如何运用学生学习的证据告知学习进阶的发展。逐级进展法对刻画学生当前课程范围内的学习进展提供了一种更加真实的描述 [15]。

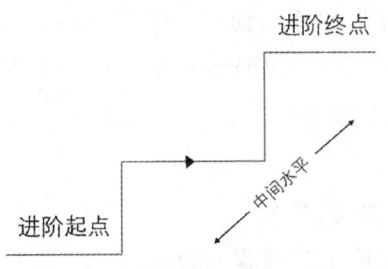

图 3 逐级进展法的模型

全景图法保持了课程标准的框架，由课程与教学视角出发，侧重于思维发展的研究实证，带有较强的分析或理性成分。如图 4 所示，全景图法通过描述联系现象、观察或技能的线索，提供了不同内容之间的联系。这些线索展现了学生向高一级进展所必须的相互联系。全景图的编制通常会参考跨学段测评项目的数据与结果，而这些项目在设计评估工具时又往往会参考全景图，以确定评估目标。全景图法的运用一开始就建立一个合乎逻辑的学习进阶。通常基于学生的数据（如访谈、测评或者文献分析等）证实这一进程。全景图法用来表征预期合理的学习进展是比较有用的。总之，全景图法开始于限定学生需要掌握的知识和实践，然后识别帮助学生达到理解层次所需的支撑观念。在此之后用线把这些观念联系起来。最后获得的证据主要用于支持进阶的组织和监控学生的进步[15]。

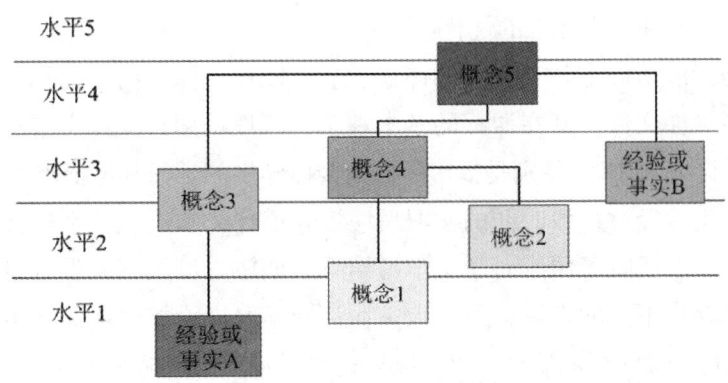

图 4 全景图法的模型

综合法是将逐级进展法和全景图法融合构建学习进阶的方法。科学的概念经常是复杂的，理解其进展过程取决于多种因素，例如经验的扩展、推理的发展和阐明现象、特性和关系时的不同方法。因而不同学生之间的概念进展将会因学生在学习过程中所遇到的情况不同而各不相同。因此，若想得到一个适合于所有学生对其学习进阶的精确描述是不现实的，但是我们可以对一些共同的趋向进行大致的描述[5]。

## 二、学习进阶开发的意义

学习进阶的形成实质上是课程、教学与评价相互联系的过程，学习进阶使得课程标准、课堂教学以及考试评价有机地整合成一个体系，如图5所示。开发学习进阶能够促进课程标准的优化、促进课堂教学的实施、促进教学评价的发展。因此，开发学习进阶具有十分重要的意义。

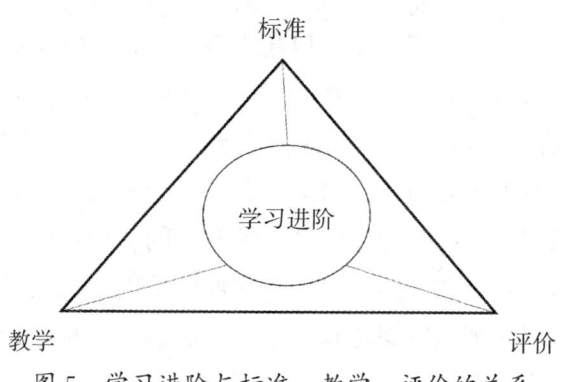

图 5　学习进阶与标准、教学、评价的关系

（一）促进课程标准的优化

课程标准是规定某一学科的课程性质、课程目标、内容目标、实施建议的教学指导性文件。其在课程的基本理念、课程目标、课程实施建议等几部分阐述得详细、明确，特别是提出了面向全体学生的学习基本要求。换句话说，就是对学生在经过一段时间的学习后应该知道什么和能做什么进行了界定和表述，实际上反映了国家对学生学习结果的期望。虽然不同学者对于学习进阶的内涵存在不同的理解，但是大家均认同学习进阶能够描述学生的学习路径，并且可以被测量和验证，也可以通过实际发生的情况而修改。对比发现，课程标准要求了学习应该是怎样发展的，学习进阶假设了学生的学习实际是怎样发展的。因此学习进阶为课程标准确定何时达到怎样的标准提供有力的支持，此外学习进阶能够使课程标准具体化、操作化。学习进程可以告诉人

们学生达到"标准"所需的先决知识与技能，学生的经验是如何与科学知识相互作用以助其理解，学生的理解是如何从低级逐渐重构以至于到达预期学习目标。这些可进一步优化课程标准[4,14]。

（二）促进课堂教学的实施

学习进阶描绘了在学校正常教学影响下学生学科核心知识、技能、素养随时间逐步发展变化的蓝图。因此这对教师的教学实践有着重要意义。首先，学习进阶研究有助于教师设计教学目标。学习进阶描述了学生在学习过程中经历的多个中间水平以及各水平的学习表现。依据学习表现，教师可以清楚地知道什么阶段应该设定什么样的学习目标，如何逐步设置任务，实现课程标准要求；不同领域的目标是如何围绕核心知识、实践以帮助学生建构该学科的核心框架；学习目标如何合理表述以符合不同年龄阶段学生的实际发展水平、特征。其次，学习进阶研究有助于课堂教学策略的选择与实施。学习进阶中，教师依据成就水平可以了解大多数学生某一重要知识或技能的典型发展路径，即教师如果清楚地知道学生达到某一理解水平的先决知识或技能，便能够选择适合的教学语言，恰当地安排教学活动，设计教学实践环节。此外，了解不同学生沿着学习进阶的前进速度和路径，还能帮助教师调整教学，从而促进全体学生都能持续发展[4,14]。

（三）促进教学评价的发展

评价是学习进程重要的组成部分。学习进阶需要建立相应的评价工具证实学习进阶确立的各阶段的水平，展现学生对核心知识的理解以及科学实践水平。因此学习进阶清晰且具体地界定了"学习表现"。"学习表现"就是学习进程中各个成就水平的操作性定义，即学生能用科学知识加以完成的相关思维任务和活动，到达特定进阶阶段时学生知道什么、理解什么或能做什么。这些表现包括理解的层级和科学概念、科学技能的应用（这里的科学技能包括：设计实验、建构模型、批判解释、科学论证等）。由此可见，学习表现整合核心知识与实践，两者的不同组合可以形成大量的学习表现，从而可以开发一连串的评价任务或试题[4,14]。

这些评价工具并不是把学生区分开来，而是将学习的层级区别开来。因此学习进阶所涉及的测量项目通常经历比较严谨的形成过程。学习进阶测评工具开发的一般步骤：首先提出并详尽阐述该阶段核心知识要点；进而提出并详细阐述整合了核心知识要点与科学实践的各种学习表现；然后详细论证核心知识与学习表现；最后设计并说明各学习表现相应的测试项目。这些评价的目的是测量科学实践的应用和科学知识的理解，因此用准确的语言定义了每个层级的学生是怎样表现他们的知识和技能的。通过"学习表现"的连接作用，评价与课程标准建立有机联系，更好地反映课程标准中的核心知识与实践。基于学习进阶的评价会提供学生向学习目标发展的更有用的信息，有利于教师选择更有针对性的教学策略。

### 三、学习进阶的应用

学习进阶作为当今教育领域的热门议题之一，被国内外学者从不同的角度进行了深入的研究。应用学习进阶开展的教学实验研究为学区教研员的课程开发和一线教师的教学设计提供了案例，促进了宏观层面上的纲领、标准文件与教学实践的对接。

美国对学习进阶的应用在课程、教学与评价方面同时开展。2013年颁布的 Next Generation Science Standards（《新一代科学教育标准》，简称《新标准》）就是学习进阶应用与课程标准的研究成果[49]。此外，多个课题组也基于进阶成果开展教学实验研究。例如 Krajcik 团队应用学习进阶开发了能量专题教学单元，该单元由19节课组成，从能量的各种形式入手，沿转化与转移、耗散和守恒展开。该研究从访谈和测试两个角度进行评价，虽然对照班的学生经历了更多的课时，但是结果显示实验班学生对能量概念的系统、网络化的认识程度却高于对照班，且实验班学生有较少的迷思概念且更善于解决实际问题[50]。密歇根大学 Songer 团队从2008年起持续关注在生物学习过程中科学解释能力的培养，通过连续五年的追踪研究，基于学习进阶设计了从小学到高中的、融合生态内容学习和科学解释能力的教学序列[51]。基于学习进阶在评价方面也已积累了一些代表性范例和典型模式，如伯克利评价研究系统（Berkeley Evaluation and Assessment Research，BEAR）、结构中心设计法（The Construct-Centered Design，CCD）和 Chem Query 评价系统等[52]。

我国开展学习进阶的研究较晚，通过查阅文献发现自2012年起，国内学者对学习进阶在中小学课程中的应用研究较多，涉及物理、化学、生物、地理等课程。北京师范大学郭玉英教授团队以学科普适的教学系统设计模型、科瑞柴等提出的学习目标驱动设计模型（learning-goals-driven design model）和佩莱格里诺提出的构造中心设计模型（construct-centered design model）为基础，将学习进阶置于系统设计的首要位置，开发了基于学习进阶的教学系统设计模型，然后从教学实验、师范生培养和在职教师培训三个方面应用并检验此模型[22]。冷春莹在王永成教授的指导下根据物理课堂所存在的问题，并结合物理学科核心素养要求，提出基于学习进阶理论的中学物理生成式教学实施原则与改进方案[19]。西南大学博士乔通在廖伯琴教授的指导下应用学习进阶建立了运动与相互作用的概念学习序列，即平抛运动、圆周运动、向心力、万有引力[5]。

东北师范大学博士姜显光在郑长龙教授指导下通过客观分析当前初高中化学课程标准，提出了学习进阶对课程标准呈现的改进建议，进行学段统整、概念统整，并设计了基于化学反应限度学习进阶的分年级课程标准案例及教学案例[16]。贵州师范大学的牛亚男在秦好丽教授的指导下将学习进阶理论与证据推理素养结合，结合新课程标准以及学业质量水平确定证据推理的四个素养水平，构建三层次的进阶教学框架，借助必修一《海水中的元素——钠和氯》一章中《钠及其化合物》《氯及其化合物》两个案例实施了学习进阶提高"证据推理"核心素养的教学实践活动[53]。山东师范大学的孙影博士在毕华林教授的指导下构建了化学变化学习进阶模型，即学生对化学变化的理解可以从观念（notion）水平、识别（recognition）水平、形式化（formulation）水平到建构（construction）水平逐渐发展，利用开发的化学变化学习进阶测量工具对高一、高二、高三和大一化学专业学生进行了大样本测查，测试结果进一步验证了测量工具的稳定性，揭示了不同年级学生化学变化核心概念理解的学习进阶[6]。

华东师范大学陈樱樱在郑晓慧教授的指导下以高中"生物进化理论"教学为例，将学习进阶理论应用在生物学课堂教学中，同时编制"生物进化理论"测试题目，以上海某中学高二年级44名学生为对象进行测试，研究结果表明，基于学习进阶理论在生物学课堂中可以取得较好的效果。教师在学习进阶的框架下，能够对学生在学习某一专题时的层次水平有整体的了解，知道他们所要达成的目标是什么，并有效调节教与学，不断优化教学计划[7]。内蒙古师范大学杨玉茹在徐杰教授的指导下将学习进阶理论应用于初中生物学课堂教学中，结果表明用生物热点事件创设情境，利用教材中科学家的故事、科学、技术、社会素材，利用现代化教学手段的直观性教学、合作学习法、组织竞赛、积极开展课外实践活动的方法有助于在生物教学中进阶式培养初中生的社会责任[54]。

李春艳用"层级结构"贯穿中学地理概念体系，按照学习进阶对特定的内容设计好进阶路径，使师生有针对性地进行查缺补漏，培养学生的思维[55]。穆雪莹基于学习进阶理论，以中学农业地理知识作为依托，根据课程标准构建出不同学段学生在农业地理核心概念的不同水平的学习表现，并编制调研问卷，明确了各学段学生在进阶过程中存在的问题，并从地理核心概念的进阶视角提出了教学策略[56]。杨春燕以气候内容为例，调查在高中地理教学中学习进阶的应用情况，通过预设进阶起点、进阶过程以及进阶终点构建学习进阶框架，在中学进行实证研究，结果证明基于学习进阶的教学效果较好[57]。张素娟利用核心概念组织初高中地理教学内容并按照学习进阶进行初中和高中内容衔接，明确不同阶段学生应达到的目标，教师以此把握进阶教学[58]。西南大学孙银银在孙世友教授的指导下，结合教学现状并运用教学理论，构建高中地理综合思维能力的学习进阶框架，随后通过传统教学和学习进阶两种不同的授课模式下，分析学生的综合思维水平现状以及考试成绩，对比论证学习进阶对培养地理综合思维的有效性[59]。

从上述文献中不难看出，教师在构建学习进阶时，一方面可以针对具体的教学内容，立足于学生知识基础，以课标要求为进阶终点，中间的学习过程以进阶式上升构建学习过程；也可以基于课程标准，以一个教学内容为核心，全面构建教学内容的关联和逐步发展过程，最终达到学习进阶的终点。将学习进阶理论应用于教学，能使学习者的思维在学习的过程中逐渐深化，其对主题的认知也会逐渐深入，而这种学习层次的提升就如同阶段学习模式一般。

# 第三节　基于学习进阶的衔接活动

　　基于学习进阶的衔接活动在"整合发展"理念的指导下，立足于小学六年级，面向初中，定位在向小学科学之后延伸，向初中生物学之前伸展。如图6所示，衔接活动是建立在小学科学和初中生物学的课程内容在广度、深度及呈现方式上进行对比的基础上，依据学习进阶理论，结合学生在科学概念理解、科学思维、探究实践、生命观念、态度责任五个方面的发展状况，将概念进阶与素养进阶整合，进而确定整合进阶框架，并且描述出整合的表现期望。衔接活动期望学生通过亲历、体验从而实现科学素养的贯通。最后依据科学素养进阶框架完成对学生发展的测评。

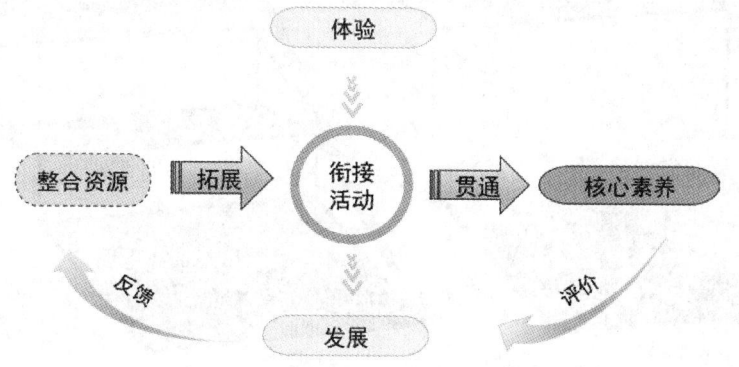

图 6　基于学习进阶的衔接活动的概括图

## 一、衔接活动的学习目标

　　核心素养是学生在不同学科教育、不同学习阶段过程中逐渐形成的普遍能力，它也是指导学生终身发展和适应社会的关键能力。小学科学要培养学生的核心素养包括：科学观念、科学思维、探究实践及态度责任[60]。中学生物学要培养学生的核心素养包括：生命观念、科学思维、探究实践及态度责任[61]。小学科学课程是初中生物学课程学习的基础，初中生物学课程是小学科学课程中生命科学领域的延伸和拓展。基于学习进阶的小学科学与初中生物学衔接活动关注小学科学中生命科学领域内容的开发。因此培养学生的核心素养包括：生命观念、科学思维、探究实践及态度责任。如图7所示，本书以6年级学生的实际素养水平为进阶起点，7—9年级课程标准所要求的目标为进阶终点，从进阶起点提升至进阶终点，在学习过程中学生会经历多个中间层次，每一个层次称之为"阶"。本书借鉴热图分析方法，用冷暖色调区分核心素养的发展，一般意义上红、橙、黄相对绿、蓝、紫要温暖，因此红、橙、黄相对绿、蓝、紫代表的素养水平越高。学生经历1—6年级的科学学习之后，核心素养会有一定程度的提高，但是1—6年级和7—9年级核心素养要求之间存在明显差异。

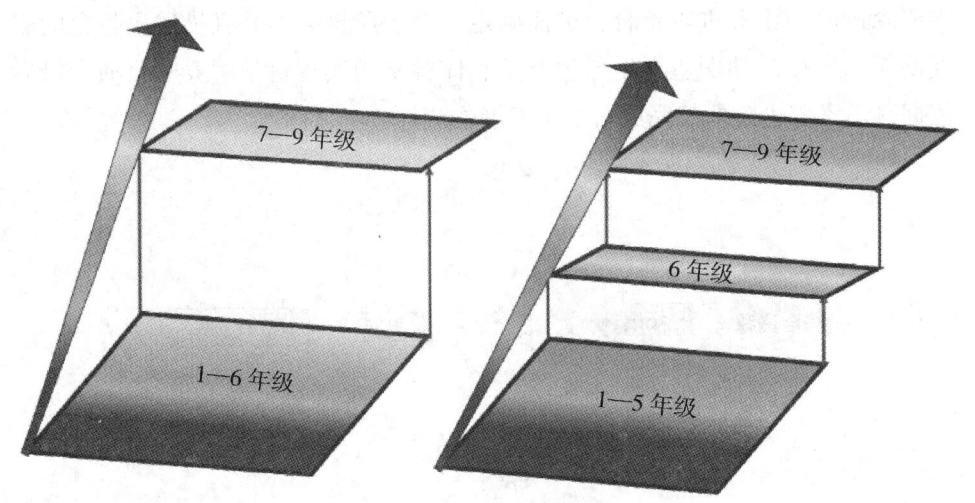

图7　学生发展的整合进阶图

在生命观念方面体现"形成初步观念"与"形成基本观念"的差异；在科学思维方面体现"掌握科学思维方法在科学领域的应用"与"形成思维的习惯即逻辑"的差异；在探究实践方面体现"掌握方法"与"综合运用方法"的差异；在态度责任方面体现"具有探究热情"与"以科学的态度进行探究"的差异。从这些描述中不难发现，"实践"是沟通两个学段素养的台阶。反复经历基于事实或证据解决实际问题的实践，能让学生在素养进阶路径中"走"得更平稳、容易，实现中间层次的突破。基于学习进阶的小学科学和初中生物学衔接的探索，以实践为核心，以活动任务为载体，以6年级学生为主体，以培养能力为主线，将科学素养进行贯通。本书致力于寻找小学科学和初中生物学课程的衔接点，从而开发适合 6 年级学生的探究实践活动，为后期正式学习生物学打下基础。基于学习进阶的衔接活动的学习目标如下：

（1）生命观念：掌握基本的生命科学领域的知识，形成初步的生命观念。能用生命观念解释有关的现象、解决生活中遇到的一些与生物学相关的简单的实际问题。

（2）科学思维：初步掌握基本的科学思维方法，具有一定的科学思维能力。尊重事实或证据，能够合理分析和综合判断各种信息、事实或证据，运用逻辑推理等科学思维探讨并解决生活中简单的实际问题。

（3）探究实践：能够从生物学现象中发现和提出问题，运用观察、实验、测量、推理、解释等方法收集证据和分析证据、得出结论。

（4）态度责任：尊重事实，能够以实事求是的科学态度进行探究实践，能对自己或他人的观点进行审视，尊重他人的观点。乐于探索自然界的奥秘，关注生物科学和生物技术对个人和社会发展的促进作用。


## 二、衔接活动进阶变量的确定

中学生物学要培养学生的核心素养包括：生命观念、科学思维、探究实践及态度责任。从图 8 中我们可以看到生命观念的内涵由一系列的概念所组成，科学思维、科学探究是形成概念的途径和方法。生命观念为核心素养的中心位置，应用科学思维将概念抽象概括形成生命观念，探究实践的过程会促进生命观念的更新，生命观念的形成又会进一步开阔科学思维，并指导自主探究实践。科学态度的建立需要观念的支撑与解释，社会责任的担当需要科学思维和科学探究的应用。因此，概念形成与素养的发展是同向的，但建构概念是核心素养发展的"基本单元"。于是基于学习进阶的衔接活动秉承郭玉英教授提出的"整合式进阶"，以概念和素养为进阶变量，将学习进阶描述为生物学概念、科学思维、探究实践、生命观念以及态度责任在一段时间内发展的历程。

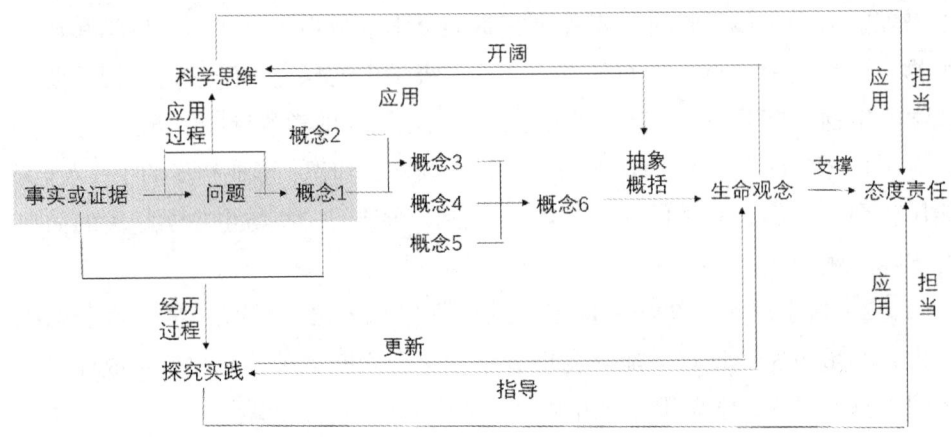

图8　生物学概念与生物学培养学生的核心素养之间的关系

概念是思维的基本形式之一，无论是通过归纳、综合，还是通过概括、抽象建立的概念，都体现出一种思维的模式。建构概念需要用到科学思维方法，基于事实或证据而建立的过程，也是发展学生科学思维的过程。因此，建构概念的基本模式是：由事实或证据提出问题，由解决问题而建立概念。这就要求衔接活动要创设真实的情境，而情境的实质就是提供建构概念的事实或证据。

### 三、衔接活动成就水平的描述

成就水平指学生在纵向上由低到高需要达成的阶段性的学习目标，分为水平1到水平3，不同维度的成就水平的概括见表7，体现的是学生在衔接实践活动过程中，其生物学概念、科学思维、探究实践、生命观念以及态度责任由低阶水平到高阶水平经历的发展过程。

表7　不同维度的成就水平的概括

| 水平 | 维度 | | | | |
|---|---|---|---|---|---|
| | 生物学概念 | 科学思维 | 探究实践 | 生命观念 | 态度责任 |
| 水平3 | 整合、应用 | 综合、迁移、批判 | 自主探究 | 生命系统的视角 | 参与 |
| 水平2 | 关联、系统 | 推理、分析、论证 | 科学探究 | 生命本质特征的视角 | 能力 |
| 水平1 | 感知、映射 | 识记、理解、应用 | 发现探究 | 生物体的视角 | 情感 |

进阶起点为水平1：在生物学概念方面能描述生物学现象；在科学思维方

面能够提出描述性问题，并解决该问题；在探究实践方面，具有动手能力，能够对事实或证据进行观察与交流，开展发现探究；在生命观念方面能从生物体的角度认识生命、尊重生命；在态度责任方面落脚于"情感"，指能认同与接收个人所担负的责任，包括爱心、同情心、责任心等。

中间水平为水平 2：在生物学概念方面能够对各概念进行关联处理，进而递进到系统处理；在科学思维方面能够用联想思维，基于事实或证据展开推理、分析及论证，进而递进到演绎思维实现概念的形成；在探究实践方面能够提出实验性问题，使用实验法开展科学探究并得出结论，形成相关概念；在生命观念方面能从生物体视角递进到生命本质特征视角，提炼和升华生物学概念、原理或规律；在态度责任方面落脚于"能力"，指理解与掌握个人所担负责任应具有的技能或本领。

进阶终点为水平 3：在生物学概念方面能够将多个概念进行整合，应用概念解释生物学现象，解决简单的生活实际问题；在科学思维方面能够用综合性、迁移性、批判性思维，将已经获得的知识、技能和方法等因素用于获取新知识、新技能和新方法；在探究实践方面，能够从教师主导的被动探究逐渐递进到应用已获得的知识、技能和方法独立开展自主探究；在生命观念方面能从生命系统的角度理解或解释生物学相关现象、分析和解决简单的生物学实际问题；在态度责任方面落脚于"参与"，指"参与个人与社会事务的讨论，作出理性解释和判断，解决生产生活问题"。

## 四、学生的预期学习表现

学生的预期学习表现是概念和素养的不同水平结合教学内容在不同学段学生应达到的预期水平。本书根据《义务教育科学课程标准（2022 年版）》和《义务教育生物学课程标准（2022 年版）》中的学业质量水平来分析，具体阐述如表 8 所示。

表 8　不同维度的学习表现的描述

| 维度 | 水平 | | |
|---|---|---|---|
| | 水平 1 | 水平 2 | 水平 3 |
| 生物学概念的学习表现 | 从宏观与微观视角比较动物和植物的不同，说出细胞是生物体结构的基本单位；在与生物和环境有关的问题情境中，能结合生物的生存条件以及动物与植物相互关系等知识，简单描述生物与生物、生物与环境之间相互依存的关系；能利用生物的多样性与适应性的相关知识，说明生物与人类的关系；在与健康和疾病相关的问题情境中，能结合人体的主要生命活动的知识，了解影响人体健康的因素；能比较分析植物和动物子代与亲代的异同，了解生物的多样性和进化现象。 | 能综合细胞、组织、器官、系统、个体、生态系统、生物圈等相关知识，找出生命系统构成层次的内在规律；识别动物和植物的结构，描述变化过程，利用动物和植物基本生存需要的相关知识，解释某些结构的相应功能，总结生物体形态结构和功能的关系；描述生物的适应性，利用生物生命周期的相关知识解释生命的延续；识别人体结构，描述其发生的变化，描述人的健康与环境的相互关系；利用生物体的生命过程和调节机制的相关知识，解释农业生产中植物的作用；在与生物和环境有关的问题情境中，分析生物在形态结构和行为等方面与环境相适应的特征；结合有关生态环境、生物多样性等方面的监测结果，分析环境污染、生物多样性变化等现象产生的原因；综合分析生物的遗传、变异和环境因素，解释生物的进化现象。 | 在与健康和疾病相关的问题情境中，根据生理指标等方面的检测结果，运用结构与功能、进化与适应、生物与环境等角度分析、推测产生特定病症的可能原因；在与生物资源开发和利用有关的问题情境中，如粮食生产、水资源保护、优良品种选育、生物材料应用等，运用光合作用、呼吸作用、蒸腾作用、生物进化等生物学概念，确定生物资源生产和应用过程中的关键因素；在与生物和环境有关的问题情境中，如环境污染治理、生物多样性保护、生物防治等，识别生态系统中的不同成分，分析其作用；在与生物技术有关的问题情境中，如人体生理指标的智能监测产品、转基因技术、利用人造器官治疗疾病的新技术等，分析相应技术中所涉及的生物学原理。 |
| 科学思维的学习表现 | 能对生物体特征、生命现象进行简单的比较、分类，能通过口述、画图等方式表达与交流自己的设计、想法、探究过程及结论。 | 运用生物学规律和原理，在特定的问题情境中对可能的结果或发展趋势做出预测或解释，尝试用现象或经验支持自己的想法，并能够选择文字、图式或模型等方式阐述其内涵。 | 基于真实的生物学问题情境，能够将所学知识迁移到新的情境中。 |

续表

| 维度 | 水平 | | |
|---|---|---|---|
| | 水平1 | 水平2 | 水平3 |
| 探究实践的学习表现 | 能从熟悉的具体现象与事物的观察、比较中提出可探究的科学问题，并基于已有经验和所学知识，从现象和事件发生的条件、过程、原因等方面提出假设；能制订简单的探究计划，运用感官或选择恰当的工具、仪器观察并描述常见物体、动物、植物的外部形态特征及相关现象，用比较科学的词汇、统计图表等记录整理信息；能运用分析、比较、推理、概括等方法，分析结果，得出结论；能正确讲述并反思自己的探究过程与结论，作出自我评价与调整。 | 能在熟悉的真实情境中，基于所学的知识，从事物的结构、功能、变化及相互关系等角度提出可探究的科学问题和研究假设，制订合理可行的探究计划，并能设计控制变量的实验方案；能运用观察、实验、查阅资料、实地调查、案例分析等方式获取事物的信息，用科学术语、概念图、统计图表等记录整理信息，表述探究结果，并运用分析、比较、推理、概括等方法得出科学探究的结论，判断结论与假设是否一致；能采用不同的表述方式(如小论文、调查报告等)呈现探究的过程与结论，并与相关的科学原理进行比较，对探究活动进行过程性反思和总结性评价，完善探究报告。 | 针对生物学相关议题进行科学论证与合理决策，并尝试探究生命活动过程、人体健康、生物与环境等方面的问题；从机体生理功能稳定、经济成本、社会伦理、环境保护等方面考虑，尝试提出可能的疾病预防或治疗方案。 |
| 生命观念的学习表现 | 能从宏观与微观的角度理解生物体一定结构必然对应一定的功能，任何功能都需要一定的结构来实现，初步形成结构与功能观。 | 从生物本质特征，即结构基础、新陈代谢、生长发育、应激、繁殖、遗传变异、适应等角度解释生命现象及相互关系后，逐步抽象成结构与功能观、进化与适应观、物质与能量观、生态观。 | 在新的问题情境中，结合研究结果，运用结构与功能、物质与能量、进化与适应、生态观等生命观念，分析生命科学议题中有待解决的问题，并作出合理的判断。 |
| 态度责任的学习表现 | 能在好奇心驱使下，对生活中常见的物体和材料、动物和植物等具体事物与现象的外在特征表现出直觉兴趣，了解生活中生物技术能给人类生活带来的便利，但技术有利也有弊，形成健康生活的态度和行为习惯，具有珍爱生命、节约资源和保护环境的意识。 | 尝试从技术进步、个体生存、种群延续、生态安全、社会发展和伦理等方面辩证地分析生物技术的前景及应用中需要解决的问题；学会对自己的健康负责；能够鉴别与疾病治疗、营养健康有关的传言或伪科学。 | 针对相关的生态学问题，从生物与环境的关系、生态可持续发展、经济效益等方面，尝试提出研究思路或可能的解决方案，积极参与环境保护实践；展现生态文明观念；主动传播生命安全与健康生活的观念和知识。 |

　　学习进阶通过合理划分不同的成就水平、清晰地界定学习表现，并通过测量与评价来概括学生的学习水平随时间推移而发展变化的轨迹，不仅使得标准与评价之间的关系明朗、具体、可操作，而且有助于教师及课程编制者更深入了解学生的学习表现特征，改进课程与教学。

## 五、以素养发展为导向的成就评价

　　成就评价用以跟踪、监测学生对核心概念的理解、科学思维及探究实践的发展水平，生命观念和态度责任的形成沿着预设学习进阶随时间的发展状况，标记学生处于学习进阶量尺上的刻度。将从低水平到高水平的学习进阶视为一种对物质世界新的认识过程。

　　由于核心素养的发展始终贯穿于学习进阶过程中，因此核心素养导向下的成就评价分为两个方面进行，一方面关注学习的过程和学习的诊断，另一方面关注终结性的学业水平测试。

　　学习诊断试题命制思路如下：以真实情境为测试载体、以实际问题为测试任务、以学科知识为解决问题工具，"情境"和"知识"同时服务于"问题"的提出与解决。借鉴 SOLO 分类理论的思想方法，为了评价学生学业质量的不同水平，尝试命制单点结构、多点结构、关联结构和抽象扩展结构这四个层次的题目。这四个层次的试题层层递进，对能力的要求从低到高，思维操作从简单到复杂，难度逐级增加。

　　学业水平测试作为学业水平评价的载体和表现形式，能在很大程度上反映学生核心素养的总体达成情况，即对核心素养基本达成情况的考查。学业水平测试的试题具有综合性，反映的核心素养具有交叉性，时常会出现同一道题，从两个或者两个以上维度考查学生核心素养的发展情况。结合学业水平测试的评价手段，帮助基于学习进阶的衔接活动实现以评促学，以评价促进学生核心素养的形成。

# 第二章 设计篇

　　基于学习进阶的生物学实践活动方案以进阶理论为理论基础，以 2022 年 4 月中华人民共和国教育部新颁布的《义务教育科学课程标准（2022 年版）》（以下简称《科学课标》）和《义务教育生物学课程标准（2022 年版）》（以下简称《生物学课标》）为依据，活动的设计注重学生亲历与参与，精心设计了 32 个实践活动，这些活动以《科学课标》中的课程目标、4 个生命科学领域的核心概念和学业要求为进阶的起点，以《生物学课标》中的课程目标和 7 个学习主题中的内容要求和学业要求为进阶的终点，从观察、探究、实践三个方面设计活动，为学生搭建生物学概念和核心素养稳步发展的台阶。

# 第一节 《科学课标》与《生物学课标》对比

2022年4月21日，教育部举行新闻发布会介绍义务教育课程方案和课程标准修订情况。

## 一、主要背景

（一）中央作出新部署

党的十九大和全国教育大会要求，全面贯彻党的教育方针，落实立德树人根本任务，发展素质教育，推进教育公平，培养德智体美劳全面发展的社会主义建设者和接班人。习近平总书记强调教育改革发展要做到"九个坚持""六个下功夫"，培养担当民族复兴大任的时代新人。中央作出关于义务教育深化教育教学改革和"双减"工作决策部署，要求强化课堂及学校教育主阵地作用，必须对教与学的内容、方式进行改革。

（二）教育发展提出新要求

当今世界正经历百年未有之大变局，网络新媒体迅速普及，人工智能方兴未艾，人们生活、学习、工作方式不断改变，不同价值观念相互碰撞，儿童青少年成长环境深刻变化，对人才培养提出了新挑战。2011年我国实现了义务教育全面普及，教育需求从"有学上"转向"上好学"，需要进一步明确"培养什么人、怎样培养人、为谁培养人"，优化学校育人蓝图。应对新冠肺炎疫情影响，需要强化课程对在线学习等方面的支持与指导。这些都要求必须深化课程改革，加强义务教育课程建设。

（三）课程实施中发现新问题

现行《义务教育课程设置实验方案》和各课程标准，在引导和推动教育教学改革方面发挥了重要作用，但也存在一些与新形势新要求不相适应的地方。例如，学段纵向有机衔接不够，课程标准缺乏对"学到什么程度"的具体规定，教师把握教学的深度与广度缺少科学依据，课程实施要求不够明确等，必须有针对性地解决这些问题。同时，现行义务教育课程方案和课程标准已分别实施了 20 年和 10 年以上，根据课程改革自身规律性要求，有必要进行进一步的修订完善。

## 二、主要思路

（一）坚持目标导向

认真学习领会习近平总书记关于教育的重要论述，准确理解把握中央关于教育改革的各项要求，确立课程修订的根本遵循。对重大主题教育进行整体规划、系统安排，充分反映习近平新时代中国特色社会主义思想，有机融入社会主义先进文化、革命文化和中华优秀传统文化，全面落实有理想、有本领、有担当的时代新人的培养要求，增强课程思想性。

（二）坚持问题导向

全面梳理分析课程改革的困难和问题，明确修订重点和任务，注重对实际问题的有效回应。遵循学生身心发展规律，强化一体化设置，促进学段间的衔接，提升课程科学性、系统性；优化课程设置，细化学科育人目标，明确实施要求，增强课程指导性、可操作性。

（三）坚持创新导向

进一步深化改革，既注重继承我国课程建设的成功经验，也充分借鉴国际课程改革新成果，更新教育理念，体现中国特色，增强课程综合性、实践性，引导育人方式变革，着力发展学生核心素养。坚持与时俱进，反映经济社会发展新变化、科学技术进步新成果，更新课程内容，体现课程时代性。

## 三、主要变化

（一）关于课程方案

一是完善了培养目标。全面落实习近平总书记关于培养担当民族复兴大任时代新人的要求，结合义务教育性质及课程定位，从有理想、有本领、有担当三个方面，明确义务教育阶段时代新人培养的具体要求。

二是优化了课程设置。将小学原品德与生活、品德与社会和初中原思想品德整合为"道德与法治"，进行九年一体化设计；改革艺术课程设置，一至七年级以音乐、美术为主线，融入舞蹈、戏剧、影视等内容，八至九年级分项选择开设；科学、综合实践活动开设起始年级提前至一年级；落实中央要求，将劳动、信息科技及其所占课时从综合实践活动课程中独立出来。

三是细化了实施要求。增加课程标准编制与教材编写基本要求；明确省级教育行政部门和学校课程实施职责、制度规范，以及教学改革方向和评价改革重点，对培训、教科研提出了具体要求；健全实施机制，强化监测与督导要求。

（二）关于课程标准

一是各课程标准基于义务教育培养目标，将党的教育方针具体化细化为本课程应着力培养的学生核心素养，体现正确价值观、必备品格和关键能力的培养要求。例如，道德与法治课程明确了政治认同、道德修养、法治观念、健全人格、责任意识等培养要求。

二是优化了课程内容结构。基于核心素养要求，遴选重要观念、主题内容和基础知识技能，精选、设计课程内容，优化组织形式。涉及同一内容主题的不同学科间，根据各自的性质和育人价值，作好整体规划与分工协调。设立跨学科主题学习活动，加强学科间相互关联，带动课程综合化实施，强化实践要求。

三是研制了学业质量标准。依据核心素养发展水平，结合课程内容，整体刻画不同学段学生学业成就的具体表现，形成学业质量标准，引导和帮助教师把握教学深度与广度，为教材编写、教学实施、考试评价等提供依据。

四是增强了指导性。各课程标准针对"内容要求"提出"学业要求""教学提示"，细化了评价与考试命题建议，注重实现教、学、考的一致性，增加了教学、评价案例，不仅明确了"为什么教""教什么""教到什么程度"，而且强化了"怎么教"的具体指导，做到好用、管用。

五是加强了学段衔接。注重"幼小衔接"，基于对学生在健康、语言、社会、科学、艺术领域发展水平的评估，合理设计小学一至二年级课程，注重活动化、游戏化、生活化的学习设计。依据学生从小学到初中在认知、情感、社会性等方面的发展变化，把握课程深度、广度的变化，体现学习目标的连续性和进阶性。了解高中阶段学生特点和学科特点，为学生进一步学习做好准备。

从课程设置的主要思路和修订变化中可以看出，课程设置要更新教育理念，增强课程综合性、实践性，着力发展学生核心素养。加强学段衔接，体现学习目标的连续性和进阶性。《基于学习进阶的小学科学与初中生物学衔接探索与实践》力图通过实践活动，搭建发展学生核心素养的阶梯，为小学科学和初中生物学之间学习目标的连续性和进阶性提供活动支撑。

## 四、课程性质

表 1 　义务教育科学与生物学的课程性质

| | 科学 | 生物学 |
|---|---|---|
| 课程性质 | 科学是人类在研究自然现象、发现自然规律的基础上形成的知识系统，以及获得这些知识系统的认识过程和在此过程中所利用的方法。根据研究对象不同，可将科学分为物理学、化学、生物学、天文学、地球科学等分支。这些分支具有研究方法的差异，也共享一些通用的科学方法，呈现出相互渗透、交叉融合的趋势。科学为技术和工程提供了理论基础。科学、技术与工程的相互促进作用日益增强，推动着生产力的发展、经济的繁荣和社会的进步，促进了人们生产方式和生活方式的变革，提高了人类社会的物质文明水平；科学为人类认识和理解自然与社会提供了独特的思想方法、思维方式、精神力量和价值观念，提高了人类社会的精神文明水平。在广义的理解中，科学也包括技术与工程。<br>　义务教育科学课程是一门体现科学本质的综合性基础课程，具有实践性。科学课程有助于学生保持对自然现象的好奇心，从亲近自然走向亲近科学，初步从整体上认识自然世界，理解科学、技术、社会与环境的关系，发展基本的科学能力，形成基本的科学态度和社会责任感，逐步树立正确的世界观、人生观和价值观，为今后学习、生活以及终身发展奠定良好的基础；有助于提高全民科学素质，促进经济社会发展和科技强国建设。 | 生物学是自然科学中的一门基础学科，是研究生命现象和生命活动规律的科学，其研究对象是具有高度复杂性、多样性和统一性的生物界。生物学是农业科学、医药科学、环境科学及其他有关科学和技术的基础。生物学的研究经历了从现象到本质、从定性到定量的发展过程，形成了结论丰富的知识体系，以及人类认识自然现象和规律的一些特有的思维方式和探究方法。当今，生物学在微观和宏观两个方向的发展都非常迅速，并且与信息技术和工程技术的结合日益紧密，在人类健康与疾病防治、粮食和食品安全、生态环境保护等方面产生越来越大的影响。<br>　义务教育生物学课程注重探究和实践，以丰富的生物学知识为载体，通过多种教学活动展现人们认识自然现象和规律的思维方式及探究过程，反映自然科学的本质。学习生物学课程有利于学生养成科学思维的习惯，形成积极的科学态度，学会学习，提升科学素养，对学生的健康生活、终身发展具有重要意义。 |

通过对义务教育科学和生物学课程性质的比较不难看出，生物学作为科学中的重要组成部分，与科学既有统一性又有差异性。作为自然科学的基础学科，都注重探究和实践活动，有助于学生认识科学、技术、社会和环境的

关系；有利于养成科学思维的习惯，形成科学态度。差异性体现在学生达到的程度不同，如在小学阶段，初步从整体上认识自然世界，理解科学、技术、社会与环境的关系，发展基本的科学能力，形成基本的科学态度和社会责任感，逐步树立正确的世界观、人生观和价值观；而初中阶段学习生物学课程有利于学生养成科学思维的习惯，形成积极的科学态度，学会学习。从课程性质方面体现了由小学到初中的进阶。

## 五、课程理念

表2　义务教育科学与生物学的课程理念

| | 科学 | 生物学 |
|---|---|---|
| 课程理念 | 1. 面向全体学生，立足素养发展<br><br>以习近平新时代中国特色社会主义思想为指导，落实立德树人根本任务。充分发挥科学课程育人功能，为全体学生提供公平的学习与发展机会，满足学生终身发展和适应社会发展的需要；立足学生核心素养的发展，以了解物质科学、生命科学、地球与宇宙科学、技术与工程等领域的一些常见基础知识，并初步形成基本的科学观念为基础，以科学思维能力、科学探究和实践能力、科学态度与社会责任的培养为重点，促进学习能力、创新能力的发展，形成清晰和精准的科学课程目标。 | 1. 核心素养为宗旨<br><br>义务教育生物学课程以习近平新时代中国特色社会主义思想为指导，贯彻党的教育方针，落实立德树人根本任务，充分发挥学科育人价值。本课程着眼于学生适应未来社会发展和个人生活的需要，立足于坚实的生物学科内容基础，密切结合中国学生发展核心素养研究等教育领域新成果，融入社会主义核心价值观的基本内容和要求，发展学生核心素养。 |
| | 2. 聚焦核心概念，精选课程内容<br><br>遵循"少而精"原则，聚焦学科核心概念，精选与每个核心概念相关的学习内容，设计相应的系列学习活动，做到适合年龄特征、突出重点、明确要求，确保学生有充足的时间探究、实践与思考，在学习学科核心概念的基础上，理解跨学科概念，并应用于真实情境。根据"六三"学制和"五四"学制各自特点，合理组织与安排课程内容。 | 2. 课程设计重衔接<br><br>课程设计积极吸纳科学教育和学习科学的研究成果，充分利用我国生物学教育教学实践的有效经验，使初中阶段的生物学学习与小学和高中阶段的学习能够有效衔接、循序渐进、连贯一致，引导学生逐步深入地认识生物学的科学本质和重要思想观念。 |

续表

| | 科学 | 生物学 |
|---|---|---|
| 课程理念 | 3. 科学安排进阶，形成有序结构<br>　　基于学生的认知水平和知识经验，科学安排学习进阶。一是学习内容由浅入深、由表及里、由易到难，二是学习活动从简单到综合。将学习内容和学习活动有机整合，规划适合不同学段的、螺旋上升的课程目标和课程内容，设计适合不同学段的探究和实践活动，形成有序递进的课程结构。<br><br>4. 激发学习动机，加强探究实践<br>　　倡导设计学生喜闻乐见的科学活动，创设愉快的教学氛围，保护学生的好奇心，激发学生学习科学的内在动机；突出学生的主体地位，利用学校、家庭、社区的各种资源，创设良好的学习情境，设计适宜的探究问题，引发学生认知冲突，激发积极思维。倡导以探究和实践为主的多样化学习方式，让学生主动参与、动手动脑、积极体验，经历科学探究以及技术与工程实践的过程；重视师生互动和生生互动，引导学生对所学知识和方法进行总结、反思、应用和迁移，促进学生自主学习和合作学习。<br><br>5. 重视综合评价，促进学生发展<br>　　构建素养导向的综合评价体系。改进结果评价，重视正确价值观、必备品格和关键能力的考查；强化过程评价，重视"教—学—评"一体化，关注学生在探究和实践过程中的真实表现与思维活动；探索增值评价，发挥评价的诊断功能、激励作用和促进作用，关注个体差异，改进学习过程。综合评价要充分利用信息技术，提高评价的科学性、专业性和客观性，强调主体多元、方法多样、内容全面，充分发挥学校、教师、学生等多主体参与评价的积极性。 | 3. 学习主题为框架<br>　　依据生物学的特点、社会发展对人才的需求和学生发展的需要，生物学课程以学习主题为单位构建课程内容体系。每个主题包含若干生物学重要概念，同时融入生物学的思想观念、研究过程和方法。此外，设置"生物学与社会·跨学科实践"学习主题，引导学生综合运用生物学、化学、物理、地理、数学等学科的相关知识和方法，尝试分析和解决实际问题。<br><br>4. 内容聚焦大概念<br>　　生物学课程的设计和实施追求"少而精"的原则，优化课程内容体系，提炼大概念，精选学习内容，突出重点，切合初中学生的认知特点，明确学习要求，力求学生有相对充裕的时间主动学习，让学生能够深刻理解和应用重要的生物学概念，发展核心素养。<br><br>5. 教学过程重实践<br>　　生物学课程高度关注学生学习过程中的实践经历，强调学生的学习过程是主动参与的过程，选择恰当的真实情境，设计学习任务，让学生积极参与动手和动脑的活动。通过实验、探究类学习活动或跨学科实践活动，使学生加深对生物学概念的理解，提升应用知识的能力，激发探究生命奥秘的兴趣，进而能用科学的观点、知识、思路和方法探讨或解决现实生活中的某些问题，从而引领教与学方式的变革。 |

| | 科学 | 生物学 |
|---|---|---|
| 课程理念 | | **6.学业评价促发展**<br>　　生物学课程重视以评价促进学生的学习与发展，重视评价的诊断、激励和促进作用。开展学业评价要高度关注生物学科的特点，将评价重点放在学生的学习活动上，特别要注重对探究和实践过程的评价，致力于创建一个主体多元、方法多样、既关注学业成就又重视个体进步和多方面发展的生物学学业评价体系。提倡在评价中关注学生的个体差异和发展需求，帮助学生认识自我、建立自信，改进学习方式，促进其核心素养的形成。 |

　　义务教育科学和生物学的课程理念都立足于发展学生的核心素养，课程的设计关注学生的学习进阶，教学过程重实践，重视评价的诊断、激励和促进作用，尤其关注将评价重点放在学生的学习活动上，特别是探究和实践过程的评价。这体现了义务教育科学与生物学的一致性。

　　在课程内容上，科学聚焦学科核心概念，生物学按学习主题安排学习框架；在学习内容上科学学习内容由浅入深、由表及里、由易到难，学习活动从简单到综合，体现的是学段内的进阶与发展；生物学的学习内容聚焦大概念，关注的是初中生物学与小学科学和高中生物学的衔接，体现的是跨学段的衔接与发展。这些体现了科学与生物学的连续性与进阶性。

## 六、核心素养

　　义务教育科学课程要培养的学生核心素养，主要是指学生在学习科学课程的过程中，逐步形成的适应个人终身发展和社会发展所需的正确价值观、必备品格和关键能力，是科学课程育人价值的集中体现，包括科学观念、科学思维、探究实践、态度责任等方面；义务教育生物学课程要培养的学生核心素养，主要是指学生通过本课程学习而逐步形成的正确价值观、必备品格和关键能力，是生物学课程育人价值的集中体现，主要包括生命观念、科学思维、探究实践、态度责任。具体内涵如下：

表3 义务教育科学与生物学课程的核心素养

| | 科学 | 生物学 |
|---|---|---|
| 核心素养 | 1.科学观念<br>　　科学观念是在理解科学概念、规律、原理的基础上形成的对客观事物的总体认识。科学观念既包括科学、技术与工程领域的一些具体观念，如对物质、能量、结构、功能、变化的认识；也包括对科学本质的认识，如对科学知识的可验证性、相对性、暂时性的认识，对人与自然关系的认识，以及对科学、技术、社会、环境之间关系的认识；还包括科学观念在解释自然现象、解决实际问题中的应用。 | 1.生命观念<br>　　生命观念是从生物学视角，对生命的物质和结构基础、生命活动的过程和规律、生物界的组成和发展变化、生物与环境关系等方面的总体认识和基本观点，是生物学概念、原理、规律的提炼和升华，是理解或解释生物学相关现象、分析和解决生物学实际问题的意识和思想方法。生命观念主要包括生物学的结构与功能观、物质与能量观、进化与适应观、生态观等。<br>　　生命观念对认识生命世界具有指导作用，是科学自然观和世界观的有机组成和重要基础。 |
| | 2.科学思维<br>　　科学思维是从科学的视角对客观事物的本质属性、内在规律及相互关系的认识方式，主要包括模型建构、推理论证、创新思维等。模型建构体现在：以经验事实为基础，对客观事物进行抽象和概括，进而建构模型；运用模型分析、解释现象和数据，描述系统的结构、关系及变化过程。推理论证体现在：基于证据与逻辑，运用分析与综合、比较与分类、归纳与演绎等思维方法，建立证据与解释之间的关系并提出合理见解。创新思维体现在：从不同角度分析、思考问题，提出新颖而有价值的观点和解决问题的方法。 | 2.科学思维<br>　　科学思维是指在认识事物、解决实际问题的过程中，尊重事实证据，崇尚严谨求实，基于证据和逻辑，运用比较、分类、归纳、演绎、分析、综合、建模等方法，进行独立思考和判断，多角度、辩证地分析问题，对既有观点和结论进行批判审视、质疑包容，乃至提出创造性见解的能力与品格。<br>　　发展科学思维是培育学生理性思维、批判质疑、勇于探究等科学精神的重要途径。 |
| | 3.探究实践<br>　　探究实践主要指在了解和探索自然、获得科学知识、解决科学问题，以及技术与工程实践过程中，形成的科学探究能力、技术与工程实践能力和自主学习能力。科学探究能力体现在：理解科学探究的一般过程和方法；提出科学问题，并针对科学问题进行合理猜想与假设；制订计划并搜集证据，分析证据并得出结论；对结果进行解释与评估；准确表达观点，反思探究过程与结果。技术与 | 3.探究实践<br>　　探究实践是源于对自然界的好奇心、求知欲和现实需求，解决真实情境中的问题或完成实践项目的能力与品格。探究实践活动主要包括科学探究和跨学科实践。主要环节有：发现问题或提出任务，制订方案，实施方案，获得证据或形成初步产品，分析证据或改进设计，得出结论或物化成果，进行表达、交流或展示等。 |

续表

| | 科学 | 生物学 |
|---|---|---|
| 核心素养 | 工程实践能力体现在：了解技术与工程实践的一般过程和方法，针对实际需要明确问题，提出有创意的方案，并根据科学原理或限制条件进行筛选；实施计划，利用工具和材料进行加工制作；根据实际效果进行修改迭代；用自制的简单装置及实物模型验证或展示某些原理、现象和设想。自主学习能力体现在：自主确定学习目标、选择学习策略、监控学习过程、反思学习过程与结果。 | 科学探究是学习生物学的重要方式，跨学科实践是扩展视野、增强本领的重要途径，探究实践是创新型人才的重要标志。 |
| | 4.态度责任<br>　　态度责任是在认识科学本质及规律，理解科学、技术、社会、环境之间关系的基础上，逐渐形成的科学态度与社会责任。科学态度体现在：保持好奇心和探究热情，乐于探究和实践；有基于证据和逻辑发表自己见解的意识，严谨求实；不迷信权威，敢于大胆质疑，追求创新；尊重他人的情感和态度，善于合作，乐于分享。社会责任体现在：珍爱生命，践行科学、健康的生活方式；热爱自然，具有节约资源、保护环境、推动生态文明建设和可持续发展的责任感；对与科学技术相关的社会热点问题作出正确的价值判断，遵守科学技术应用中的公共规范、法律法规和伦理道德，维护自身和他人的合法权益，捍卫国家利益。 | 4.态度责任<br>　　态度责任是指在科学态度、健康意识和社会责任等方面的自我要求和责任担当。其中，科学态度是指乐于探索自然界的奥秘，具有严谨求实、勇于质疑、理性包容的心理倾向；健康意识是指在掌握人体生理和卫生保健知识的基础上，关注身体内外各种因素对健康的影响，形成健康生活的态度和行为习惯；社会责任是指基于对生物学的认识及对科学、技术、社会、环境相互关系的理解，参与个人和社会事务的讨论，作出理性解释和判断，解决生产生活问题的责任担当和能力。<br>　　态度责任关系到知识和能力的正确运用，是生物学课程育人价值的重要体现。 |

　　从核心素养的四个维度上体现出了义务教育科学与生物学的一致性，其内涵又体现出了进阶性和连续性。

## 七、课程目标

　　义务教育科学和生物学都是立足学生核心素养的发展，依据核心素养的内涵，体现课程性质，反映课程理念，确定课程总目标和具体目标。

（一）总目标

表 4　义务教育科学与生物学课程总目标

| | 科学 | 生物学 |
|---|---|---|
| 课程总目标 | 1. 掌握基本的科学知识，形成初步的科学观念<br><br>　　初步认识科学的本质；掌握与认知水平相适应的科学知识，初步形成基本的科学观念，并能用于解释有关的自然现象、解决简单的实际问题。 | 1. 掌握生物学基础知识，形成基本的生命观念<br><br>　　获得生物体的结构层次、生物的多样性、生物与环境、植物的生活、人体生理与健康、遗传与进化等方面的基础知识；初步形成生物学的结构与功能观、物质与能量观、进化与适应观、生态观等生命观念；能够应用生命观念探讨和阐释生命现象及规律，认识生物界的多样性和统一性，认识生物界的发展变化，认识人与自然的关系等，初步形成科学的自然观和世界观；能够应用生命观念分析生活中遇到的一些与生物学相关的实际问题。 |
| | 2. 掌握基本的思维方法，具有初步的科学思维能力<br><br>　　掌握分析与综合、比较与分类、抽象与概括、归纳与演绎、联想与想象、重组思维、发散思维、突破定势等基本的思维方法及其在科学领域的具体应用；能基于经验事实抽象概括出理想模型，具有初步的模型理解和模型建构能力；能合理分析与综合判断各种信息、事实和证据，运用证据与推理对研究的问题进行描述、解释和预测，具有初步的推理与论证能力；能对不同观点、结论和方案进行质疑、批判、检验和修正，进而提出创造性见解和方案，具有初步的创新思维能力。 | 2. 初步掌握科学思维方法，具备一定的科学思维习惯和能力<br><br>　　尊重事实证据，能够运用比较和分类、归纳和演绎、抽象和概括、分析和综合等思维方法认识事物，解决实际问题，初步形成基于证据和逻辑的思维习惯；能够进行独立思考和判断，多角度、辩证地分析问题，提出自己的见解；能够对他人的观点进行审视评判、质疑包容；能够运用科学思维，探讨真实情境中的生物学问题，参与社会性科学议题的讨论。 |
| | 3. 掌握基本的科学方法，具有初步的探究实践能力<br><br>　　掌握观察、实验、测量、推理、解释等基本的科学方法；形成科学探究的意识，理解科学探究是探索和了解自然、获得科学知识、解决科学问题的主要途径，理解科学探究涉及提出问题、作出假设、制订计划、搜集证据、处理信息、得出结论、表达交流和反思评价等要素，具有初步的科学探究能力；理解技术与工程涉及明确问题、设计方案、实施计划、检验作品、 | 3. 初步具有科学探究和跨学科实践能力，能够分析解决真实情境中的生物学问题<br><br>　　能够从生物学现象中发现和提出问题，收集和分析证据、得出结论。综合运用生物学和其他学科的知识、方法与实验操作技能，采用工程技术手段，通过设计、制作和改进，形成物化成果，将解决问题的想法或创意付诸实践，逐步形成团队合作意识、坚持不懈的探索精神、实践创新意识、 |

续表

| | 科学 | 生物学 |
|---|---|---|
| 课程总目标 | 改进完善、发布成果等要素，具有初步的技术与工程实践能力；能根据自身特点制订合理的学习计划，监控学习过程，反思学习过程与结果，具有初步的自主学习能力。 | 审美意识和创意实现能力。 |
| | 4.树立基本的科学态度，具有正确的价值观和社会责任感<br><br>具有对自然现象的好奇心和探究热情；能大胆提出自己的见解，并基于证据和逻辑得出结论，实事求是；不迷信权威，敢于大胆质疑，追求创新；善于与他人合作和分享，包容不同的观点；热爱自然、珍爱生命，具有保护环境、节约资源、推动生态文明建设和可持续发展的责任感；能对与科学技术相关的社会热点问题作出正确的价值判断，尊重科学，反对迷信；遵守科学与技术应用的公共规范、法律法规和伦理道德，维护自身和他人的合法权益，捍卫国家利益。 | 4.初步确立严谨求实的科学态度，乐于探索生命的奥秘<br><br>初步理解科学的本质，能以科学态度进行科学探究；面对各种媒体上的生物学信息或社会性科学议题，做到不迷信权威，不盲从他人，能对自己或他人的观点进行理性审视，尊重他人的观点；乐于探索自然界的奥秘，关注生物科学和生物技术的新进展及其对个人和社会发展的促进作用。 |
| | | 5.树立健康意识和社会责任感，能够强身健体和服务社会<br><br>关注身体内外各种因素对健康的影响，在饮食作息、体育锻炼、疾病预防等方面形成健康生活的态度和行为习惯；能够基于生命观念和科学思维，破除封建迷信，反对伪科学；理解科学、技术、社会、环境的相互关系，参与社会性科学议题的讨论；初步形成生态文明观念，践行"绿水青山就是金山银山"的理念，积极参与环境保护实践，立志成为美丽中国的建设者；主动宣传关于生命安全与健康的观念和知识，成为健康中国的促进者和实践者。 |

科学和义务教育生物学的总目标都是立足学生核心素养的发展，依据核心素养的内涵，体现课程性质，反映课程理念；但对学生核心素养发展的程度要求不同，体现了循序渐进、螺旋式发展的特点。

（二）科学学段目标（科学观念中列举了科学中与生命科学相关的内容）

表5 科学课程学段目标

| 年级 | 科学课程学段目标 | | | |
|---|---|---|---|---|
| | 科学观念 | 科学思维 | 探究实践 | 态度责任 |
| 1—2年级 | 认识周边常见的植物和动物，能简单描述其外部主要特征和生长过程；知道植物和动物的生存需要环境条件。 | 能在教师指导下，观察具体事物的构成要素，通过口述、画图等方式描述事物的外在特征；能利用材料和工具，通过口述、绘画、画图等方式表达自己的想法。<br><br>能在教师指导下，辨别二维空间中的东西南北和上下左右；比较事物之间外在特征的不同点和相同点；根据事物的外在特征，对常见事物进行分类；初步分清观点与事实，根据问题提出假设，具有提供证据的意识。<br><br>初步具有从不同角度提出观点的意识，能突破对常见物品功能的思维定势，利用发散思维、重组思维等方法，提出不同想法。 | 能在教师指导下，通过对具体现象与事物的观察和比较，提出感兴趣的问题，作出简单猜想，并了解科学探究需要制订计划。具有初步的提出问题和制订计划的意识。<br><br>能利用多种感官或简单的工具，观察对象的外部形态特征及现象，并能对这些特征和现象进行简单的比较、分类等。具有初步的收集信息和得出结论的意识。<br><br>具有简单交流、评价探究过程和结果的意识。<br><br>知道简单工具的功能和使用方法，能利用身边的材料和简单工具动手完成简单的任务，能发现作品中存在的问题并尝试提出解决方案。<br><br>能在教师的指导下完成学习任务，进行总结反思，初步养成良好的学习习惯。 | 在好奇心驱使下，对常见自然现象或生活现象表现出直觉兴趣；能如实记录观察到的信息；知道可以有依据地质疑别人的观点，尝试从不同角度、以不同方式认识事物；愿意倾听他人的想法，乐于分享和表达自己的想法。了解生活中常见的科技产品能给人类生活带来的便利，知道科技产品有利也有弊；树立珍爱生命、节约资源和保护环境的意识。 |
| 3—4年级 | 能区分植物和动物的主要特征，并能对植物和动物进行简单分类；认识植物的某些结构、动物的某些结构与行为具有维持自身生存的功能；认识生物通过生殖、发育实现生命的延续。 | 能在教师引导下，观察并描述具体事物的构成要素，分析并表达要素之间的关系，找到它们之间重要的、共同的特征；利用模型解释简单的科学现象。 | 能在教师引导下，通过对具体现象与事物的观察和比较，提出可探究的科学问题，并基于已有经验和所学知识，从现象和事件发生的条件、过程、原因等方面提出假设，制订简单的探究计划。初步具有根据具体现象与事物提出探究问题，基于已有经验和知识制订简单探究计划 | 在好奇心驱使下，乐于动手操作感兴趣的事物；知道科学学科的学习与实践要实事求是，能如实记录和报告观察与实验的信息，具有基于事实表达观点的意识；能有依据地质疑 |

续表

| 年级 | 科学课程学段目标 | | | |
|------|------|------|------|------|
| | 科学观念 | 科学思维 | 探究实践 | 态度责任 |
| 3—4年级 | | 能在教师引导下，用二维方式表达三维空间的物体；比较事物的某些本质特征，根据不同的目的进行分类，基于事物之间的功能相似性进行类比；分析事物的特征及结构，建立事实与观点之间的联系；根据问题提出假设，能提供支撑性的证据；可以利用控制变量的方法设计简单的实验。<br><br>初步掌握重组思维、发散思维、突破定势等创造性思维的基本方法，能基于具体事物外在特征展开想象，突破生活中常见问题的思维定势，提出有一定新颖性和合理性的观点，针对事物的外在特征进行设计，并对方案进行初步的科学分析。 | 的能力。能运用感官和选择恰当的工具、仪器，观察并描述对象的外部形态特征及现象，用较准确的科学词汇、统计图表等记录和整理信息，并运用分析、比较、推理、概括等方法，分析结果，得出结论。初步具有描述对象外部特征和现象，以及分析处理信息并得出结论的能力。<br><br>能准确讲述并反思自己的探究过程和结果，作出自我评价与调整。初步具有交流、反思以及评价探究过程和结果的意识。<br><br>掌握常见工具的使用方法；能拆开简单产品并复原，制作某种产品的简化实物模型并反映其中的部分科学原理；能发现作品的不足并进行改进。初步具有参与技术与工程实践的意识及使用常见工具的技能。<br><br>能在教师引导下，制订和执行学习计划，运用基本的学习方法，对学习过程和结果进行总结与反思，养成良好的学习习惯。 | 别人的观点，尝试运用不同思路和方法完成探究和实践；愿意分享自己的想法，乐于倾听他人观点，改进和完善探究活动。<br><br>了解科学技术对人类生活方式和生产方式有影响，人类的生活和生产可能对环境造成破坏；知道节约资源和保护环境的重要性。 |
| 5—6年级 | 认识细胞是生物体结构的基本单位；初步认识生物体的结构层次，以及形态结构与功能的关系；简单描述生 | 通过分析、比较、抽象、概括等方法，抓住简单事物的本质特征，展示对事物的系统、结构、关系、过程及循环的理解，能使用或建构模型， | 能基于所学知识，从事物的结构、功能、变化及相互关系等角度提出可探究的科学问题和研究假设，制订比较完整的探究计划，设计控制变量的实验方案。初步具有 | 在好奇心驱使下，表现出对现象发生原因的因果兴趣；不盲从，不迷信权威，能以事实为依据作出独立判断， |

续表

| 年级 | 科学课程学段目标 | | | |
|------|------|------|------|------|
| | 科学观念 | 科学思维 | 探究实践 | 态度责任 |
| 5—6年级 | 物与生物、生物与环境之间相互依存的关系，以及生物的多样性和进化现象。 | 解释有关的科学现象和过程。<br><br>能形成事物动态变化的图景，掌握比较的方法和分类的基本要求，善于用类比的方法认识事物的特征，理解归纳推理和演绎推理的基本方法并用于解决真实情境中的简单问题，抽象概括常见事物的本质特征，比较全面地分析问题的各种影响因素；针对具体问题提出假设，基于交流情境提出观点，建立证据与假设或观点之间的联系；分析科学实验中的变量控制。<br><br>具有基于事物的结构、功能等展开想象的能力，能运用重组思维、发散思维突破定势等创造性思维的基本方法，基于科学原理提出有一定的新颖性和合理性的观点；能进行初步的创意设计，并利用影像、文字或实物表达自己的创意。 | 从事物的结构、功能、变化及相互关系等角度，提出问题和制订比较完整的探究计划的能力。<br><br>能运用观察、实验、查阅资料、实地调查、案例分析等方式获取信息，用科学语言、概念图、统计图表等记录整理信息，表述探究结果，并运用分析、比较、推理、概括等方法得出科学探究的结论，判断结论与假设是否一致。初步具有获取信息、运用科学方法描述和处理信息并得出结论的能力。<br><br>采用不同方式（如小论文、调查报告等）呈现探究的过程与结果，尝试运用科学原理进行解释，对探究活动进行过程性反思和总结性评价，完善探究报告。初步具有交流探究过程和结果，并进行评价、反思、改进的能力。<br><br>能利用相关仪器设备进行观察并记录；应用所学科学原理设计并制作简单的装置，能进行模拟演示并简要解释；能根据证据改进实物模型的设计和制作。具有初步的构思、设计、实施、验证与改进的能力。<br><br>能自主制订和执行学习计划，掌握基本的学习方法，探索适合自身特点的学习策略，进行有效的总结和反思。具有初步的制订学习计划、监控学习 | 面对有说服力的证据，愿意调整自己的想法；善于有依据地质疑别人的观点，乐于尝试运用多种思路和方法完成探究和实践，初步具有创新的兴趣；就科学问题在认识上的分歧，乐于与他人进行沟通交流和辩论，基于证据反思和调整探究活动。<br><br>了解科学、技术、社会、环境之间的相互影响，以及科学研究和技术应用中需要考虑伦理道德；愿意采取行动保护环境、节约资源。 |

续表

| 年级 | 科学课程学段目标 | | | |
|---|---|---|---|---|
| | 科学观念 | 科学思维 | 探究实践 | 态度责任 |
| 7—9年级 | 能说出生命系统的构成层次，认识生命系统的层次性、开放性和复杂性；知道生物体的生命过程及其调节机制，解释生命系统能通过自我调节维持稳态，认识人与环境之间的相互关系；说明生物多样性和适应性是进化的结果。初步形成生物体的结构与功能、物质与能量、稳定与变化、进化与适应的观念。<br>知道现代技术与工程具有系统性和复杂性，知道科学对技术与工程具有指导意义，知道工程需要经历明确问题、设计方案、实施计划、检验作品、改进完善、发布成果等过程。 | 能分析、解释模型所涉及的要素及结构，解释并模拟相关的科学现象和过程，展示对相关概念、原理、系统的理解，思考和表达事物整体与局部的关系；针对真实情境中的简单问题，能基于事实与证据，利用分析、比较、抽象和概括等思维方法建构模型，能运用简单模型解释常见现象，解决常见问题。<br>能灵活运用二维方式展现三维空间的物体，形成事物动态变化的图景；掌握分析与综合、比较与分类、抽象与概括、归纳与演绎、联想与想象等基本的思维方法，并能应用于科学探究以及技术与工程实践，解决实际问题；能基于问题，提出假设；能基于证据与逻辑，检验假设，得出结论，阐述自己观点的合理性，进行基于证据的反驳；能确定、分析和评价科学实验中的变量控制。<br>掌握并应用重组思维、发散思维、突破定势等创造性思维的基本方法，能基于科学观念和科学方法，从多角度提出具 | 过程和总结反思的能力。<br>能基于所学知识，从真实的情境中识别可以探究的科学问题和研究变量，并提出合理的研究假设，制订完整的探究计划，能应用控制变量方法设计实验方案。具有在真实情境中提出探究问题和制订探究计划的能力。<br>能理解科学探究的过程和基本方法；能根据已经制订的探究计划，运用所学的基本器材，利用观察、实验等各种方法获得数据，用科学语言、概念图、统计图表等对数据进行整理分析，运用所学科学原理、思维方法和数学方法处理数据，建构解释，得出结论，判断结论与假设是否一致。具有利用所学知识和方法获取信息、处理信息并得出结论的能力。<br>明确探究报告写作的基本要求，能完成与所学知识和方法相适应的、简单的探究报告，自觉地对探究过程和结果进行反思与评价。具有交流探究过程和结果，以及评价、反思、改进的能力。<br>知道工程需要经历明确问题、设计方案、实施计划、检验作品、改进完善、发布成果等过程；能制作把科学原理转化为技术产品的简单装置，应用形象的模型演示抽象的 | 乐于思考现象发生的原因和规律，对科学学科的学习和实践具有初步的理论兴趣；在尊重证据的前提下，坚持正确的观点；当观察、实验结果与预期不一致时，不急于下结论，而是分析原因，再次观察、实验，以事实为依据作出判断；表现出对创新的乐趣，初步形成质疑和创新的品格；乐于合作与交流，善于通过小组合作，共同解决科学、技术与工程问题。初步理解科学、技术、社会、环境之间的关系，较理性地看待科学技术对人类造成的正反两方面的影响；具有生态文明意识。理解并认同科学研究与技术应用要遵循一定的伦理道德，关注与科学技术密切相关的社会问题，初步形成热爱自然、珍爱生命、节约资源和保护环境 |

续表

| 年级 | 科学课程学段目标 | | | |
|---|---|---|---|---|
| | 科学观念 | 科学思维 | 探究实践 | 态度责任 |
| 7—9年级 | | 有新颖性和合理性的观点，设计出有一定新颖性和价值的创意产品。具有初步的创造性解决问题的能力。 | 科学原理；能基于所学科学原理，对设计方案进行模拟分析和预测，根据实际反馈结果，对实物模型进行迭代改进。具有一定的构思、设计、优化、实施、验证能力。<br>理解不同类型学习所具有的价值，掌握智能时代多种有效的学习方法，能根据自身特点制订合理的学习目标、计划，安排学习进程，监控学习行为，反思学习过程和结果。具有一定的自主学习能力和初步的终身学习意识。 | 的责任感。 |

## 八、课程内容

表6　义务教育科学与生物学课程内容

| | 科学 | 生物学 |
|---|---|---|
| 课程内容 | 科学课程设置13个学科核心概念，是所有学生在义务教育阶段应该掌握的科学课程的核心内容。通过对学科核心概念的学习，理解物质与能量、结构与功能、系统与模型、稳定与变化4个跨学科概念（如下图所示）。将科学观念、科学思维、探究实践、态度责任等核心素养的培养有机融入学科核心概念的学习过程中。<br>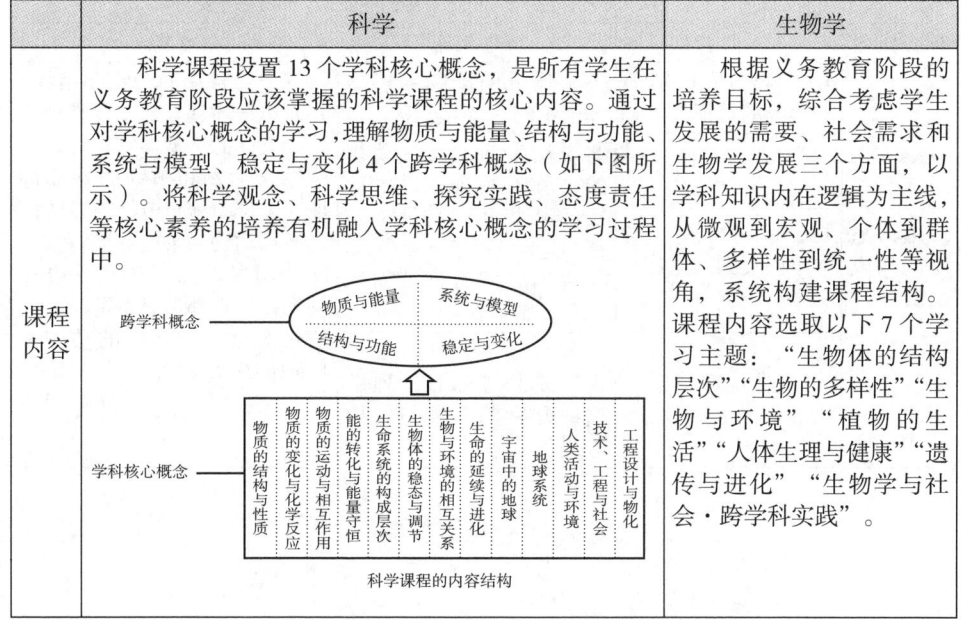<br>科学课程的内容结构 | 根据义务教育阶段的培养目标，综合考虑学生发展的需要、社会需求和生物学发展三个方面，以学科知识内在逻辑为主线，从微观到宏观、个体到群体、多样性到统一性等视角，系统构建课程结构。课程内容选取以下7个学习主题："生物体的结构层次""生物的多样性""生物与环境""植物的生活""人体生理与健康""遗传与进化""生物学与社会·跨学科实践"。 |

（一）义务教育科学

表7 科学中与生物学相关的核心概念和学习内容

| 核心概念 | 学习内容 |
|---|---|
| 5. 生命系统的构成层次 | 5.1 生物具有区别于非生物的特征<br>5.2 地球上存在动物、植物、微生物等不同类型的生物<br>5.3 细胞是生物体结构与生命活动的基本单位<br>5.4 生物体具有一定的结构层次<br>5.5 人体由多个系统组成<br>5.6 生态系统由生物与非生物环境共同组成 |
| 6. 生物体的稳态与调节 | 6.1 植物能制造和获取养分来维持自身的生存<br>6.2 人和动物通过获取其他生物的养分来维持生存<br>6.3 人体通过一定的调节机制保持稳态 |
| 7. 生物与环境的相互关系 | 7.1 生物能适应其生存环境<br>7.2 生物与环境相互作用、相互协调，实现生态平衡<br>7.3 人的生活习惯影响机体健康<br>7.4 人体生命安全与生存环境密切相关 |
| 8. 生命的延续与进化 | 8.1 植物通过多种方式进行繁殖<br>8.2 不同种类动物具有不同的生殖方式和发育过程<br>8.3 人的生命是从受精卵开始的<br>8.4 细菌、真菌、病毒具有不同的繁殖方式<br>8.5 生物体的遗传信息逐代传递，可发生改变<br>8.6 生物的遗传变异和环境因素的共同作用导致了生物的进化 |

表8 1—2年级科学学习内容、内容要求和学业要求

| 核心概念 | 学习内容 | 内容要求 | 学业要求 |
|---|---|---|---|
| 5. 生命系统的构成层次 | 5.1 生物具有区别于非生物的特征 | ①举例说明动物和植物都是生物。 | 认识周边常见的动物和植物，并简单描述其外部主要特征；识别人体的感觉器官。<br>能结合动物和植物的外部特征，比较动物和植物的异同；能概括动物的某些共同特征。<br>能利用多种感官观察身边常见生物的外部形态特征。<br>通过观察，对常见的动物、植物的外在特征产生探究兴趣。 |
| | 5.2 地球上存在动物、植物、微生物等不同类型的生物 | ②说出生活中常见动物的名称及特征，说出动物的某些共同特征（如都会运动）。<br>③说出周围常见植物的名称及特征。 | |
| | 5.5 人体由多个系统组成 | ④识别人的眼、耳、鼻、舌、皮肤等器官，列举这些器官的功能与保护方法。 | |

续表

| 核心概念 | 学习内容 | 内容要求 | 学业要求 |
|---|---|---|---|
| 6. 生物体的稳态与调节 | 6.1 植物能制造和获取养分来维持自身的生存 | ①说出植物的生存和生长需要水、阳光和空气。 | 认识到植物、动物的生存需要外界环境的帮助。能分析不同植物生存和生长的条件，能比较不同动物感知环境的器官。能依据可观察的现象，描述植物生存和生长的条件。对生物生长的自然现象感到好奇。 |
|  | 6.2 人和动物通过获取其他生物的养分来维持生存 | ②举例说出动物可以通过眼、耳、鼻等器官感知环境。 |  |

表9 3—4 年级科学学习内容、内容要求和学业要求

| 核心概念 | 学习内容 | 内容要求 | 学业要求 |
|---|---|---|---|
| 5. 生命系统的构成层次 | 5.1 生物具有区别于非生物的特征 | ①说出生物与非生物的不同特点，描述生物的特征。 | 能比较生物与非生物的特征，说出生物与非生物的不同特点；能描述常见动物、植物的共同特征；能描述人体用于呼吸的器官、用于摄取养分的器官。能根据某些特征，对动物进行分类；能概括植物的某些共同特征。能设计简单方案，探究水、阳光、空气、温度等变化对生物生存的影响；通过查阅资料等方式，知道动物依赖植物筑巢或作为庇护所，列举相关实例。在认识常见生物、认识生物生存行为的过程中，认同热爱自然、保护环境以及保护当地动植物资源的积极意义；认同保护人体具有呼吸功能和摄取养分功能器官的重要性。 |
|  | 5.2 地球上存在动物、植物、微生物等不同类型的生物 | ②根据某些特征，对动物进行分类。③识别常见的动物类别，描述某一类动物（如昆虫、鱼类、鸟类、哺乳类）的共同特征；列举几种我国的珍稀动物。④说出植物的某些共同特征；列举当地的植物资源，尤其是与人类生活密切相关的植物。 |  |
|  | 5.4 生物体具有一定的结构层次 | ⑤描述植物一般由根、茎、叶、花、果实和种子构成。 |  |
|  | 5.5 人体由多个系统组成 | ⑥描述人体用于呼吸的器官，列举保护这些器官的方法。⑦描述人体用于摄取养分的器官，列举保护这些器官的方法。 |  |
|  | 5.6 生态系统由生物与非生物环境共同组成 | ⑧举例说出水、阳光、空气、温度的变化对生物生存的影响。⑨列举动物依赖植物筑巢或作为庇护所的实例。 |  |

续表

| 核心概念 | 学习内容 | 内容要求 | 学业要求 |
|---|---|---|---|
| 6. 生物体的稳态与调节 | 6.1 植物能制造和获取养分来维持自身的生存 | ①描述植物的生存和生长需要水、阳光、空气和适宜的温度。②描述植物的根、茎、叶、花、果实和种子具有帮助植物维持自身生存的相应功能。 | 能说出植物和动物都有基本生存需要，认识到植物、动物的某些结构具有帮助其维持自身生存的相应功能。能比较分析植物、动物生存需要的差异。能设计简单方案并实施操作，搜集植物和动物生存、生长所需条件的证据。在学习过程中，保持好奇心和探究热情，能与他人交流观点。 |
| | 6.2 人和动物通过获取其他生物的养分来维持生存 | ③举例说出动物通过皮肤、四肢、翼、鳍、鳃等接触和感知环境。④描述动物维持生命需要空气、水、食物和适宜的温度。 | |
| 7. 生物与环境的相互关系 | 7.1 生物能适应其生存环境 | ①举例说出生活在不同环境中的植物的外部形态具有不同的特点，以及这些特点对维持植物生存的作用。②举例说出动物适应季节变化的方式，说出这些变化对维持动物生存的作用。 | 认识不同环境下的植物的外部形态具有不同特点，认识动物能对季节变化作出反应。能分析不同环境中植物的不同外部形态特点对维持其生存的作用，能比较不同动物适应季节变化的方式对维持其生存的作用。能收集生活在不同环境中的植物外部形态特征的信息，调查动物适应季节变化的方式。能积极参与对自然规律的探究活动。 |
| 8. 生命的延续与进化 | 8.1 植物通过多种方式进行繁殖 | ①举例说出植物从生到死的生命过程；举例说出植物通常会经历由种子萌发成幼苗，再到开花、结出果实和种子的过程。②描述有的植物通过产生种子繁殖后代，有的植物通过根、茎、叶等繁殖后代。③列举动物帮助植物传粉或传播种子的实例。 | 认识生物通过生殖、发育和遗传实现生命的延续。能分析动植物生命周期不同阶段的相应特点。能记录、整理和描述常见植物和动物从生到死的生命过程。对栽培植物、饲养动物以及观察动植物的生命周期产生兴趣。 |
| | 8.2 不同种类动物具有不同的生殖方式和发育过程 | ④举例说出动物从生到死的生命过程。⑤描述和比较胎生与卵生动物的繁殖方式。 | |

表 10　5—6 年级科学学习内容、内容要求和学业要求

| 核心概念 | 学习内容 | 内容要求 | 学业要求 |
|---|---|---|---|
| 5. 生命系统的构成层次 | 5.2 地球上存在动物、植物、微生物等不同类型的生物 | ①列举生活中常见的微生物（如酵母菌、霉菌、病毒），举例说出感冒、痢疾等疾病是由微生物引起的。<br>②根据某些特征，对植物进行分类。 | 初步认识微生物及其对人类的影响，初步认识细胞是生物体的基本结构单位。<br>能根据某些特征，对常见的植物进行分类。<br><br>能使用显微镜观察动物细胞和植物细胞的形态；能设计调查活动，说出动物和植物之间的相互关系，说出常见动物和植物之间的食物链关系。<br>通过对生命系统构成层次的初步学习，乐于探究和实践，关注人体健康与环境保护。 |
| | 5.3 细胞是生物体结构与生命活动的基本单位 | ③初步学会使用显微镜观察细胞，知道细胞是生物体的基本结构单位。 | |
| | 5.5 人体由多个系统组成 | ④说出脑是认知、情感、意志和行为的生物学基础，举例说出保护脑健康的主要措施。 | |
| | 5.6 生态系统由生物与非生物环境共同组成 | ⑤举例说出常见的栖息地为生物提供光、空气、水、适宜的温度和食物等基本条件。<br>⑥说出常见动物和植物之间吃与被吃的链状关系。 | |
| 6. 生物体的稳态与调节 | 6.1 植物能制造和获取养分来维持自身的生存 | ①知道植物可以利用阳光、空气和水分在绿色叶片中制造生存所需的养分。 | 认识到植物利用阳光、空气和水分在绿色叶片中制造其生存所需养分的过程就是植物的光合作用，动物和人依靠摄取食物维持生命活动。<br>能通过描述人体生长发育所需的主要营养物质及其消化吸收，分析评估自身营养摄取情况。<br>能收集人和动物以其他生物为食获得维持生命活动所需能量的信息，用多种方式表达调查过程与结果。 |
| | 6.2 人和动物通过获取其他生物的养分来维持生存 | ②知道动物以其他生物为食，动物维持生命需要消耗这些食物而获得能量。<br>③说出人体生长发育所需的主要营养物质及其消化吸收过程。 | |
| | 6.3 人体通过一定的调节机制保持稳态 | ④举例说出人体对某些环境刺激的反应方式和作用，列举保护相关器官的方法。 | |

续表

| 核心概念 | 学习内容 | 内容要求 | 学业要求 |
|---|---|---|---|
| 7. 生物与环境的相互关系 | 7.1 生物能适应其生存环境 | ①举例说出动物在气候、食物、空气和水源等环境变化时的行为。 | 认识动物能适应环境变化，能列举影响健康的因素。<br>能分析不同动物在气候、食物、空气和水源等环境变化时的行为。能通过测量、调查、统计，分析自身生活习惯和外部环境因素对人体健康的影响。<br>养成良好的生活习惯，关注重大传染病、突发公共卫生事件及其对人类安全的威胁，关注生物资源保护。 |
| | 7.3 人的生活习惯影响机体健康 | ②列举睡眠、饮食、运动等影响健康的因素，养成良好的生活习惯。 | |
| | 7.4 人体生命安全与生存环境密切相关 | ③举例说出重大传染病和突发公共卫生事件对人类安全的威胁。 | |
| 8. 生命的延续与进化 | 8.3 人的生命是从受精卵开始的 | ①认识青春期及其特征，关注青春期保健。 | 能举例说出已灭绝生物和当今某些生物的相似之处，认识进化现象。能比较、分析植物(花的颜色，叶的颜色、大小与形状等方面)和动物(毛皮的颜色、躯体的大小、外形和外貌等方面)子代与亲代的异同。<br>能依据收集到的化石资料开展讨论交流。<br>关注青春期保健，能参与对遗传与进化研究的求证过程。 |
| | 8.4 生物体的遗传信息逐代传递，可发生改变 | ②描述和比较植物子代与亲代在形态特征方面的异同。<br>③描述和比较动物子代与亲代在形态特征方面的异同。 | |
| | 8.5 生物的遗传变异和环境因素的共同作用导致了生物的进化 | ④根据化石资料，举例说出已灭绝的生物；描述和比较灭绝生物与当今某些生物的相似之处。 | |

表 11　7—9 年级科学学习内容、内容要求和学业要求

| 核心概念 | 学习内容 | 内容要求 | 学业要求 |
|---|---|---|---|
| 5. 生命系统的构成层次 | 5.1 生物具有区别于非生物的特征 | ①学会使用放大镜、显微镜等工具观察各类生物，感受观察工具的使用及发展对提高人类认识自然的能力的作用。 | 能综合细胞、组织、器官、系统、个体、种群、群落、生态系统、生物圈等相关知识，找出生命系统构成层次的内在规律，感知生命的复杂性、开放性和层次性。
能根据某些特征，对常见的植物进行简单的二歧分类；能使用简单的检索表对生物进行分类；能建构简单的细胞结构模型；能运用生态系统的概念分析生产生活中的一些简单问题。
能选择适当的观察工具观察各类生物；会制作简单的临时装片，并绘制简单的生物图；探究不同生物的形态、生活习性与环境的关系。
认同观察工具的使用及发展对提高人类认识自然的能力的作用，认同无偿献血是公民应尽的义务，关注生物圈的保护。 |
| | 5.2 地球上存在动物、植物、微生物等不同类型的生物 | ②对常见植物进行简单的二歧分类；说出生物分类的方法和分类等级；学会使用简单的检索表，并练习编制简单的检索表。
③列举病毒、细菌和真菌的主要特点，举例说明它们与人类生活的关系。
④说出藻类、苔藓、蕨类、种子植物的主要特点。
⑤观察有代表性的无脊椎动物和脊椎动物，说出这些动物的主要特点，描述其形态和生活习性。
⑥观察和描述常见生物的生活环境，感知生物对环境的适应。 | |
| | 5.3 细胞是生物体结构与生命活动的基本单位 | ⑦制作简单的临时装片，绘制简单的生物图。
⑧识别细菌、动物细胞、植物细胞。
⑨举例说明细胞是生物体结构与生命活动的基本单位；描述细胞的基本结构及其功能，运用细胞结构及其功能的知识解释某些生命现象。
⑩举例说明生物可以分为单细胞生物和多细胞生物，举例说明单细胞生物可以独立完成生命活动。 | |
| | 5.4 生物体具有一定的结构层次 | ⑪描述植物的细胞、组织、器官、个体的结构特征及其相应的功能；辨认和观察绿色开花植物根、茎、叶的结构，说出其功能。
⑫举例说出动物体的结构层次包括细胞、组织、器官、系统和个体。
⑬描述细胞的分裂及其意义。
⑭举例说明细胞的生长和分化；描述细胞分化后形成不同的组织，进一步形成器官和系统。 | |

续表

| 核心概念 | 学习内容 | 内容要求 | 学业要求 |
|---|---|---|---|
| 5.生命系统的构成层次 | 5.5 人体由多个系统组成 | ⑮列举人体主要感觉器官的结构与功能。<br>⑯描述人体呼吸系统的结构和气体交换过程，知道呼吸作用为人体内能量的利用提供了必要的条件。<br>⑰描述人体血液循环系统的结构和血液循环过程；说出血液的主要成分及其功能，描述骨髓的造血功能；知道血型，说出输血应注意的事项，认同无偿献血是公民应尽的义务。<br>⑱描述人体泌尿系统的结构及尿的形成和排出过程。<br>⑲说出人体运动系统的结构、功能和保健。 | |
| | 5.6 生态系统由生物与非生物环境共同组成 | ⑳知道种群是由一定区域内同种生物的所有个体组成的。<br>㉑举例说明不同生物之间通过捕食关系形成食物链和食物网。<br>㉒列举不同生物群落，描述生物群落的生物学意义。<br>㉓描述生态系统的组成及功能，列举不同类型的生态系统，运用生态系统的概念分析生产生活中的一些简单问题。<br>㉔描述生物圈，关注生物圈的保护。<br>㉕感知各种生命系统都是复杂的开放系统，体验生命系统与其他物质系统一样，也具有层次性。 | |

| 核心概念 | 学习内容 | 内容要求 | 学业要求 |
|---|---|---|---|
| 6. 生物体的稳态与调节 | 6.1 植物能制造和获取养分来维持自身的生存 | ①描述无机盐和水对生命活动的作用，说出植物体对无机盐的吸收、运输过程，说出植物体对水分的吸收利用和散失过程。<br>②知道光合作用的原料、条件、产物及简要过程，认识光合作用过程中物质和能量的转化及其重要意义。<br>③知道植物的呼吸作用。<br>④知道植物体内的物质和能量的转换原理对农业生产的影响。 | 能综合植物、人体的调节过程，认识生命系统能通过自我调节维持稳态，逐步形成物质与能量、稳定与变化的观念。<br>能建构光合作用、呼吸作用的概念或模型，能分析人体体温调节的过程。<br>能选择合适的方法探究植物生长的调节过程；能设计方案，通过调查探讨疫苗的来源和作用机理。<br>认同植物体内物质和能量的转换原理对农业生产具有重大意义，关注人体免疫与健康。 |
|  | 6.2 人和动物通过获取其他生物的养分来维持生存 | ⑤描述人体消化系统的结构及食物的消化与吸收过程；列举人体消化酶在消化过程中的作用，通过酶的催化作用实验，体验酶在生命活动中的重要作用。 |  |
|  | 6.3 人体通过一定的调节机制保持稳态 | ⑥说出人体神经系统的组成，概述神经调节的基本方式。<br>⑦列举人体的主要内分泌腺及其功能，列举激素对生命活动的调节作用。<br>⑧以体温调节为例，说明人体是一个统一的整体。<br>⑨识别免疫现象、类型，知道疫苗的作用和疫苗接种，列举计划免疫和人工免疫的实例。<br>⑩概述生命活动中物质与能量的变化。 |  |

| 核心概念 | 学习内容 | 内容要求 | 学业要求 |
|---|---|---|---|
| 7. 生物与环境的相互关系 | 7.1 生物能适应其生存环境 | ①描述植物的感应性现象。<br>②列举动物行为的基本类型。 | 认识到生物既能适应环境，又能影响环境；人的生活习惯影响机体健康，生命安全与生存环境密切相关。<br>能分析影响合理膳食的因素，能归纳传染病的特点及防治措施。<br>能收集生活习惯、传染病、安全用药等方面的资料，探索人类活动与生存环境的相互作用。<br>养成良好的生活习惯和生活方式。 |
| | 7.2 生物与环境相互作用、相互协调，实现生态平衡 | ③说明生态系统中物质和能量是沿着食物链与食物网流动的，说出生态平衡的现象和意义。<br>④举例说明生物多样性及其意义；说出我国生物资源保护与生态环境保护的意义和措施，养成保护生物多样性的自觉性；举例说明生态安全的重要性。 | |
| | 7.3 人的生活习惯影响机体健康 | ⑤阐明人体健康的概念；举例说明良好的生活习惯是健康的保障；说出一些卫生保健知识，形成健康的生活方式；说出烧烤食品、碳酸饮料对人体的影响，以及烟草、酒精、毒品对人体的危害；阐明青春期卫生保健知识。<br>⑥举例说明营养素的作用，形成均衡膳食的观念。<br>⑦列举冠心病、恶性肿瘤及糖尿病等疾病的预防措施。 | |
| | 8. | ⑧举例说明影响人体健康的重要环境因素。<br>⑨阐明传染病的特点，以及病毒、细菌等病原体及其传播环节和预防措施；列举常见的传染病及其预防措施。<br>⑩举例说明生活中可能遇到的有毒物质和防御措施。<br>⑪举例说明触电、猝死、溺水、异物堵塞气管、蛇虫咬伤等急救的基本方法。<br>⑫概述安全用药常识。 | |

续表

| 核心概念 | 学习内容 | 内容要求 | 学业要求 |
|---|---|---|---|
| 8. 生命的延续与进化 | 8.1 植物通过多种方式进行繁殖 | ①列举绿色开花植物的生殖方式及其在生产生活中的应用。<br>②知道枝条和叶都是由叶芽发育而来的。<br>③认识花的结构，说出自花传粉植物和异花传粉植物传粉的不同类型与途径。<br>④描述果实、种子的形成过程。<br>⑤说出种子萌发的过程和必要条件。 | 认识繁殖是生命的基本特征，识别遗传和变异，能举例说明生物的遗传、变异与环境因素的共同作用导致了生物的进化。<br>能比较不同生物的生殖方式与发育过程；能从遗传学角度分析近亲结婚的危害；能收集和交流生物进化历程的资料，对生物进化的不同观点提出自己的见解。<br>尝试开展扦插或嫁接、饲养家蚕、孵化鸡卵等活动，能观察记录微生物的繁殖过程，探究环境因素对种子萌发的影响，调查常见的遗传性疾病。<br>认识近亲结婚的危害，关注优生优育，珍爱生命；愿意参与社会性科学议题的讨论。 |
| | 8.2 不同种类动物具有不同的生殖方式和发育过程 | ⑥说出昆虫、两栖动物、鸟的生殖方式和发育过程。<br>⑦关注动物克隆技术的进展，感知从事科学工作应有的社会责任。 | |
| | 8.3 人的生命是从受精卵开始的 | ⑧说出人体生殖系统的结构和功能。<br>⑨描述人的受精、胚胎发育、分娩和哺乳的过程。<br>⑩说出人体的发育过程和各发育阶段的生理特点。<br>⑪认识青春期的生理和心理变化，树立正确的性道德观。 | |
| | 8.4 细菌、真菌、病毒具有不同的繁殖方式 | ⑫说出细菌、真菌的繁殖方式，描述细菌、真菌的繁殖在生产生活中的应用。<br>⑬描述病毒的增殖。 | |
| | 8.5 生物体的遗传信息逐代传递，可发生改变 | ⑭识别遗传和变异现象，列举遗传和变异在育种方面的应用。<br>⑮说出遗传物质的作用，知道DNA、基因和染色体的关系，知道决定人性别的因素；举例说明生物的性状是由基因控制的。<br>⑯从遗传学角度说出近亲结婚的危害，认同优生优育。<br>⑰列举常见的遗传性疾病。<br>⑱关注基因工程技术应用的进展。 | |
| | 8.6 生物的遗传变异和环境因素的共同作用导致了生物的进化 | ⑲说出生命起源于非生命物质，列举生物进化现象。<br>⑳说出达尔文自然选择学说的主要观点，认同生物进化的观点。 | |

（二）义务教育生物学

1. 义务教育生物学内容要求和学业要求

（1）学习主题 1：生物体的结构层次

表 12　义务教育生物学学科内容要求和学业要求

| 大概念 | 重要概念 | 次位概念 | 学业要求 |
|---|---|---|---|
| 1. 生物体具有一定的结构层次，能够完成各项生命活动 | 1.1 细胞是生物体结构和功能的基本单位 | 1.1.1 一些生物由单细胞构成，一些生物由多细胞组成 <br> 1.1.2 动物细胞、植物细胞都具有细胞膜、细胞质、细胞核等。 <br> 1.1.3 植物细胞具有不同于动物细胞的结构，如叶绿体和细胞壁。 <br> 1.1.4 细胞不同结构的功能各不相同，共同完成细胞的各项生命活动。 <br> 1.1.5 细胞核是遗传信息库。 | (1) 正确、规范地制作临时装片，使用显微镜进行观察，能够针对观察结果中可能出现的成像不佳等情况，从材料制备、仪器设备、操作程序等方面初步分析原因。 <br> (2) 识别动植物细胞的结构并说出其异同点，说明细胞是生物体结构和功能的基本单位。 <br> (3) 运用示意图或模型等方式，展示和说明细胞各结构的功能及其相互关系。 |
| | 1.2 生物体的各部分在结构上相互联系，在功能上相互配合，共同完成各项生命活动 | 1.2.1 细胞能通过分裂和分化形成不同的组织。 <br> 1.2.2 绿色开花植物体的结构层次包括细胞、组织、器官和个体，高等动物体的结构层次包括细胞、组织、器官、系统和个体。 <br> 1.2.3 生物体在结构和功能上是一个统一的整体。 | (4) 运用控制变量的方法，设计简单的实验，探究单细胞生物的运动或趋性。 <br> (5) 描述细胞分裂和分化的基本过程；识别人体和植物体的主要组织；说明细胞通过分裂和分化形成各种组织，组织构成不同的器官。 <br> (6) 识别给定生物材料所属的结构层次，并阐明生物体在结构和功能上是一个有机整体。 |

（2）学习主题 2：生物的多样性

表 13　义务教育生物学学科内容要求和学业要求

| 大概念 | 重要概念 | 次位概念 | 学业要求 |
|---|---|---|---|
| 2. 生物可以分为不同的类群，保护生物的多样性具有重要意义 | 2.1 对生物进行科学分类需要以生物的特征为依据 | 2.1.1 根据生物之间的相似程度将生物划分为界、门、纲、目、科、属、种等分类等级。 <br> 2.1.2 "种"是最基本的生物分类单位。 | (1) 说明生物的不同分类等级及其相互关系，初步形成生物进化的观点。 <br> (2) 对于给定的一组生物，尝试根据一定的特征对其进行分类。 <br> (3) 分析不同生物与人类生活的关系，关注外来物种入侵对生态安全的影响，认同保护生物资源的重要性。 |

| 大概念 | 重要概念 | 次位概念 | 学业要求 |
|---|---|---|---|
| 2.生物可以分为不同的类群，保护生物的多样性具有重要意义 | 2.2 根据生物的形态结构、生理功能以及繁殖方式等，可以将生物分为不同的类群 | 2.2.1 藻类是能够进行光合作用的结构简单的生物。<br>2.2.2 从苔藓植物、蕨类植物，到种子植物，逐渐出现根、茎、叶等器官的分化，植物繁殖过程逐渐摆脱了对水环境的依赖。<br>2.2.3 无脊椎动物与人类关系密切，如线虫动物（蛔虫）、环节动物（蚯蚓）、节肢动物（蝗虫、蜜蜂）等。<br>2.2.4 脊椎动物（鱼类、两栖类、爬行类、鸟类、哺乳类）都具有适应其生活方式和环境的主要特征。<br>2.2.5 动植物类群可能对人类生活产生积极的或负面的影响。 | (4) 主动宣传生物多样性的重要意义，自觉遵守相关法律法规，保护生物多样性。 |
| | 2.3 微生物一般是指个体微小、结构简单的生物，主要包括病毒、细菌和真菌 | 2.3.1 病毒无细胞结构，需要在活细胞内完成增殖<br>2.3.2 细菌是单细胞生物，无成形的细胞核<br>2.3.3 真菌是单细胞或多细胞生物，有成形的细胞核<br>2.3.4 有些微生物会使人患病，有些微生物在食品生产、医药工业等方面得到广泛应用 | |
| | 2.4 我国拥有丰富的动植物资源，保护生物的多样性是每个人应有的责任 | 2.4.1我国拥有大熊猫、朱鹮、江豚、银杉、珙桐等珍稀动植物资源<br>2.4.2 可通过就地保护、迁地保护等多种方式保护生物资源；有关野生动植物资源保护的法律法规是保护生物资源的基本遵循<br>2.4.3 外来物种入侵会与本地的物种竞争空间、营养等资源，进而威胁生态安全 | |

（3）学习主题3：生物与环境

表14　义务教育生物学学科内容要求和学业要求

| 大概念 | 重要概念 | 次位概念 | 学业要求 |
|---|---|---|---|
| 3.生物与环境相互依赖、相互影响，形成多种多样的生态系统 | 3.1生态系统中的生物与非生物环境相互作用，实现了物质循环和能量流动 | 3.1.1 水、温度、空气、光等是生物生存的环境条件<br>3.1.2 生态因素能够影响生物的生活和分布，生物能够适应和影响环境<br>3.1.3 生态系统是由生产者、消费者、分解者与非生物环境构成的有机整体<br>3.1.4 生态系统中不同生物之间通过捕食关系形成了食物链和食物网<br>3.1.5 生态系统中的物质和能量通过食物链在生物之间传递<br>3.1.6 生物圈是包含多种类型生态系统的最大生态系统 | (1) 从结构与功能的角度，阐明生态系统中的生产者、消费者、分解者以及非生物环境是一个有机整体。<br>(2) 运用图示或模型表示生态系统中各生物成分之间的营养关系。<br>(3) 分析某生态系统受到破坏的具体实例，阐明生态系统的自我调节能力是有限的。<br>(4) 分析人类活动对生态环境造成破坏的实例，形成保护生物圈的社会责任意识。 |
| | 3.2生态系统的自我调节能力有一定限度，保护生物圈就是保护生态安全 | 3.2.1 生态系统具有一定的自我调节能力<br>3.2.2 人类活动可能对生态环境产生影响，可以通过防止环境污染、合理利用自然资源等措施保障生态安全 | |

（4）学习主题4：植物的生活

表15　义务教育生物学学科内容要求和学业要求

| 大概念 | 重要概念 | 次位概念 | 学业要求 |
|---|---|---|---|
| 4.植物有自己的生命周期，可以制造有机物，直接或间接地为其他生物提供食物，参与生物圈中的水循环，并维持碳氧平衡 | 4.1绿色开花植物的生命周期包括种子萌发、生长、开花、结果与死亡等阶段 | 4.1.1 种子包括种皮和胚等结构<br>4.1.2 种子萌发需要完整、有活力的胚，需要充足的空气、适宜的温度、适量的水等环境条件<br>4.1.3 根的生长主要包括根尖分生区细胞的分裂和伸长区细胞的生长<br>4.1.4 叶芽通过细胞的分裂和分化发育成茎和叶<br>4.1.5 花中最重要的结构是雄 | (1) 识别和描述种子、根尖、芽、叶片、花的结构及功能，以及花与果实在发育上的联系，通过绘图或模型等形式呈现各个结构的特点。<br>(2) 运用植物光合作用、呼吸作用、蒸腾作用等方面的知识，解释生产生活中的相关现象。<br>(3) 从物质循环与能量变化的角度，阐明植物在生物圈中的作用。 |

| 大概念 | 重要概念 | 次位概念 | 学业要求 |
|---|---|---|---|
| 4. 植物有自己的生命周期，可以制造有机物，直接或间接地为其他生物提供食物，参与生物圈中的水循环，并维持碳氧平衡 | | 蕊和雌蕊，雄蕊产生的精子与雌蕊产生的卵细胞相结合形成受精卵，花经过传粉和受精后形成果实和种子<br>4.1.6 植物可以通过扦插、嫁接、组织培养等无性生殖的方式繁殖后代 | (4) 设计单一变量的实验，探究关于植物生活的影响因素。 |
| | 4.2 植物通过吸收、运输和蒸腾作用等生理活动，获取养分，进行物质运输，参与生物圈中的水循环 | 4.2.1 植物根部吸收生活所需的水和无机盐，通过导管向上运输，供植物利用，其中大部分水通过蒸腾作用散失<br>4.2.2 叶片产生的有机物通过筛管运输，供植物其他器官利用<br>4.2.3 植物通过对水的吸收和散失参与生物圈中的水循环 | |
| | 4.3 植物通过光合作用和呼吸作用获得生命活动必需的物质和能量，有助于维持生物圈中的碳氧平衡 | 4.3.1 植物能利用太阳能（光能），将二氧化碳和水合成为贮存了能量的有机物，同时释放氧气<br>4.3.2 细胞能通过分解糖类获得生命活动所需的能量，同时生成二氧化碳和水<br>4.3.3 光合作用和呼吸作用原理在生产生活中有广泛的应用<br>4.3.4 植物可以为生物圈中的其他生物提供有机物和氧气<br>4.3.5 植物在维持生物圈中碳氧平衡方面具有重要作用 | |

（5）学习主题5：人体生理与健康

表16　义务教育生物学学科内容要求和学业要求

| 大概念 | 重要概念 | 次位概念 | 学业要求 |
|---|---|---|---|
| 5. 人体的结构与功能相适应，各系统协调统一复杂的生命活动 | 5.1 人体通过消化系统从外界获取生命活动所需的营养物质 | 5.1.1 水、无机盐、糖类、蛋白质、脂质和维生素是人体生命活动所需的主要营养物质<br>5.1.2 消化系统由消化道和消化腺组成 | (1) 描述消化、循环、呼吸、泌尿、神经、内分泌等系统的构成和功能，初步形成结构与功能相适应的观念。<br>(2) 能够设计简单的实验，探究有关人体生理与健康的问题。 |

续表

| 大概念 | 重要概念 | 次位概念 | 学业要求 |
|---|---|---|---|
| 5. 人体的结构与功能相适应，各系统协调统一复杂的生命活动 | | 5.1.3 消化系统能够将食物消化，并通过吸收将营养物质转运到血液中<br>5.1.4 不合理的饮食习惯和饮食结构可能导致营养不良或肥胖<br>5.1.5 食品安全对人体健康至关重要，良好的饮食、卫生等习惯对人体健康有积极的影响 | (3) 运用食物中的营养成分、消化与吸收、均衡膳食等知识，设计一份合理的食谱。<br>(4) 从结构与功能的角度，说明动脉、静脉和毛细血管在形态、结构和功能方面的差别；说明体循环和肺循环的相互联系。<br>(5) 学会根据血常规、尿常规等化验的主要结果初步判断身体的健康状况。<br>(6) 描述眼和耳的结构与功能，阐明视觉和听觉的形成过程；学会科学用眼和用耳，保护眼和耳的健康。<br>(7) 结合具体实例，分析人体的神经系统、内分泌系统和免疫功能对机体内外环境变化所作出的反应，阐明其重要意义。<br>(8) 运用结构与功能相适应的观念，分析由于机体特定结构受损可能导致的机体功能障碍或异常行为表现，提出相应的预防措施。<br>(9) 说出性激素对第二性征的影响，正确认识青春期生理和心理发生的变化，形成良好的生活卫生习惯，健康地度过青春期。<br>(10) 关注有关传染病的社会性科学议题，举例说明传染病的危害，辨别信息的科学性和可靠性，作出合理判断，并与他人进行交流讨论。尝试提出可有效预防传染病的方法。<br>(11) 关注常见疾病对人体和社会产生的危害，模拟展示特定情况下的急救方法（如人工呼吸、心肺复苏、包扎止血）；拒绝吸烟、饮酒和毒品；学会科学、合理地用药；养成良好的生活和行为习惯，增强机体健康。 |
| | 5.2 人体通过循环系统进行体内的物质运输 | 5.2.1 血液循环系统包括心脏、血管和血液<br>5.2.2 血液循环包括体循环和肺循环，其功能是运输氧气、二氧化碳、营养物质、代谢废物和激素等物质 | |
| | 5.3 人体通过呼吸系统与外界进行气体交换 | 5.3.1 呼吸系统由呼吸道和肺构成，其主要功能是从大气中摄取所需要的氧气，排出代谢产生的二氧化碳<br>5.3.2 呼吸运动可以实现肺与外界的气体交换<br>5.3.3 肺泡与周围毛细血管内的血液、毛细血管内的血液与组织细胞进行气体交换 | |
| | 5.4 人体主要通过泌尿系统排出代谢废物和多余的水 | 5.4.1 泌尿系统包括肾脏、输尿管、膀胱和尿道等结构<br>5.4.2 血液经过肾小球和肾小囊的过滤作用及肾小管的重吸收作用形成尿液<br>5.4.3 人体可以通过汗腺排出部分尿素、无机盐和水等物质 | |

续表

| 大概念 | 重要概念 | 次位概念 | 学业要求 |
|---|---|---|---|
| 5.人体的结构与功能相适应，各系统协调统一复杂的生命活动 | 5.5 人体各系统在神经系统和内分泌系统的调节下，相互联系和协调，共同完成各项生命活动，以适应机体内外环境的变化 | 5.5.1 神经系统由脑、脊髓及与它们相连的神经构成<br>5.5.2 反射是神经调节的基本方式，反射弧是反射的结构基础<br>5.5.3 人体的运动是在神经系统支配下，由肌肉牵拉着骨围绕关节进行的<br>5.5.4 人体通过眼、耳等感觉器官获取外界信息，科学用眼和用耳能够保护眼和耳的健康<br>5.5.5 甲状腺激素、胰岛素等激素参与人体生命活动的调节<br>5.5.6 性激素能促进生殖器官的发育，对第二性征的发育和维持具有重要作用<br>5.5.7 在青春期会出现一些显著的生理变化，如身高和体重迅速增加、出现第二性征、各项生理功能增强等<br>5.5.8 青春期的卫生保健和良好的心理状态有利于青少年顺利地度过青春期 | |
| 6.人体健康受传染病、心血管疾病、癌症及外部伤害的威胁，良好的生活习惯和医疗措施是健康的重要保障 | 6.1 人体具有免疫功能，通过计划免疫等措施能够预防传染病 | 6.1.1 人体能够通过特异性免疫和非特异性免疫抵抗病原微生物的侵染<br>6.1.2 常见的寄生虫病（如血吸虫病、肠道蠕虫病等）、细菌性传染病（如淋病）、病毒性传染病（如严重急性呼吸综合征、新型冠状病毒肺炎、艾滋病、乙型肝炎、丙型肝炎等）是人体健康的威胁<br>6.1.3 传染病可通过空气、食物、血液、接触等多种途径传播 | |

续表

| 大概念 | 重要概念 | 次位概念 | 学业要求 |
|---|---|---|---|
| 6. 人体健康受传染病、心血管疾病、癌症及外部伤害的威胁，良好的生活习惯和医疗措施是健康的重要保障 | | 6.1.4 控制传染源、切断传播途径和保护易感人群等措施可以控制传染病的流行<br>6.1.5 接种疫苗能够提高人体对特定传染病的免疫力<br>6.1.6 某些传染病，如新型冠状病毒肺炎，会对社会、经济和科技发展产生严重影响 | |
| | 6.2 生活习惯与行为选择能够影响人体健康 | 6.2.1 心血管疾病、癌症等疾病严重危害人体健康<br>6.2.2 酗酒、吸烟等不良嗜好和吸毒等违法行为对人体健康具有危害作用<br>6.2.3 药物可分为处方药和非处方药，遵从医嘱、按照药物使用说明合理用药，避免药物误用和滥用<br>6.2.4 在特定的情况下，人工呼吸、心肺复苏、包扎止血等一些急救方法能减少伤害或挽救生命 | |

（6）学习主题6：遗传与进化

表17　义务教育生物学学科内容要求和学业要求

| 大概念 | 重要概念 | 次位概念 | 学业要求 |
|---|---|---|---|
| 7. 遗传信息控制生物性状，并由亲代传递给子代 | 7.1 生物通过有性生殖或无性生殖产生后代 | 7.1.1 睾丸和卵巢可分别产生精子和卵细胞，卵细胞受精后形成的受精卵能够发育成新个体<br>7.1.2 生物可以通过有性生殖或无性生殖繁殖后代 | (1) 能够解释遗传信息在生殖过程中完成了传递，并控制新个体的生长发育。<br>(2) 借助图示或模型阐明染色体、DNA 和基因的关系。<br>(3) 运用结构与功能相适应、生物与环境相适应的观点，阐明基因组成和环境共同决定生物的性状。<br>(4) 通过实例分析，认识到杂交育种、转基因技术对人类生产生活具有巨大推动作用。 |

| 大概念 | 重要概念 | 次位概念 | 学业要求 |
|---|---|---|---|
| 7.遗传信息控制生物性状，并由亲代传递给子代 | 7.2 生物体的性状主要由基因控制 | 7.2.1 DNA 是主要的遗传物质<br>7.2.2 基因是包含遗传信息的 DNA 片段，随配子由亲代传给子代<br>7.2.3 基因位于染色体上，人的性别是由性染色体的组成决定的<br>7.2.4 生物的性状是由基因组成和环境共同决定的<br>7.2.5 遗传信息发生改变可以引起生物变异<br>7.2.6 杂交育种、转基因等技术促进了农业发展 | (5) 运用进化与适应的观点，解释生物多样性的原因。 |
| 8.地球上现存的生物来自共同祖先，是长期进化的结果 | 8.1 地球上现存的生物具有共同祖先 | 8.1.1 生命最有可能是在原始海洋中形成的<br>8.1.2 化石记录是生物进化的直接证据 | |
| | 8.2 多种多样的生物是经过自然选择长期进化的结果 | 8.2.1 遗传变异和环境因素的共同作用导致了生物的进化<br>8.2.2 生物的进化总体上呈现出由简单到复杂、由水生到陆生的趋势<br>8.2.3 人类和现代类人猿都是由古猿进化而来的 | |

（7）学习主题7：生物学与社会·跨学科实践

表18　义务教育生物学学科内容要求和学业要求

| 大概念 | 重要概念 | 次位概念 | 学业要求 |
|---|---|---|---|
| 9.真实情境中的问题解决，通常需要综合运用科学、技术、工程学和数学等学科的概念、方法和思想，设计方案并付 | 9.1 模型制作类跨学科实践活动：针对特定的生物学内容，运用生物学、物理、技术、工程学等学科概念，以及"结构与功能""尺度、比例和数 | 在这类跨学科实践活动中，可供选择的项目如下：<br>(1) 制作可调节的眼球成像模型，提出保护眼健康的方法。<br>根据眼球的结构和成像原理，运用相关学科的知识和方法，选择适当的材料和工艺，制作眼球结构模型和成像模型。模型可用于演示正常眼的成像，展现近视眼、远视眼的成因以及矫正方法。 | (1) 根据观察到的生物学现象或与生物学相关的现实需求，尝试提出需要解决的生物学或跨学科实践问题。<br>(2) 根据研究问题和活动目标，结合相关的科学知识或生活经验，发挥想象力，创造性地利用简易器材，设计可行 |

续表

| 大概念 | 重要概念 | 次位概念 | 学业要求 |
|---|---|---|---|
| 诸实施,以寻求科学问题的答案或制造相关产品 | 量""系统与模型"等跨学科概念,选择恰当的材料,设计并制作模型,直观地表征相应的结构与功能,提升探究实践能力 | 调查班级学生的近视率,撰写调查报告,结合眼球结构和成像原理提出保护眼健康的方法。<br>(2)制作实验装置,模拟吸烟有害健康。<br>运用多学科的知识和方法自制实验装置,模拟香烟烟雾对呼吸道黏膜的危害;形成吸烟有害健康的观念,自觉拒绝吸烟;学会用科学证据向公众宣讲吸烟有害健康。<br>(3)设计并制作能较长时间维持平衡的生态瓶。<br>根据水生生态系统的组成,以及"尺度、比例和数量""稳定与变化""系统与模型"等跨学科概念,利用生活中简单易得的透明材料制作装置,装入水、塘泥和不同的水生生物,制作能够维持较长时间的生态瓶。 | 的研究方案,如确定研究变量、研究步骤等。在条件允许的情况下,可以运用现代技术(如传感器、无线通信、大数据、3D打印等)设计研究方案。<br>(3)在研究方案的实施过程中,运用恰当的方式收集和记录证据,通过分析证据发现研究中的不足,再通过循环迭代不断改进研究方案或提高产品质量,最终形成解决问题的最佳方案。<br>(4)撰写实践活动报告,包括活动目标、方案、结果、研究反思等,能够运用恰当的方式(如模式图、曲线图、数据表格、照片等)直观、简洁地呈现实践成果。<br>(5)通过书面或口头方式分享实践成果,针对他人提出的问题,能够运用证据进行交流和讨论,并在此基础上反思研究中的不足,改进实践方案。 |
| | 9.2 植物栽培和动物饲养类跨学科实践活动:植物栽培和动物饲养可以综合运用多学科的知识和方法,考虑"结构与功能""物质与能量""因果关系"等跨学科概念,设计恰当的装置,以满足生物生长的需要 | 在这类跨学科实践活动中,可供选择的项目如下:<br>(1)探究栽培一种植物所需的物理和化学环境条件。<br>根据植物生长发育所需的环境条件,选择适宜的土壤,在土壤中栽培一种植物(如番茄),定期浇水,适时施肥、松土。观察植物在生长发育过程中的变化,设计表格,记录和交流株高、叶片数量、叶片大小、开花结果的时间和数量等信息。探究栽培一种植物所需的物理和化学环境条件。<br>(2)探究植物无土栽培条件的控制。<br>根据植物生长发育所需的环境条件,选择或设计恰当的装置,利用营养液无土栽培一种植物(如番茄),定期补水、更换营养液、通气。观察植物在生长发育过程 | |

| 大概念 | 重要概念 | 次位概念 | 学业要求 |
|---|---|---|---|
| 9. 真实情境中的问题解决，通常需要综合运用科学、技术、工程学和数学等学科的概念、方法和思想，设计方案并付诸实施，以寻求科学问题的答案或制造相关产品 | | 中的变化，设计表格，记录和交流株高、叶片数量、叶片大小、开花结果的时间和数量等信息。探究植物无土栽培的控制条件。<br>(3) 探究影响扦插植物成活的生物和非生物因素。<br>根据植物生长发育所需的条件，扦插繁殖、芽的结构与功能等相关概念，选择适于扦插的植物枝条（如月季）和扦插培养基，按照扦插的技术要领和操作规范进行扦插繁殖。定期观察、记录和交流扦插枝条的生长发育情况。探究影响扦插植物成活的生物和非生物因素。<br>(4) 饲养家蚕，收集我国养蚕的历史资料。<br>根据家蚕的生活史、生活习性、食性、生活所需的环境条件（如温度、湿度）等，利用生活中简单易得的材料设计并制作恰当的装置，饲养家蚕。观察和记录家蚕的生长发育过程，收集我国养蚕的历史资料。<br>(5) 制作水族箱，饲养热带鱼。<br>选择某种热带鱼，根据其生活史、生活习性、食性、生活所需的环境条件（如温度、溶解氧含量）等，利用生活中简单易得的材料设计并制作水族箱，饲养和繁殖热带鱼，观察并记录热带鱼的生长、发育和繁殖过程。 | |
| | 9.3 发酵食品制作类跨学科实践活动：发酵食品的制作可以运用传统的发酵技术来完成；发酵食品的改良需要好 | 在这类跨学科实践活动中，可供选择的项目如下：<br>(1) 收集当地面包酵母菌种，比较发酵效果。<br>依据酵母菌代谢所需的环境条件、营养来源、产物等相关知识，以面粉、酵母粉为材料，选择特定的厨具，按照发酵技术的操作程 | |

| 大概念 | 重要概念 | 次位概念 | 学业要求 |
|---|---|---|---|
| 9.真实情境中的问题解决，通常需要综合运用科学、技术、工程学和数学等学科的概念、方法和思想，设计方案并付诸实施，以寻求科学问题的答案或制造相关产品 | 的创意，运用多学科的知识和方法，从发酵的条件控制、装置的改进、食材的选择等方面不断尝试 | 序制作馒头或面包。比较不同酵母菌种的发酵效果。<br>(2) 设计简单装置，制作酸奶。依据乳酸菌代谢所需的环境条件、营养来源、产物，以及蛋白质在不同酸度环境中的状态不同等相关概念，以牛奶、乳酸菌（或酸奶）为材料，选择恰当的容器，按照乳酸发酵技术的操作规范和程序制作酸奶，测定并分析酸奶的酸度和甜度，确定适宜的酸度和甜度范围。<br>(3) 制作泡菜，探究影响泡菜亚硝酸盐浓度的因素。依据乳酸菌的分布、代谢所需的环境条件、营养来源和产物等相关知识，选择或设计便于消毒和密封的恰当容器，依据个人对食品的喜好选择相应的蔬菜（如白萝卜、胡萝卜、芹菜、甘蓝）和配料（如辣椒、花椒），按照发酵技术的操作规范和程序制作泡菜，测定泡菜的亚硝酸盐浓度，分析亚硝酸盐浓度与原料、腌制方式、时间等因素的关系。 | |

　　活动方案涉及科学中的四个核心概念以及义务教育生物学中的七个学习主题中的内容，具体见下图：

科学核心概念 活 动 义务教育生物学学习主题

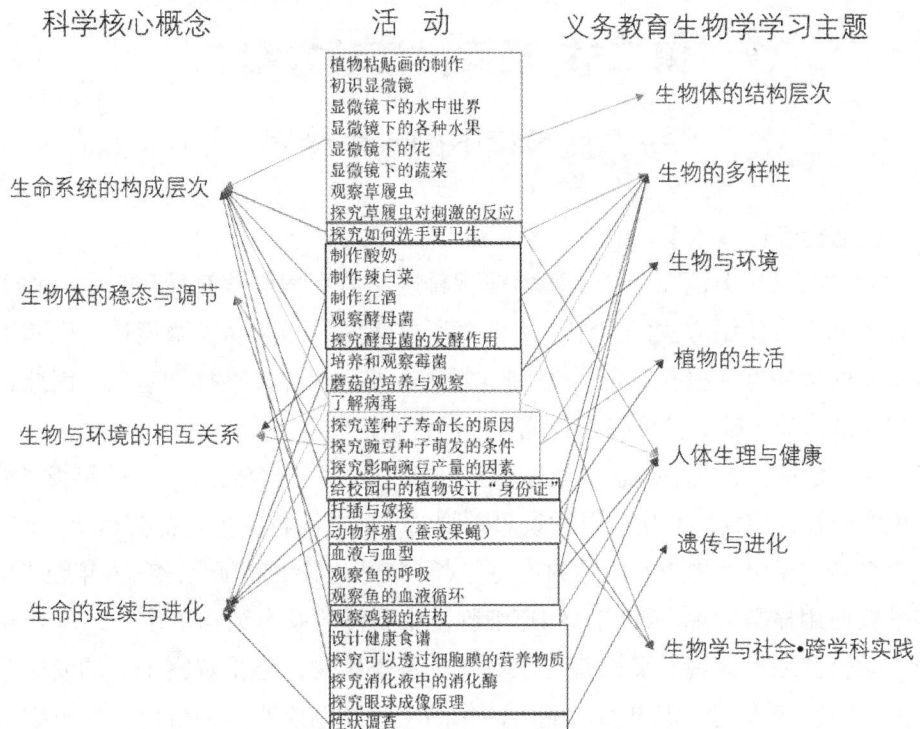

# 第二节 观察类活动方案

## 一、显微镜下的水中世界

**【活动设计依据】**

数码液晶显微镜在中学实验室非常普遍，但小学科学教材和初中生物学教材中都没有使用方法的介绍，本活动通过使用数码液晶显微镜让学生熟悉显微镜的使用这一操作技能，为初中更好地进行微观观察打下基础，因此在初识显微镜的基础上实施操作技能方面的过程进阶。

《科学课标》核心概念"生命系统的构成层次"内容要求：1—2 年级"举例说明动物和植物都是生物""说出动物的某些共同特征（如都会运动）"；3—4 年级"说出生物与非生物的不同特点，描述生物的特征"；5—6 年级"初步学会使用显微镜观察细胞，知道细胞是生物体的基本结构单位"；7—9 年级"学会使用放大镜、显微镜等工具观察各类生物，感受观察工具的使用及其发展对提高人类认识自然的能力的作用""举例说明生物可以分为单细胞生物和多细胞生物，举例说明单细胞生物可以独立完成生命活动"。

学业要求：1—2 年级"认识周边常见的动物和植物，并简单描述其外部主要特征""能结合动物和植物的外部特征，比较动物和植物的异同；能概括动物的某些共同特征""能利用多种感官观察身边常见生物的外部形态特征""通过观察，对常见的动物、植物的外在特征产生探究兴趣"；3—4 年级"能比较生物与非生物的特征，说出生物与非生物的不同特点；能描述常见动物、植物的共同特征"；5—6 年级"能使用显微镜观察动物细胞和植物细胞的形态"；7—9 年级"能选择适当的观察工具观察各类生物"。

《生物学课标》中学习主题"生物体的结构层次"的内容要求：次位概念"一些生物是由单细胞构成，一些生物由多细胞构成"。

学业要求："正确、规范地制作临时装片，使用显微镜进行观察，能够针对观察结果中可能出现的成像不佳等情况，从材料制备、仪器设备、操作程序等方面初步分析原因"。

此活动为单细胞生物学科知识方面进阶的起点；在制作临时装片过程中对临时装片制作这一操作技能进行过程进阶。

【活动目的】

1. 能够进行临时装片的制作；

2. 练习使用数码液晶显微镜；

3. 观察池塘中的微小生物，尝试对池塘中的微小生物进行分类；

4. 了解单细胞生物的基本结构。

【材料用具】

数码液晶显微镜、载玻片、盖玻片、胶头滴管、纱布、擦镜纸、烧杯、镊子、池塘里的水。

【活动过程】

1. 临时装片的制作

（1）擦片：用纱布将载玻片和盖玻片擦拭干净；

（2）滴：用吸管吸取池塘中的水，滴一滴在载玻片的正中央；

（3）盖：用镊子夹取盖玻片，另一侧先接触水滴边缘，轻轻放下盖玻片，避免产生气泡。

2. 进行观察

介绍数码液晶显微镜的使用方法。

（1）打开电光源：长按光源调节按钮，打开 LED 光源；旋转光源调节按钮，使屏幕中亮度适中。

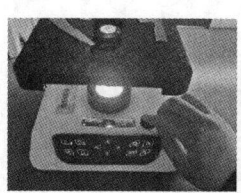 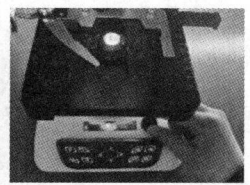

（2）转动转换器：用低倍物镜（调至 4X 位置）对准通光孔。

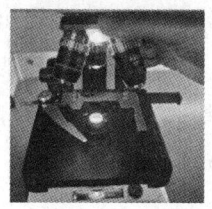

（3）安放玻片标本：左手搬动压片夹手柄，将玻片标本放到载物台上，用压片夹压好。转动卡尺旋钮，使标片标本上的材料放到通光孔的正中央。

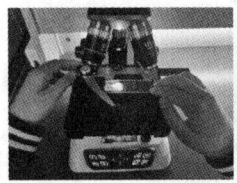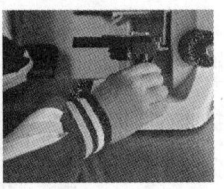

（4）调焦观察：眼看物镜，转动粗准焦螺旋，使物镜距载物台1厘米左右。再眼看屏幕，反方向缓慢转动粗准焦螺旋，直到看到较清晰的物像。再调节细准焦螺旋，使物像清晰。

（5）慢慢地上下、左右移动玻片，观察水滴中的生物，你看到的生物有多少种，其中植物多少种，动物多少种。

（6）高倍镜观察：将其中的一种生物移到视野的正中央，转动转换器，使高倍物镜对准通光孔，转动细准焦螺旋，使物像清晰。（注意：不要转动粗准焦螺旋，以免压碎玻片标本，损坏物镜。）

【观察与思考】

1.高倍物镜比低倍物镜镜头_____（长或短），换成高倍物镜后，视野范围变_____（大或小），视野变_____（亮或暗）。

2.选择其中的一种生物画在下面的方框内。

绘图要求：

依据显微镜下观察到的实际情况，在左侧方框内中央稍偏左上方的位置，用2H铅笔轻轻勾画出轮廓，修改后定出轮廓线。

在勾好草图的基础上，用2H铅笔准确、清晰地绘出各部分结构。明暗部位用铅笔点的疏密来表示，不得涂抹。

图画好后要注字。字要尽量注在右侧，各指示线要平行。注字的左端应上下对齐。在图的下方注明本图的全称及放大倍数。

思考：你所画的是＿＿＿＿＿＿＿＿（单细胞、多细胞）生物，其细胞结构包括＿＿＿＿＿＿＿＿＿。

**【思考与讨论】**

①水绵

②小球藻

③草履虫

④游仆虫

⑤眼虫

⑥衣藻

1. 上面是一位同学从池塘中观察到的生物，请回答：

（1）从细胞的数量看，这些生物有的是＿＿＿＿＿＿＿生物，如＿＿＿＿＿＿＿；有的是＿＿＿＿＿＿＿生物，如＿＿＿＿＿＿＿；从获取营养物质的方式看，有可以自己制造营养物质的，如＿＿＿＿＿＿＿，有需要从外界获取营养物质的，如＿＿＿＿＿＿＿；能够自由运动的有＿＿＿＿＿＿＿，与完成运动功能相适应的结构特点是＿＿＿＿＿＿＿＿＿。

（2）这些生物细胞都具有的结构为＿＿＿＿＿＿＿＿＿＿＿＿＿＿＿＿＿＿＿＿。

2. 某同学在利用显微镜观察自制的临时装片时，发现视野中有一个类似球形的结构（见右图），该结构有可能是＿＿＿＿＿＿＿，是由于＿＿＿＿＿＿＿＿＿时操作不当引起的；观察到的物像不够清晰，需要进行的操作为＿＿＿＿＿＿＿＿＿＿；若想进一步放大物像，需要进行的操作为＿＿＿＿＿＿＿＿＿＿＿＿＿＿＿＿＿＿＿＿＿＿＿＿＿＿＿＿＿＿＿＿＿＿＿＿＿。

**【知识拓展】**

### 单细胞生物——变形虫

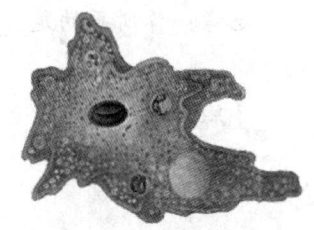

变形虫主要生活在清水池塘，或在水流缓慢藻类较多的浅水中，没有固定的外形，可以任意改变体形。变形虫能在全身各处伸出伪足，主要功能为运动和摄食。它们一般是以单细胞藻类、小型单细胞动物作为食物。当碰到食物时，变形虫会伸出伪足进行包围，由细胞质里面的食物泡消化，消化好的食物会进入周围的细胞质中；不能消化的物质，就会通过质膜排出体外，称为排遗。变形虫细胞质里面有伸缩泡，伸缩泡作用是排除变形虫体内过多的水分。变形虫与其他生物一样需要利用能量进行呼吸作用。而变形虫的呼吸作用中，所吸入的氧和排出的二氧化碳，都是由细胞膜负责。至于繁殖方式亦相当简单，主要靠分裂繁殖，即原来的遗传物质先复制，然后连同整个细胞一分为二；遗传功能由细胞核负责。变形虫等原生动物，可以用来作为判定水质污染程度的指标动物。

**【思考与讨论参考答案】**

1.（1）单细胞；小球藻、草履虫、游仆虫、眼虫、衣藻；多细胞；水绵、小球藻、眼虫、衣藻；游仆虫、草履虫；草履虫、游仆虫、眼虫、衣藻；有鞭毛或纤毛等结构

（2）细胞膜、细胞质、细胞核

2.气泡　加盖玻片　慢慢转动细准焦螺旋　先转动转换器，使高倍物镜对准通光孔，再转动细准焦螺旋，使物像清晰，若视野变暗，转动反光镜使凹面对准通光孔或用较大光圈（普通显微镜）或旋转光源调节按钮（数码液晶显微镜）使亮度增加

# 二、显微镜下的水果

**【活动设计依据】**

《科学课标》核心概念"生命系统的构成层次"内容要求：3—4年级"描述植物一般由根、茎、叶、花、果实和种子构成"；5—6年级"初步学会使用显微镜观察细胞，知道细胞是生物体的基本结构单位"；7—9年级"制作简单的临时装片，绘制简单的生物图""辨认和观察绿色开花植物根、茎、叶的结构，说出其功能"。

学业要求：5—6年级"能使用显微镜观察动物细胞和植物细胞的形态""通过对生命系统构成层次的初步学习，乐于探究和实践"；7—9年级"会制作简单的临时装片，并绘制简单的生物图"。

《生物学课标》学习主题"生物体的结构层次"内容要求：重要概念"细胞是生物体结构和功能的基本单位"之次位概念"植物细胞具有不同于动物细胞的结构，如叶绿体和细胞壁"；重要概念"生物体的各部分在结构上相互联系，在功能上相互配合共同完成各项生命活动"之次位概念"绿色开花植物体的结构层次包括细胞、组织、器官和个体"。

学业要求："正确、规范地制作临时装片，使用显微镜进行观察，能够针对观察结果中可能出现的成像不佳等情况，从材料制备、仪器设备、操作程序等方面初步分析原因。""识别动植物细胞的结构并说出其异同点，说明细胞是生物体结构和功能的基本单位。"

水果是学生生活中常见、常吃的，与学生生活联系非常紧密，种类丰富，形态、结构差异明显，制作临时装片时取材方便，操作起来难度相对较小，通过此活动，进行显微镜操作、临时装片的制作技能的过程进阶；并从水果（果实）是由细胞构成的来理解"细胞是构成生物体结构和功能的基本单位"这一核心概念的进阶起点。

**【活动目的】**

1.学习制作临时装片；

2.练习使用显微镜，通过观察不同水果各部位的微观结构，了解水果的微观构成。

【材料用具】

显微镜、载玻片、盖玻片、解剖器一套、胶头滴管、滴瓶、纱布、擦镜纸、葡萄、猕猴桃、西红柿、蓝莓、火龙果等。

【活动过程】

1. 制作果皮临时装片

（1）"擦"：用干净的纱布把载玻片和盖玻片擦拭干净；

（2）"滴"：把载玻片放在实验台上，用滴管在载玻片的中央滴一滴清水；

（3）"撕"：用解剖刀在所选果实的果皮上划一个边长5毫米的"#"字，用镊子从"#"字中间的一角撕取薄薄的果皮；

（4）"展"：把撕取的果皮放在载玻片中央的水滴中，用镊子和解剖针把果皮展平，不能有折叠；

（5）"盖"：用镊子夹起盖玻片，使盖玻片一侧的边缘先接触载玻片上的液滴，水会沿玻片向两边散开，然后缓缓放平；水从一侧流向另一侧，这样不容易产生气泡。

擦　　　滴　　　撕　　　展　　　盖

2. 观察果皮细胞

（1）低倍镜观察：按照显微镜的操作步骤，将显微镜对好光后，将制好的临时装片放到载物台上，使要观察的材料放到通光孔的正中央。眼看物镜，转动粗准焦螺旋，使镜筒下降，让物镜距玻片标本2—3毫米左右，然后左眼看目镜（或屏幕），反方向转动粗准焦螺旋，使镜筒缓缓上升，直到看清物像位置，再调细准焦螺旋，使物像清晰。

（2）高倍镜观察：看清物像后找到较好的物像放到视野的正中央，直接转动转换器，使高倍物镜（较长的）对准通光孔，调节细准焦螺旋，使物像清晰。

（3）尝试将视野中的果皮细胞绘制在右面的方框内。

3. 制作果肉临时装片

将载玻片和盖玻片擦拭干净后，在载玻片的中央滴一滴清水，用解剖针挑取少量果肉，涂抹在清水中，并用解剖针将果肉分散开，尽量不让果肉重叠。加上盖玻片制成临时装片，放到显微镜下观察。

选择一个清晰的果肉细胞进行观察，并将其绘制在右边的方框内。

4. 观察结果

你观察的水果是_____。构成果皮的细胞形状为_____，细胞排列_____，细胞的结构有_____；构成果肉的细胞形状为_____，细胞排列_____，细胞的结构有_____。

果皮和果肉细胞的相同点是都有_____，不同点是_____。

可见水果是由_____构成的，不同部位_____的形态、结构不同。请在右边的方框内画出由细胞构成水果的微观图。

【思考与讨论】

你观察的水果是由几种细胞构成？根据它们的结构特点及位置，推测各有什么功能？

**【知识拓展】**

水果的果皮是由许多形态相似、结构相同、排列紧密的细胞组成，在生物学上，通常将形态相似，结构、功能相同的细胞组成的细胞群称为组织。像构成果皮的细胞群具有保护功能，称为保护组织；构成果肉的细胞里贮存着有机营养，这样的细胞群称为营养组织；在果肉中有一些筋络的结构，这些结构是由输导水、无机盐或有机养料功能的细胞群构成，称为输导组织；在果肉的筋络中具有支持功能的细胞群称为机械组织。幼小的水果中具有分裂功能的细胞群称为分生组织。

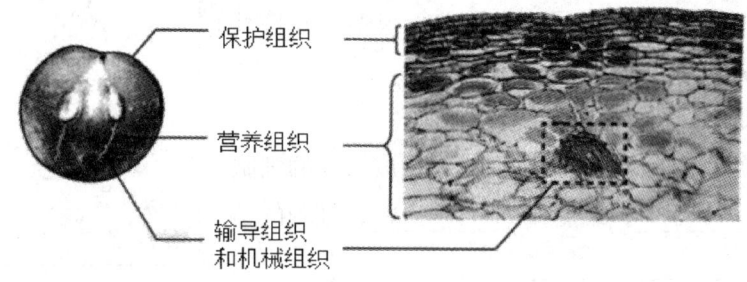

葡萄的组织

**【思考与讨论参考答案】**

主要有四种细胞，位于最外层的果皮细胞比较小，排列紧密，应该具有保护作用；果皮以内的果肉部分细胞比较大，应该有贮存营养物质的作用；构成筋络的部分比较长，应该有运输营养物质的作用，筋络中还应该有起支持作用的结构。

# 三、显微镜下的花

**【活动设计依据】**

上一个活动中安排了对水果微观结构的观察。花因其艳丽的色彩、芳香的气味装点、美化着学生们的生活。微观世界中的花是什么样子的？通过本活动带领学生进入美丽花朵的微观世界，并通过观察活动实现显微镜操作、临时装片的制作技能的过程进阶；并从花是由细胞构成的角度理解"细胞是构成生物体结构和功能基本单位"这一核心概念的过程进阶。

**【活动目的】**

1. 进一步学习临时装片的制作；

2. 练习使用显微镜，通过观察花的微观结构，了解花的微观构成。

**【材料用具】**

显微镜、载玻片、盖玻片、解剖器一套、胶头滴管、滴瓶、纱布、擦镜纸、几种植物的花（根据实际情况选取）。

**【活动过程】**

将载玻片和盖玻片擦拭干净后，在载玻片的中央滴一滴清水，自选花的不同部位制成临时装片放到显微镜下观察。先低倍镜观察，找到清晰物像后再换成高倍物镜进行观察。

在下面的左边方框内画出你看到的一个部位的细胞：

你观察了花的_____，也都是由_____构成。不同部位_____

_____不同，但都具有_____等结构。

请在下面的右边方框内画出花的微观组成。

看看同桌观察的是哪种植物的花，其视野中的细胞特点与你观察的是否相同？若有时间，可以再选择不同植物的花进行观察。

**【思考与讨论】**

你观察的几种植物的花瓣细胞有哪些共同点？哪些不同点？花瓣的颜色是由哪个结构决定的？

**【知识拓展】**

### 花青素

花青素，又称花色素，是自然界一类广泛存在于植物中的水溶性天然色素，存在于植物细胞的液泡中，可由叶绿素转化而来。在植物细胞液泡不同的pH值条件下，使花瓣呈现五彩缤纷的颜色。秋天可溶糖增多，细胞为酸性，在酸性条件下呈红色或紫色，所以花瓣呈红、紫色是花青素作用，其颜色的深浅与花青素的含量呈正相关性。自然界有超过300种不同的花青素。他们来源于不同种水果和蔬菜，如紫甘薯、越橘、酸果蔓、蓝莓、黑枸杞、葡萄、接骨木红、黑加仑、紫胡萝卜和红甘蓝，颜色从红到蓝。其中蓝莓所含花青素量是这几种中最大最多最有营养价值。花青素为人体带来多种益处，花青素是一种强有力的抗氧化剂，它能够保护人体免受一种叫做自由基的损伤；花青素还能够增强血管弹性，改善循环系统和增进皮肤的光滑度，抑制炎症和过敏，改善关节的柔韧性。

**【思考与讨论参考答案】**

相同点是细胞都有细胞壁、细胞膜、细胞质和细胞核，在细胞质中都有液泡。不同的是细胞的形态不同，液泡的颜色不同。 花瓣的颜色是由液泡内的物质决定的。

# 四、显微镜下的蔬菜

**【活动设计依据】**

在观察水果和鲜花的时候,临时装片的制作主要是装片法,取材相对简单,在此基础上,观察蔬菜的微观结构,要涉及临时切片(观察叶片横切、茎横切等)、临时压片(观察根尖的结构)的制作等。通过此活动,进行显微镜操作、临时装片的制作技能的过程进阶;并且根、茎、叶等也是由细胞构成的,作为"细胞是构成生物体结构和功能的基本单位"这一核心概念的过程进阶。

**【活动目的】**

1. 通过自制临时切片、压片等,进一步熟悉各种玻片标本的制作方法;

2. 通过显微镜观察不同蔬菜的叶、茎、根等器官,了解常见蔬菜的微观结构。

**【材料用具】**

显微镜、载玻片、盖玻片、解剖器一套、双面刀片两片、装有清水的培养皿、胶头滴管、滴瓶、纱布、擦镜纸、常见蔬菜(芹菜、菠菜、苋菜、番茄等)。

**【活动过程】**

1. 擦拭载玻片和盖玻片;

2. 在载玻片中央滴一滴清水;

3. 取实验材料:从教师提供的材料中任选一种材料,从不同部位取材制成玻片标本。

各种材料的取材方法:

(1)表皮:用解剖刀在叶片的下表皮上划一"井"(边长约 0.5 厘米),用镊子夹住其一角轻轻撕下表皮,撕取时尽量不要带叶肉。置于载玻片中央的水滴中,注意不要重叠。

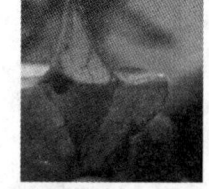

观察完叶片的下表皮再取叶片的上表皮进行观察,对比上下表皮结构的异同点。

(2)茎、叶片或叶柄的横切:在两片双面刀片中间的上侧夹一层纸,用胶布将两片刀片固定在一起。用刀片没有粘胶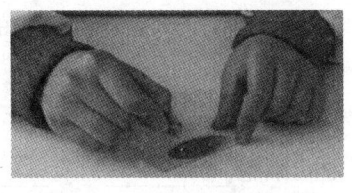
布的一侧快速在茎（叶片或叶柄）上快速横向
切取横断面，在清水中蘸一蘸，将切下来的材
料涮到清水中，连续切几次，用镊子选出切得
最薄的一片展平在载玻片的清水中。

（3）筋络：用解剖针轻轻挑取一条筋络，涂在载玻片中央的水滴中并用
镊子将其按压涂抹均匀。

（4）根：用镊子在根的末端选取 0.5 厘米左右长度的根尖，放在载玻片
的清水中。用镊子夹住盖玻片，先将其一端接触载玻片中央的水滴，再轻轻
斜放下，避免产生气泡。双手拇指按压住盖玻片均匀用力，将根尖压平。

4.进行观察

将制好的玻片标本放到显微镜下观察。

（1）观察叶片上下表皮时完成下列问题：

在生物学上，通常将形态相似，结构、功能相同的细胞组成的细胞群称
为组织。植物的组织按功能命名。

① 叶片的表皮细胞有两种，一种数量很多，形状_____，排
列_____，_____叶绿体，颜色透明；另一种细胞数量较少，
呈_____形，细胞内_____叶绿体，两个该细胞构成_____。表
皮细胞对叶片具有_____功能，由这些细胞构成的细胞群属于
组织。

②上下表皮上均分布有_____，且上下表皮上的气孔数量_____，其
中上表皮的气孔数量_____，下表皮的气孔数量_____。

（2）观察叶片横切时完成下列问题：

参照右图，在显微镜下区分叶片
的结构。

① 叶片是由_____、
_____和_____组成。

② 叶肉细胞内含有_____，呈
绿色，可以进行光合作用，制造营养物质，属于_____组织。叶肉细胞可

以分为两部分，靠近上表皮的叶肉细胞排列_____，靠近下表皮的叶肉细胞排列_____。

③叶脉外层细胞细胞壁_____，有_____作用，属于机械组织；中间细胞_____，有_____功能，属于输导组织。

④叶片由_____组织、_____组织、_____组织、_____组织构成，有_____功能。

（3）观察根尖时完成下列问题

①根尖是由_____、_____、_____和_____组成的。

②根冠细胞大，排列_____。

③分生区细胞_____，细胞核_____，能够进行细胞_____。

④伸长区细胞从下到上不断_____。

⑤成熟区外层细胞_____，且细胞内具有大_____；中心部位细胞细胞核、细胞质消失，形成_____的管状。

⑥根尖各区之间有什么样的关系？请用箭头和文字表示出根尖四个分区之间的关系：

你观察的材料是_____，也都是由_____构成。不同部位_____不同，但都具有_____等结构。相同部位细胞的_____相似、_____相同，由这样的细胞组成的细胞群叫做_____。你观察的材料主要有_____、_____、_____、_____、_____等组织。

请在方框中画出你所观察蔬菜的微观结构：

【思考与讨论】

1.下图是叶片横切和茎的横切，请在图中标注出你知道的植物组织。

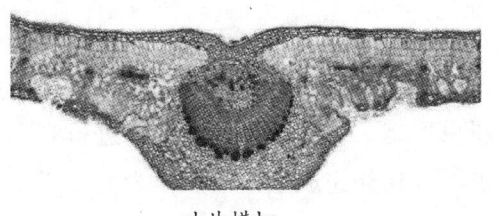 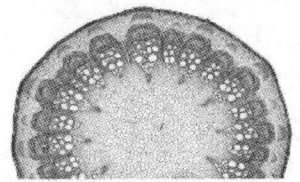

叶片横切            茎横切

2.茎的主要功能有哪些？对主要功能起重要作用的组织是什么？

【知识拓展】

不同的组织按照一定次序有机地结合起来，共同组成具有一定功能的结构，称为器官。绿色开花植物体由根、茎、叶、花、果实、种子六大器官组成，其中的根、茎、叶与植物的营养有关，都属于营养器官；花、果实、种子与植物的生殖有关，属于生殖器官。

【思考与讨论参考答案】

1.

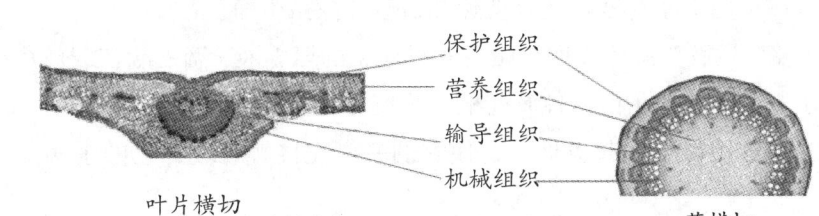

保护组织
营养组织
输导组织
机械组织

叶片横切

茎横切

2.茎的主要功能是支持和运输，对支持功能起重要作用的组织是机械组织，对运输功能起重要作用的组织是输导组织。

# 五、观察草履虫

**【活动设计依据】**

在观察显微镜下的水中世界时，学生们已经见过草履虫，但只是停留在对外形的观察；本活动通过对草履虫形态、结构、运动和取食进行观察，便于学生理解只有一个细胞的草履虫可以独立完成生命活动，为七年级"单细胞生物可以独立完成生命活动"的概念进阶搭建阶梯。

**【活动目的】**

制作临时装片，观察草履虫的形态、结构、运动、取食。

**【材料用具】**

含有草履虫的培养液、显微镜、镊子、载玻片、盖玻片、纱布、吸水纸、酵母菌（小球藻）、医用棉花。

**【活动过程】**

（一）观察草履虫的形态、结构

1.擦：用干净的纱布把载玻片和盖玻片擦拭干净。

2.滴：用胶头滴管吸取少量含有草履虫的培养液，滴一滴在载玻片中央。用镊子撕取一点棉花横纵各放几根于载玻片的清水中。

3.盖：用镊子夹起盖玻片，使它的一侧先接触载玻片上的水滴，然后缓缓放下。

4.观察：将临时装片置于低倍镜下，找到草履虫，观察其形态。将草履虫置于视野中央，转换高倍镜，观察草履虫的结构。

5.记录观察结果：选取一个效果很好的草履虫进行观察，并将看到的结果画在下面方框内。并参照草履虫的显微结构及模式图标出各结构名称。

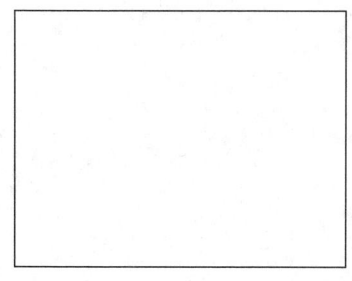
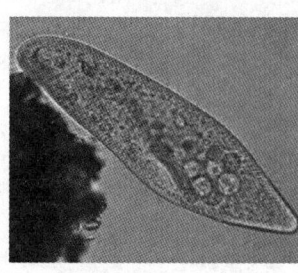
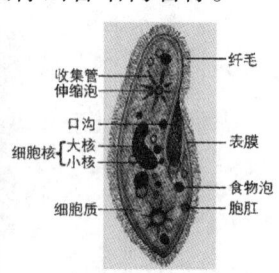

草履虫与前面观察过的植物细胞相比，相同点是都有_____、_____、_____等结构。不同的是草履虫还有一些特殊结构，如可以摆动的_____；_____、_____、_____、_____等。

（二）观察草履虫的取食过程

在制作好的玻片标本盖玻片的一侧滴加酵母菌培养液（或小球藻液体），在另一侧用吸水纸吸引。待吸水纸变湿后，在显微镜下观察草履虫的取食过程。

草履虫获取食物的结构是_____，其上有_____，可以摆动。食物进入草履虫体内后形成_____，随着_____流动，逐渐变小，没有被消化的食物残渣通过_____排出体外。

**【思考与讨论】**

1. 右图是草履虫的结构示意图，观察图片回答下列问题：

（1）食物由[ ]_____进入，形成[ ]_____，食物在[ ]_____内被逐渐消化，不能消化的食物残渣从[ ]_____排出。

（2）草履虫通过[ ]_____进行呼吸和排泄。

（3）草履虫靠[ ]_____的摆动在水中旋转前进。

（4）含有遗传物质的结构是[ ]_____。

2. 为什么说草履虫是单细胞生物？

**【知识拓展】**

草履虫属于动物界中最原始、最低等的原生动物。它喜欢生活在有机物含量较多的稻田、水沟或水不大流动的池塘中，以细菌和单细胞藻类为食。据估计，一只草履虫每小时大约能形成60个食物泡，每个食物泡中大约含有30个细菌，所以，一只草履虫每天大约能吞食43200个细菌，它对污水有一定的净化作用。

大草履虫因为其个体较大、结构典型、繁殖快、观察方便、容易采集培养，因此一般用它作为研究细胞遗传的好材料。多年来，遗传学科学家已经用它研究了细胞质遗传、细胞质和细胞核在遗传中的相互作用，以及细胞类型的转变等，取得了不少科学成果。随着科学的发展，还发现了它在医学方面的许多重要价值，例如用它的水溶性提取物，可以较准确地诊断消化系统的癌症和乳腺癌等疾病。

【思考与讨论参考答案】

1.（1）⑤ 口沟　　⑦ 食物泡　　⑦ 食物泡　　⑥ 胞肛

（2）② 表膜

（3）① 纤毛

（4）④ 细胞核

2. 因为草履虫是由一个细胞构成，对食物的消化、氧气的摄取及二氧化碳的排出等所有的生命活动都是在一个细胞内完成的。

# 六、观察酵母菌

**【活动设计依据】**

《科学课标》核心概念"生命系统的构成层次"内容要求：5—6 年级为"列举生活中常见的微生物（如酵母菌、霉菌、病毒）"；7—9 年级为"列举病毒、细菌和真菌的主要特点"。学业要求：7—9 年级为"能选择适当的观察工具观察各类生物，会制作简单的临时装片"。

《科学课标》核心概念"生命的延续与进化"在 7—9 年级的内容要求为"说出细菌、真菌的繁殖方式"。

《生物学课标》学习主题"生物的多样性"内容要求的重要概念"微生物一般是指个体微小、结构简单的生物，主要包括病毒、细菌和真菌"的次位概念"真菌是单细胞或多细胞生物，有成形的细胞核"。

**【活动目的】**

制作临时装片，观察酵母菌的形态结构。

**【材料用具】**

酵母菌培养液、吸管、镊子、显微镜、解剖针、载玻片、盖玻片、放大镜、稀释碘液、吸水纸。

**【活动过程】**

1. 擦：用干净的纱布把载玻片和盖玻片擦拭干净。

2. 滴：用胶头滴管吸取少量含有酵母菌的培养液，滴一滴在载玻片中央。

3. 盖：用镊子夹起盖玻片，使它的一侧先接触载玻片上的水滴，然后缓缓放下。

4. 染：在盖玻片的一侧滴一滴碘液、用吸水纸从另一侧吸引，对酵母菌进行染色。

5. 观察：将制好的临时装片放在显微镜下进行观察。在低倍镜下找到清晰物像后换成高倍镜观察酵母菌的结构。移动玻片标本，找到带有芽体的酵母菌进行观察。

观察要求：

绘制酵母结构图：用 2H 铅笔轻轻勾画出酵母菌的轮廓，定出轮廓后，清晰地绘出酵母菌各部分结构，并注明名称。细胞的明暗部位用铅笔点的疏密来表示，不得涂抹。

**【思考与讨论】**

1. 酵母菌和前边观察过的植物细胞相比，有哪些异同点？根据细胞的结构特点推测酵母菌获取营养物质的方式。

2. 仔细观察，看看有没有形态特殊的酵母菌？这样的酵母菌有什么意义？

**【知识拓展】**

酵母菌是一种单细胞真菌，一种肉眼看不见的微小单细胞微生物，能将糖发酵成酒精和二氧化碳。分布于整个自然界，是一种典型的异养兼性厌氧微生物，在有氧和无氧条件下都能够存活，是一种天然发酵剂。在有氧的情况下，它把糖分解成二氧化碳和水且酵母菌生长较快。在缺氧的情况下，酵母菌把糖分解成酒精和二氧化碳。几千年前人类就用其发酵面包和酒类，在发酵面包和馒头的过程中面团中会放出二氧化碳。

酵母分为鲜酵母、干酵母两种，营养学上把它叫做"取之不尽的营养源"。除了蛋白质、碳水化合物、脂类以外，酵母还富含多种维生素、矿物质和酶类。有实验证明，每 1 千克干酵母所含的蛋白质，相当于 5 千克大米、2 千克大豆或 2.5 千克猪肉的蛋白质含量。因此，馒头、面包中所含的营养成分比不发面的大饼、面条要高出 3—4 倍，蛋白质增加近 2 倍。

**【思考与讨论参考答案】**

1. 酵母菌和植物细胞都具有细胞壁、细胞膜、细胞质和细胞核，细胞质中都具有液泡。

不同点是酵母菌细胞质中不具有叶绿体。

因为酵母菌没有叶绿体，不能自己制造营养物质，只能从外界获取营养物质。

2. 有的酵母菌会长出芽体，芽体脱落后会形成新的个体。

# 七、血液与血型

**【活动设计依据】**

《科学课标》核心概念"生命系统的构成层次"内容要求：7—9 年级"说出血液的主要成分及其功能；知道血型，说出输血应注意的事项，认同无偿献血是公民应尽的义务"。

学业要求：7—9 年级"认同无偿献血是公民应尽的义务"。

《生物学课标》学习主题"人体生理与健康"内容要求：重要概念"人体通过循环系统进行体内的物质运输"之次位概念"血液循环包括心脏、血管和血液"。

**【活动目的】**

1. 进一步熟悉显微镜的使用；

2. 通过对自己的血液（或永久血涂片）的观察，知道血细胞的组成及特点；

3. 通过溶血实验及血型鉴定，知道输血原则。

**【材料用具】**

永久血涂片、采血针（或无痛采血笔）、消毒棉签、消毒棉球、微量采血吸管、载玻片、血型快速鉴定试剂盒。

**【活动过程】**

（一）观察血细胞

1. 血液永久涂片观察

将显微镜对好光后，将永久血涂片放在载物台上，固定好后，先用低倍物镜进行观察，找到清晰物像后换成高倍物镜观察。

在观察过程中思考：血细胞有几种？每种血细胞有什么特点（细胞的大小、数量、形态、结构等）？

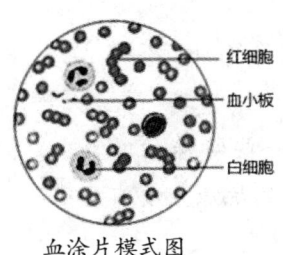

血涂片模式图

2.若有同学想观察自己的血细胞，可以进行如下的操作：

| | | | |
|---|---|---|---|
| 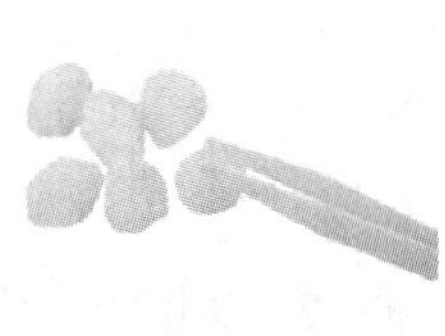 （1）清洗双手，用消毒棉球将要采血的指尖消毒 | 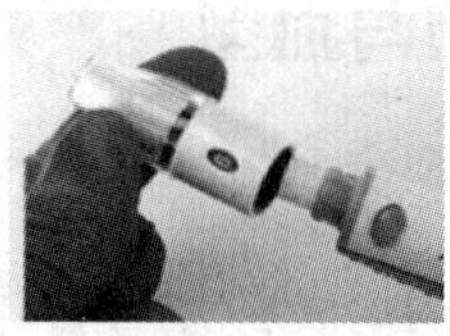 （2）如图所示，旋下采血笔头 | 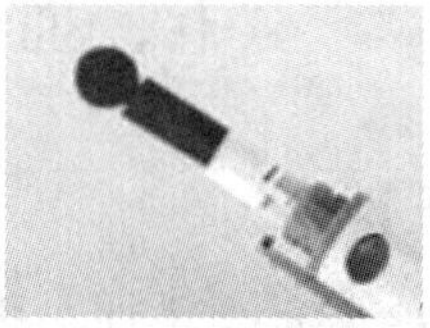 （3）取一支采血针，将其插入针座（插到底） | 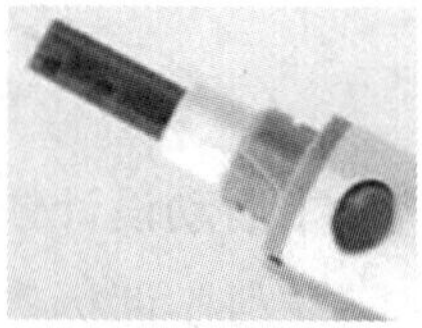 （4）拧下采血针的针帽，将针帽放在一边 |
| 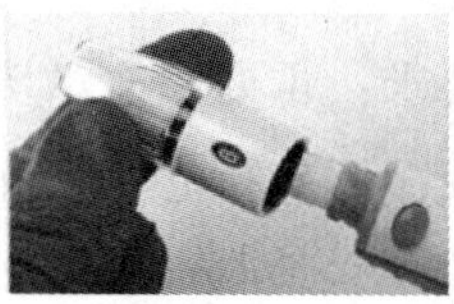 （5）将采血笔笔头重新安装到位，旋转笔头以选择穿刺深度 |  （6）将采血笔尾部的灰色拉柄向外拉，直到听到咔哒声，表示采血针已经进入待使用状态 | 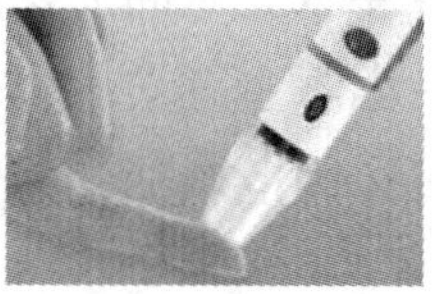 （7）将笔头前端对准采血部位按下发射按钮，完成采血 | 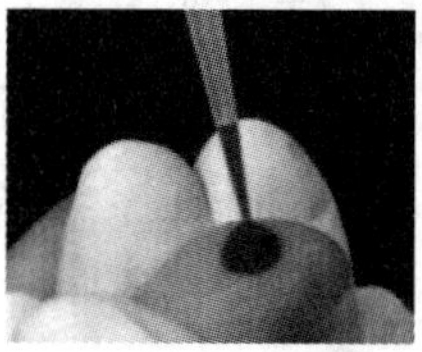 （8）轻轻挤压采血周围部分，待出现血滴后用采血吸管吸取血液。用消毒棉签压住针眼部位止血2—3分钟左右 |
| 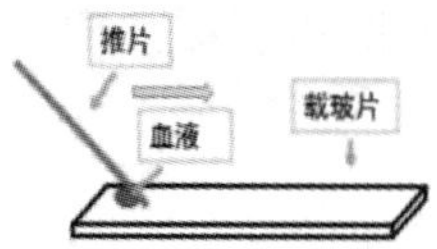 （9）将吸管中的部分血液滴在载玻片长端的一侧，用另一载玻片的一端接触血液边缘（吸管中留一部分血做交叉配血实验和血型鉴定） |  （10）向载玻片的另一侧用力均匀地平推血液 | 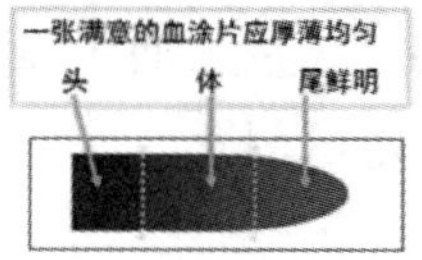 （11）使血液均匀分散在载玻片上 |  （12）将制好的临时血涂片放到显微镜下观察 |

（二）血型鉴定

资料：A、B、O血型系统血型鉴定原理

红细胞细胞膜上有一些特殊的物质，称为抗原，红细胞上的抗原主要有

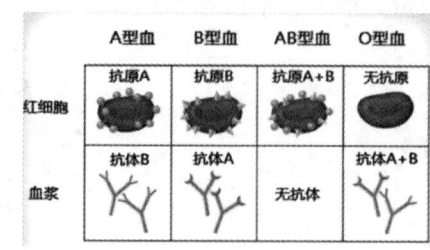

两种：抗原 A 和抗原 B。红细胞上有抗原 A 的为 A 型血，有抗原 B 的为 B 型血，同时有抗原 A 和抗原 B 的为 AB 型血，既没有抗原 A 也没有抗原 B 的为 O 型血。抗原 A、抗原 B 就相当于我们的身份证。

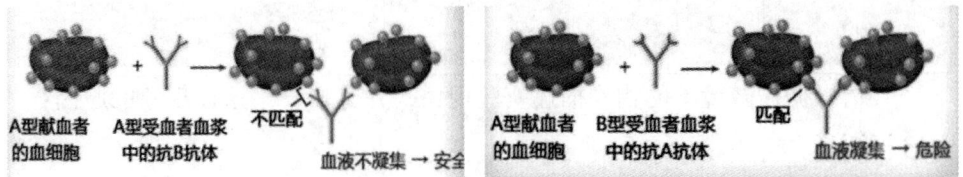

A型献血者的血细胞 + A型受血者血浆中的抗B抗体 → 不匹配　血液不凝集 → 安全

B型受血者血浆中的抗A抗体 + A型献血者的血细胞 → 匹配　血液凝集 → 危险

在血浆当中有能够认识抗原 A 和抗原 B 的抗体，抗体相当于我们血液中的警察。在 A 型人的血液中含有抗体 B，B 型人的血液中含有抗体 A，AB 型的血液中没有抗体，O 型人的血液中有抗体 A 和抗体 B。抗体 A 只"抓"抗原 A，抗体 B 只"抓"抗原 B（抗原与抗体结合，会使血液凝集成块）。

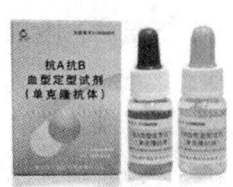

血型定型试剂盒中有两瓶试剂：抗体 A 和抗体 B。

请写出鉴定自己血型的方法并预测自己的血型：




下图是不同的血液与血型定型试剂发生反应的结果，据此推测各组的血

|  |  |  |  |
| --- | --- | --- | --- |
| 抗体A　抗体B | 抗体A　抗体B | 抗体A　抗体B | 抗体A　抗体B |
| ① | ② | ③ | ④ |

①_____　②_____　③_____　④_____

（三）观察不同人的血液融合情况

将同桌两人的血液滴在载玻片的中央，并用盖玻片将其混匀，放到显微镜下观察。

你的血型是_____，同桌的血型是_____。血液混合后放到

显微镜下观察到的现象是＿＿＿＿＿＿＿＿＿＿＿。

不同血型的血液混合后在显微镜下的物像：

| A–A | B–B | AB–AB | O–O | A–B | A–AB | A–O | B–AB | B–O | AB–O |
|---|---|---|---|---|---|---|---|---|---|
|  |  |  |  |  |  |  |  |  |  |

1. 请根据显微镜下的物像描述实验现象，并分析产生这样现象的原因：

2. 根据上述实验现象，分析当大量失血需要输血时应该怎样输？为什么？

【思考与讨论】

成熟的红细胞没有细胞核，细胞中含有血红蛋白，血红蛋白含铁，它在含氧量高的地方容易与氧结合，在含氧量低的地方又容易与氧分离。请结合前面的观察及红细胞的特点，分析红细胞的功能及与完成该功能相适应的特点。"

【知识拓展】

输血分为输全血和输成分血。

1. 输全血

因为全血含有血液中的全部成分，发生输血不良反应的概率会增加，甚至会产生严重后果。所以目前输全血的情况较少。输全血以输同型血为原则，例如：正常情况下 A 型人输 A 型血，B 型血的人输 B 型血。

紧急情况下，AB 血型的人如果需要输血，血源相对其他血型来说可能会较多。但 AB 血型也并不是万能受血者。AB 血型人的血清中虽不含有抗原 A 及抗原 B 的抗体，但其红细胞内含 A、B 抗原。如果输用其他血型血时，极易引起输血反应。所以，AB 血型不能接受其他血型的血液。

O 型血并不是万能血，因为 O 型血红细胞上没有 A、B 抗原，所以 O 型血红细胞可以在主侧配型相合时，给 A、B、AB 型血的患者输注。但是，O 型血的血浆中含有抗体 A 和抗体 B，如果将含有 O 型血浆的红细胞制剂输入 A、B、AB 型患者的体内，将引起不同程度的免疫性溶血性输血的不良反应。

如果异血型者之间输血输得太快太多，输进来的凝集素来不及稀释，可能引起红细胞凝集现象。因此，输血时应该以输入同型血为原则。异血型者之间输血，只有在紧急情况下，不得已才采用。

2. 输成分血

目前来说，输成分血已经占到了输血比例的90%以上，因为其安全有效，且好处众多：

（1）根据病情需要选择，缺什么输什么，提高治疗效果。如：贫血输红细胞，粒细胞缺乏输粒细胞，血小板减少输浓缩血小板，烧伤患者输血浆等。

（2）减少输血不良反应，提高输血安全性。因为输入不需要的血液成分不仅是浪费，而且可引发输血不良反应。

（3）便于保存，使用方便。不同的血液成分可以有不同的保存方式，长期的如新鲜冰冻血浆、冷沉淀物可以保存1年；短期的如血小板，在22℃震荡箱内保存3～5天随时可用。

（4）一血多用，节省血源。血液来自健康人的无私贡献，是宝贵的资源，将一袋血分成各种成分就可有多种用途，治疗多个患者。

（5）减少输血传染病。由于血液中一些致病因子多藏在白细胞、冷沉淀和凝血因子等制品中，大多数输血患者并不需要这些成分。

3. 自体输血

自体输血是指手术前一个星期提前为患者抽出400到600毫升的血液储存起来，待手术时再输入其体内。或在手术中收集患者出血，经处理后重新输入患者体内。这种血液对病人来说是最安全的。相比异体输血，其优点是可弥补血源不足，也能避免同种免疫以及输血传播疾病。

【思考与讨论参考答案】

红细胞可以运输氧气；

与适于运输氧气相适应的特点有：数量多；呈两面凹的圆饼状，可以增加运输氧气的面积；细胞内没有细胞核，可以安置更多的血红蛋白；血红蛋白在含氧量高的地方容易与氧结合，在含氧量低的地方又容易与氧分离。

# 八、观察鱼的呼吸

**【活动设计依据】**

《科学课标》核心概念"生物体的稳态与调节"内容要求：3—4 年级"描述动物维持生命需要空气、水、食物和适宜的温度"；5—6 年级"知道动物以其他生物为食，动物维持生命需要消耗这些食物而获得能量"；7—9 年级"概述生命活动中物质和能量的变化"。

学业要求：3—4 年级"能说出植物和动物都有基本生存需要，认识到植物、动物的某些结构具有帮助其维持自身生存的相应功能。能比较分析植物、动物生存需要的差异"；5—6 年级"能收集人和动物以其他生物为食获得维持生命活动所需能量的信息，用多种方式表达调查过程与结果"。

《生物学课标》学习主题"生物的多样性"内容要求：次位概念"脊椎动物（鱼类、两栖类、爬行类、鸟类、哺乳类）都具有适应其生活方式和环境的主要特征"。

**【活动目的】**

1. 通过对鱼呼吸过程的观察，知道鳃是鱼的呼吸器官的原因；

2. 通过对鳃宏观结构和微观结构的观察，能说出鳃与气体交换功能相适应的结构特点。

**【材料用具】**

材料：活鱼、鱼鳃（可从市场找）。

用具：显微镜、镊子、载玻片、盖玻片、清水、培养皿、解剖剪。

**【活动过程】**

（一）观察鱼的呼吸过程

观察活鱼的呼吸过程，思考以下问题：

1. 水流是从哪里进入？哪里流出的？有什么意义？

2. 口与鳃盖交替闭合有什么意义？

（二）观察鱼鳃的结构

1. 鱼鳃位于鳃盖的下方，颜色为红色，推测鳃为红色的原因是：

2. 观察鱼鳃的形态及结构，描述鱼鳃的形态和结构特点。

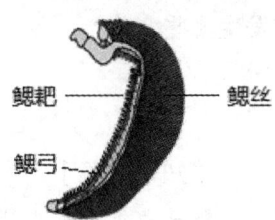

3. 请推理鳃耙、鳃弓和鳃丝的功能。

（三）观察鳃丝的结构

1. 将载玻片和盖玻片擦拭干净，在载玻片正中央滴一滴清水；

2. 用镊子撕取一小段鳃丝放到清水中展平，轻轻盖上盖玻片，不要产生气泡；

3. 将制好的临时装片放到显微镜下观察，在低倍镜下找到清晰物像后换成高倍镜进行观察。

【思考与讨论】

1. 鳃丝由几部分组成？有什么特点？

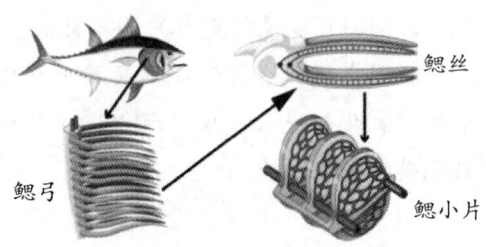

2. 鱼鳃适于与水中气体进行交换的特点有哪些?

3. 结合右图分析水流方向与血流方向有什么特点? 这有什么意义?

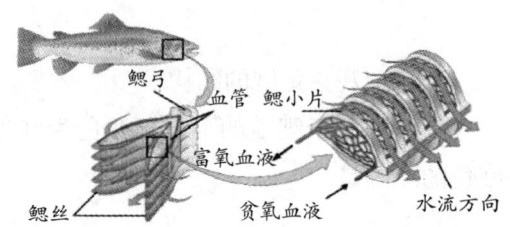

鳃弓 血管 鳃小片 富氧血液 贫氧血液 水流方向 鳃丝

4. 推测从鳃盖后缘流出来的水与进入口部的水相比, 其中的气体成分会发生哪些变化?

**【知识拓展】**

鳃是鱼类的呼吸器官。除鳃以外, 还可通过皮肤(鳗鲡、弹涂鱼等)、肠管(泥鳅)、鳃上器官(攀鲈、斗鱼、乌鳢等)及气囊(肺鱼)等各种器官进行辅助呼吸。

在呼吸运动中, 口腔和鳃腔的作用取决于鱼类的栖息环境。活动缓慢的鱼主要依靠口腔和鳃腔的连续动作进行呼吸; 快速游动的鱼类, 如金枪鱼, 因鳃盖肌肉退化, 不能运动, 可进行冲压式呼吸。

**【思考与讨论参考答案】**

1. 鳃丝由鳃小片和血管组成。鳃小片呈片状, 毛细血管非常丰富。

2. 鳃上有很多鳃丝, 鳃丝上有很多鳃小片, 可以增加气体交换的面积, 在鳃小片外边密布丰富的毛细血管, 有利于气体交换。

3. 水流方向与血流方向相反, 可以延长水与鳃接触的时间, 增加气体交换的时间, 可以进行更多的气体交换。

4. 因在鳃部进行了气体交换, 水中的氧气进入鳃内的毛细血管内, 血液中的二氧化碳进入水中, 所以流出的水与流进的水相比氧气的含量降低、二氧化碳的含量增加。

# 九、观察鱼的血液循环

**【活动设计依据】**

《科学课标》核心概念"生物体的稳态与调节"内容要求：3—4 年级"描述动物维持生命需要空气、水、食物和适宜的温度"；5—6 年级"知道动物以其他生物为食，动物维持生命需要消耗这些食物而获得能量"；7—9 年级"概述生命活动中物质和能量的变化"。

学业要求：3—4 年级"能说出植物和动物都有基本生存需要，认识到植物、动物的某些结构具有帮助其维持自身生存的相应功能。能比较分析植物、动物生存需要的差异"；5—6 年级"能收集人和动物以其他生物为食获得维持生命活动所需能量的信息，用多种方式表达调查过程与结果"。

《生物学课标》学习主题"生物的多样性"内容要求：次位概念"脊椎动物（鱼类、两栖类、爬行类、鸟类、哺乳类）都具有适应其生活方式和环境的主要特征"。

**【活动目的】**

1. 通过对鱼尾鳍血液循环的观察，能说出尾鳍内血液循环特点、血流方向及血管特点；

2. 通过对鱼心脏结构的观察，能说出鱼的心脏组成及结构特点。

**【材料用具】**

材料：小的活鱼、鱼心脏（可从市场找或家里吃鱼时留出来）。

用具：显微镜、镊子、滴管、清水、培养皿、棉花或纱布、解剖刀、一次性手套。

**【活动过程】**

（一）观察鱼的心脏

鱼的心脏位于腹腔的前方，鳃弓后下方的围心腔内。在围心腔内，充满着围心腔液，在心脏的外围还有一层心外膜，心脏与心外膜之间充满着心包液，这些结构可以更好地保护心脏。

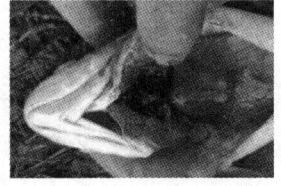

1. 观察心脏的外部形态

观察鱼的心脏，并对照右侧鱼的心脏模式图，找到鱼的心房、心室、静脉窦和动脉球。用镊子触碰各结构，各部分的硬度上有何不同？

2. 观察心脏的内部结构

将鱼的心脏放到解剖盘中，用解剖刀将鱼的心脏纵向剖开。

描述鱼的心脏各结构壁的特点及厚度。

推测各结构的功能，并用文字和箭头表示出血液在心脏各结构中的流动方向。

（二）观察鱼尾鳍内的血液循环

1. 用浸湿的纱布或棉花将小鱼头部的鳃盖和躯干部包裹起来，露出口和尾部。

2. 将小鱼平放到培养皿中，使尾鳍平贴在培养皿上。

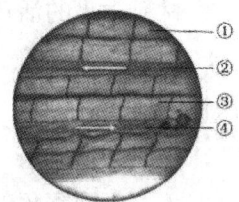

3. 将培养皿放到载物台上，使鱼头朝向左侧。用低倍物镜从尾鳍的最末端开始，观察尾鳍血管内血液流动情况。实验后将小鱼放回水槽。

将血液从心脏运输到全身各处去的血管为动脉，将血液从全身各处运回心脏的血管为静脉，连通最小的动脉与静脉之间的血管为毛细血管。

【观察与思考】

1. 根据血流方向，在显微镜下找到动脉、静脉和毛细血管（见右图），写出①②③④分别是什么，并说出你的判断依据。

2. 动脉、静脉和毛细血管的区别有哪些？其内的血液流动有什么特点？

3.结合心脏、尾鳍内的血液流动及右图，请写出鱼的血液循环途径。

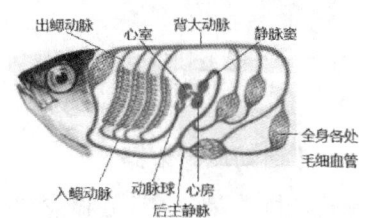

【知识拓展】

　　鱼的身体主要分为头部、躯干部和尾部三个部分，体表常常覆有鳞片。鳞片是鱼类皮肤的衍生物，鱼身上的鳞片并不是完全相同的，根据鳞片的外形和发生部位的不同，可以将其细分为软骨鱼具有的盾鳞和硬骨鱼具有的硬鳞及骨鳞三类。有些鱼类根本没有鳞，代之的是一层特别粗糙的皮肤或者硬壳，例如海马。鱼鳞会随着身体的成长而增大，而且会在鳞片上留下一圈圈的生长轮，就如同树木的年轮一样。如果生长轮之间的距离较宽，表示那段时间内鱼的成长速度较快。不同种类的鱼具有不同的鳞片，并且它们的生长方式和形态特征也存在差别，鱼的鳞片上，记载着时间的秘密。

　　鱼类鳞片下的皮肤会分泌一种特别的黏液，这种黏液可以减少鱼在水中的阻力，使其顺畅地滑行。

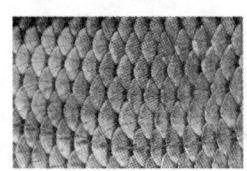 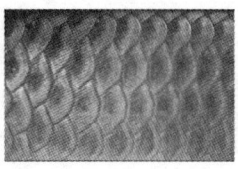 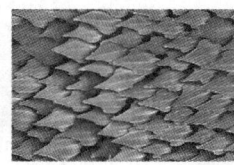 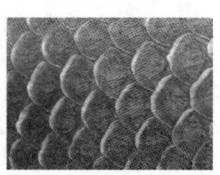

# 十、观察鸡翅的结构

**【活动设计依据】**

《科学课标》核心概念"生命系统的构成层次"内容要求：1—2年级"说出动物的某些共同特征（如都会运动）"；学习内容有"人体由多个系统组成"。

《生物学课标》学习主题"人体生理与健康"中次位概念"人体的运动是在神经系统支配下，由肌肉牵拉着骨围绕关节进行的"。

**【活动目的】**

通过对鸡翅的观察，认识鸡翅的组成，知道骨、关节和肌肉之间的关系及各结构在运动中发挥的作用。

**【材料用具】**

完整的鸡翅、解剖刀、解剖剪、镊子、一次性手套。

**【活动过程】**

1.观察鸡翅的外部形态

（1）描述鸡翅由几部分组成的？每部分有什么特点？

（2）用手捏住鸡翅的两端做伸缩运动，描述运动时参与的结构及发生的变化。

2.观察鸡翅的结构

（1）皮肤：从翅根末端开始用解剖剪纵向剪开皮肤，并用镊子和解剖刀将皮肤剥离。

描述皮肤的特点，并分析皮肤的功能。

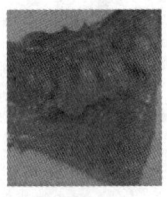

（2）观察去皮后的鸡翅

①去皮后的鸡翅能看到哪些结构？这些结构有什么特点？

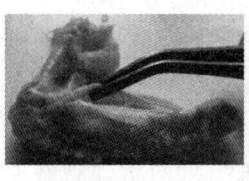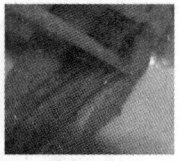

②将鸡翅反复折叠、打开（见下图），观察并描述参与变化的结构，并说明是怎样变化的。

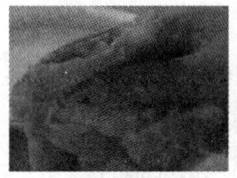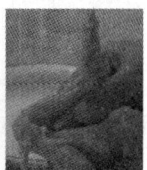

③找到翅根部分的肌肉束，用手牵拉肌肉束，观察鸡翅的运动。

描述鸡翅完成运动需要哪些结构的参与，这些结构在运动中发挥什么作用？

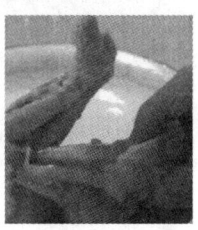

（3）观察肌肉，用解剖剪和镊子分离肌肉束。

描述肌肉束由几部分组成？每部分有什么特点？在运动中发挥什么作用？

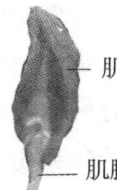

——肌腹

——肌腱

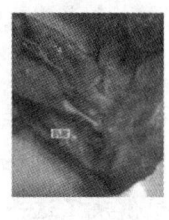

（4）观察骨骼

①用解剖刀或解剖剪将肌肉全部踢掉，只留下骨骼。

骨骼由_____和_____组成。

——关节

——骨

②用解剖刀在骨上横向反复切几下，然后用镊子在切口处撕取表膜。该

结构为骨膜，仔细观察骨膜，其上有哪些结构？推测骨膜的功能。

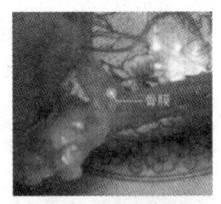

③将骨沿关节处对折，观察关节由几部分组成的？每一部分有什么特点？这样的特点对运动有什么意义？

④将骨在中间位置和端部横向剁开或用解剖剪剪开，观察中间部分和端部的横切面，描述有何不同？推理各自的功能。

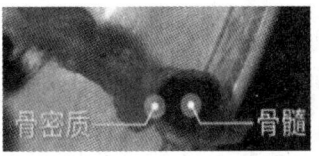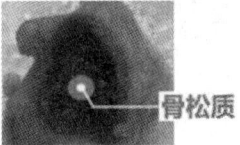

【思考与讨论】

鸡翅除了有皮肤、肌肉、骨骼等结构外，还有哪些结构？各有什么功能？

【知识拓展】

鸟类能飞上天与它们巧妙的身体构造是分不开的。首先，鸟类拥有一个流线型的身体，大大减小了它们在飞行时的阻力。其次，当鸟类飞行时，需要消耗大量的氧气，而鸟类独特的呼吸系统解决了这一难题。鸟类呼吸作用旺盛，拥有"双重呼吸"的本领。它们的肺实心而呈海绵状，还连有9个气囊。在飞翔时，鸟由鼻孔吸进空气后，

气囊扩大，一部分进入肺部，进行碳氧交换；另一部分经过气管存入气囊，然后再经肺排出。再加之它们的骨骼本就薄而轻，无形中成为其飞行的一大助力。

鸟类在空中飞行主要有以下两种基本方式。第一种方式是滑翔，即通过向下滑翔过程中的气流运动获得所需要的升力。信天翁可谓是鸟类中最为完美的滑翔运动员，它们有着长达3米的翼展，飞行时翅膀几乎无需扇动，自然的风力就能成为它们飞行时的助力。第二种方式是通过翅膀的扇动获得升力，翅膀的上下拍击会产生向上的动力，大多数鸟类都掌握了这项本领。但蜂鸟却是其中的"异类"，它们在飞行时，翅膀是前后扇动而不是上下扇动。无论是前进还是后退，翅膀的前缘始终保持在稳定的位置上。这种前后运动向两个方向产生推力，

使向前向后的力相抵，而尾巴则起着平衡的作用。蜂鸟的尾巴好似直升机的螺旋桨，可以帮助产生一个稳定的向下气流以支持自身的重量。

**【思考与讨论参考答案】**

在皮肤、肌肉和骨骼上都有血管和神经分布，血管可以为鸡翅的各部分细胞提供营养物质；而神经可以为鸡翅的运动起协调作用。

# 第三节　探究类活动方案

## 一、探究草履虫对刺激的反应

**【活动设计依据】**

《科学课标》核心概念："生命系统的构成层次"内容要求：7—9年级"举例说明单细胞生物可以独立完成生命活动"。

学业要求：核心概念"生命系统的构成层次"3—4年级"能设计简单方案，探究水、阳光、空气、温度等变化对生物生存的影响"；核心概念"生物体的稳态与调节"3—4年级"能设计简单方案并实施操作"。

《生物学课标》学习主题"生物体的结构层次"学业要求："运用控制变量的方法，设计简单的实验，探究单细胞生物的运动或趋性"。

**【活动目的】**

1. 通过实验法探究草履虫对刺激做出的反应，体验科学探究的一般过程；

2. 通过结果分析，认同草履虫具有应激性；

3. 体会结构与功能相适应的生命观念。

**【材料用具】**

【活动过程】

探究一：探究草履虫对菠菜汁和食盐刺激做出的反应

1. 提出问题：

2. 做出假设：

3. 设计实验方案：请根据提供的材料用具进行实验设计，并写出或画出实验方案。

4. 完成实验：根据设计的方案完成实验，并将实验结果填在下表中

| 外界刺激 | 添加刺激前草履虫的分布情况 | 添加刺激后草履虫的分布情况 |
|---|---|---|
| 菠菜汁 | | |
| 食盐 | | |

5. 实验结果：

| 食盐 | | 菠菜汁 | |
|---|---|---|---|
| 刺激前 | 刺激后 | 刺激前 | 刺激后 |
| | | | |

你看到的实验现象是：

探究二：探究草履虫对光照刺激做出的反应

1. 提出问题：

2. 做出假设：

3. 设计实验方案：请根据提供的材料用具进行实验设计，并写出或画出实验方案。

4. 完成实验：根据设计的方案完成实验并将实验结果填在下表中

| | 遮光前 | 遮光后 | | | | |
|---|---|---|---|---|---|---|
| | | 时间 | 0s | 5s | 10s | 15s |
| 草履虫数量 | | 光下 | | | | |
| | | 暗处 | | | | |

5. 实验结果：

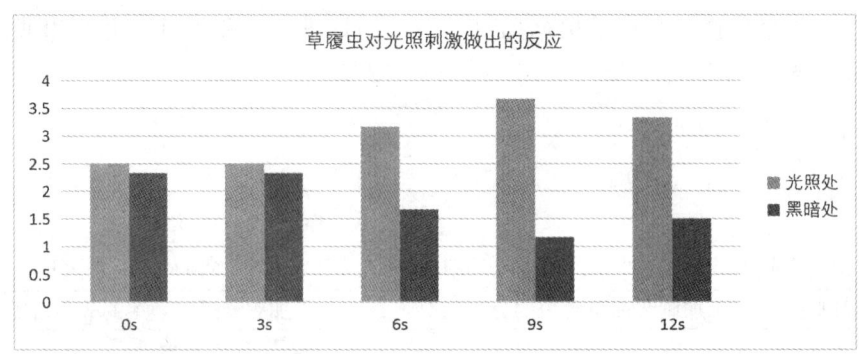

草履虫对光照刺激做出的反应

你看到的实验现象是：

根据探究一和探究二，可以得出的结论是：

草履虫趋利避害的特性称为应激性，其意义是：

**【思考与讨论】**

草履虫是中学实验室常用的观察材料，请回答：

（1）用胶头滴管吸取少量草履虫培养液滴在洁净的载玻片中央，盖上盖玻片制成的玻片标本属于临时_____。

A. 切片　　　　B. 装片　　　　C. 涂片

（2）右图是根据显微镜下看到的草履虫绘制出的模式图，草履虫、水果、花、蔬菜细胞都具有的结构是_____（填序号），所不同的是它有 [　　]_____，可以摆动，使之完成趋利避害的活动；有 [　　]_____，可以摄取食物，并形成食物泡对食物进行消化。所以草履虫是可以独立完成生命活动的_____生物。

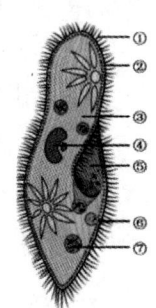

（3）研究小组用实验法探究温度对草履虫生长繁殖的影响，进行了如下的实验：

①取三个锥形瓶，分别加入 50mL 草履虫培养液；

②每瓶中放入两个草履虫；

③分别置于 15℃、25℃和 35℃环境下培养；

④每隔 24 小时，取样计数草履虫的数量；

⑤每个温度做三次重复实验，计算出平均值，绘制出如右曲线：

本实验的变量是_____；每个温度做 3 次重复实验的目的是_____。从曲线可以看出，温度对草履虫的生长繁殖有影响，根据不同的需求可以控制不同的温度进行培养，请将不同需求需要的适宜温度进行连线：

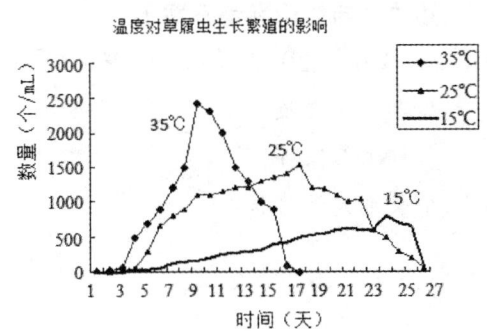

温度对草履虫生长繁殖的影响

| 短期快速增殖 | 15℃ |
| 长期培养保种 | 25℃ |
| 中长期大量培养 | 35℃ |

【知识拓展】

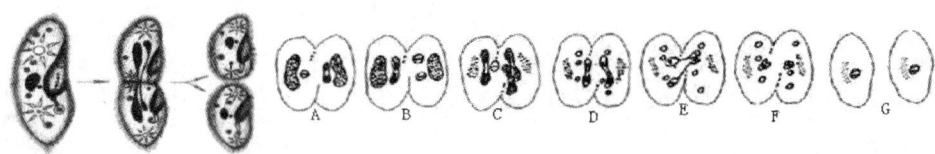

横二分裂　　　　　　　　　　接合生殖

　　草履虫的生殖可分为无性生殖和有性生殖。无性生殖为横二分裂，小核先进行有丝分裂，大核再进行无丝分裂，然后细胞质一分为二，最后虫体从中部横断，成为2个新个体。有性生殖为接合生殖，2个草履虫口沟对口沟黏合在一起，黏合处细胞膜溶解，2个虫体的细胞质相通，小核离开大核，分裂2次形成4个核，其中3个解体，剩下的1个小核又分裂成大小不等的2个核——雌核（较大核）和雄核（较小核），大核逐渐消失。然后2个虫体互换其雄核，并与对方雌核融合，这一过程相当于受精作用。此后两虫体分开，接合核分裂3次成为8个核，4个核变为大核，其余4个核有3个解体，剩下1个核分裂为2个小核，再分裂为4小核，每个虫体也分裂2次，结果原接合的两亲本虫体各形成4个草履虫，新形成的8个草履虫都有一大核、一小核。

【思考与讨论参考答案】

（1）B （2）②③④ ①纤毛 ⑤口沟 单细胞 （3）温度 避免偶然性

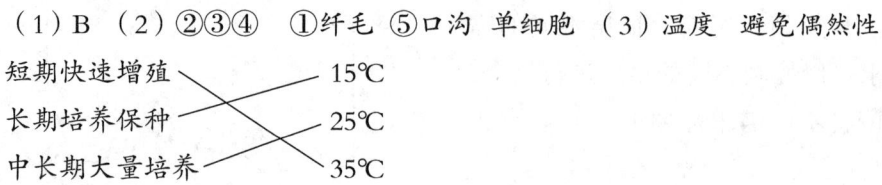

短期快速增殖 —— 15℃

长期培养保种 —— 25℃

中长期大量培养 —— 35℃

# 二、探究如何洗手更卫生

**【活动设计依据】**

《科学课标》核心概念"生命系统的构成层次"内容要求：5—6 年级"列举生活中常见的微生物（如酵母菌、霉菌、病毒等），举例说出感冒、痢疾等疾病是由微生物引起的"；7—9 年级"列举病毒、细菌和真菌的主要特点，举例说明它们与人类生活的关系"。

学业要求：5—6 年级"初步认识微生物及其对人类的影响"。

《生物学课标》学习主题"生物的多样性"内容要求次位概念"有些微生物会使人患病"；学习主题"人体生理与健康"学业要求："养成良好的生活和行为习惯，增强机体健康"。

本活动通过探究不同洗手方式的微生物存在情况，作为健康生活方式进阶的起点；并通过实验探究来进行实验法的过程进阶。

**【活动目的】**

1. 进一步体会用实验法进行科学探究的一般过程；

2. 养成科学的洗手习惯；

3. 初识微生物。

**【实验材料和用具】**

显微镜、载玻片、盖玻片、解剖针、清水。

琼脂板　　　　　　　　　香皂　　　　　　　　　洗手液

**【活动过程】**

（一）探究怎样洗手更卫生

1. 提出问题：怎样洗手更卫生？

2. 做出假设;

3. 设计实验:

设计实验前思考以下问题:

（1）自变量是: _____; 因变量是: _____。

（2）如何控制干扰条件?

（3）设计思路:

4. 进行实验并描述实验结果:

5. 得出结论:

（二）观察手上的微生物

从琼脂板中用解剖针挑取少量菌落涂抹在滴有清水的载玻片中央，并将菌落分散开，放到显微镜下观察。

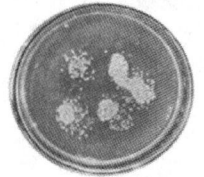 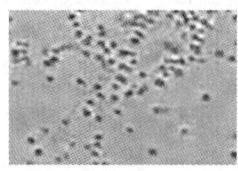 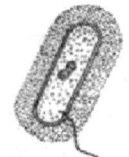

培养皿上的菌落　　　　显微镜下的细菌　　　细菌结构模式图

1. 你在显微镜下看到的现象是?

2. 细菌与以前观察过的植物细胞和草履虫相比，有哪些异同点?

【思考与讨论】

正确的洗手可以预防一些传染性疾病的发生，请结合以上的探究提出洗手方面的一些建议。

**【知识拓展】**

微生物包括：细菌、病毒、真菌以及一些小型的原生生物、显微藻类等在内的一大类生物群体，它个体微小，与人类关系密切。涵盖了有益跟有害的众多种类，广泛涉及食品、医药、工农业、环保、体育等诸多领域。在我国教科书中，将微生物划分为以下 8 大类：细菌、病毒、真菌、放线菌、立克次氏体、支原体、衣原体、螺旋体。有些微生物是肉眼可以看见的，像属于真菌的蘑菇、灵芝、香菇等。还有些微生物是一类由核酸和蛋白质等少数几种成分组成的"非细胞生物"——病毒。

**【思考与讨论参考答案】**

用流水洗手，一定要用洗手液（或肥皂）洗手，洗手时要尽量把手指的各部位都清洗到，并且做到反复搓洗。

# 三、探究酵母菌的发酵作用

## 【活动设计依据】

《科学课标》核心概念"生命系统的构成层次"内容要求：5—6 年级为"列举生活中常见的微生物（如酵母菌、霉菌、病毒）"，7—9 年级为"列举病毒、细菌和真菌的主要特点，举例说明它们与人类的关系"。

学业要求：5—6 年级为"初步认识微生物及其对人类的影响"。

《科学课标》核心概念"生命的延续与进化"在 7—9 年级的内容要求为"说出细菌、真菌的繁殖方式"。

《生物学课标》学习主题"生物学与社会·跨学科实践"内容要求的次位概念为"发酵食品的制作可以运用传统的发酵技术来完成"；"发酵食品的改良需要好的创意，运用多学科的知识和方法，从发酵的条件控制、装置的改进、食材的选择等方面不断尝试"。

## 【活动目的】

1. 通过探究发酵的过程，了解酵母菌的发酵原理；

2. 进一步体会用实验法进行科学探究的一般过程。

## 【材料用具】

锥形瓶、活性干酵母、气球、勺子、烧杯、清水、葡萄糖、玻璃棒、烧杯、37℃的温水、量筒、电子天平。

## 【活动过程】

（一）验证酵母菌发酵产生的气体是二氧化碳

小资料：二氧化碳能使澄清的石灰水变浑浊，常用澄清石灰水检测二氧化碳的存在

1. 设计实验：请根据提供的材料用具设计实验方案，证明酵母菌发酵产生二氧化碳。

2. 实验操作：根据设计的方案，完成实验操作。

参考方案：

| 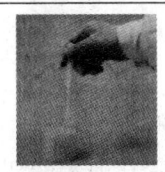 | 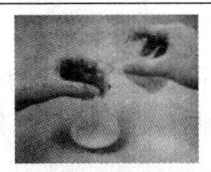 |  | 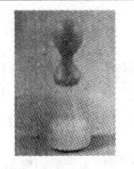 |
|---|---|---|---|
| 1. 向烧杯中加入约 80 毫升清水、一勺活性干酵母、一勺葡萄糖（或白糖），搅拌均匀。 | 2. 将酵母和葡萄糖的混合液倒入锥形瓶中。 | 3. 在锥形瓶口套上干瘪的气球。 | 4. 在温暖的环境中放置 2 小时左右，直至气球鼓起来。 |

3. 将气球中气体通入澄清石灰水中摇匀，观察并描述实验现象：

4. 你得出的结论是：

（二）探究影响酵母菌发酵速度的因素

1. 提出问题：如何才能加快发酵的速度？影响酵母菌发酵速度的因素有哪些？

2. 做出假设：

3. 设计实验方案：

思考：

（1）自变量和因变量分别是什么？

（2）如何控制单一变量？

（3）如何控制干扰条件？

4.根据设计方案，完成实验操作

参考方案：

（1）用电子天平称取 3g 干酵母，放入烧杯，加入 150 mL 37℃左右的温水溶解，放置 10 分钟，使酵母菌活化。

（2）在 A、B、C 三个锥形瓶中分别加入 50 毫升活化的酵母菌溶液，并依次加入 1 克、3 克、5 克葡萄糖。迅速套上气球，摇匀，放置在温暖的环境中观察。

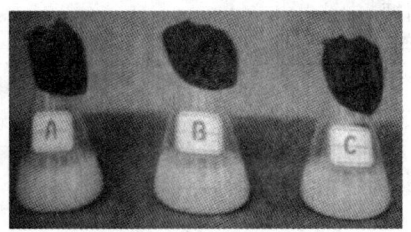

（3）实验现象

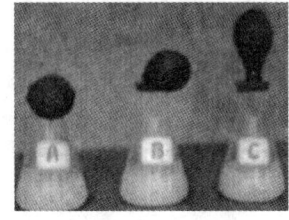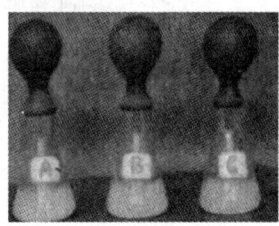

| 28 分钟 | 30 分钟 | 37 分钟 |

本方案研究的问题是：


5.得出结论：


【思考与讨论】

在气球鼓起的过程中，培养液中葡萄糖的含量会发生怎样的变化？原因是什么？

**【课外拓展】**

利用酵母菌的发酵原理，回家和父母一起蒸馒头，并把过程拍成视频与同学们共享。比一比谁做的馒头暄软蓬松。

**【知识拓展】**

公元前 2300 年，人类就开始利用含酵母的"老酵"制作面包。从埃及塞贝斯 (Thebes) 地区出土的面包房和酿酒房的残余模型看，早在公元前 2000 年人类就已较好地利用酵母制作发酵食品和酿酒。公元前 13 世纪，面包焙烤的技术从埃及传到地中海和其他地区。1680 年列文·虎克用显微镜从一滴啤酒中发现酵母细胞，不久，人类就开始有意识地利用酵母（啤酒酵母泥）发面。酵母的重要性逐渐引起工业界的注意。

1846 年，奥地利人 M.马克霍夫在维也纳建立世界上第一个酵母厂。该厂以粮食为原料，采用温和的通风培养法同时得到酵母和酒精，此法被称为"维也纳法"。1876 年，法国人 L.巴斯德关于空气中的氧能促进酵母繁殖理论的发表，为大规模通风培养生产酵母奠定了基础。20 世纪初期，由于酵母离心机的问世，丹麦和德国开始采用楚劳夫（Zulauf）法生产酵母，即将糖液缓慢地流入通风的发酵液内，俗称"流加培养法""批式培养法"。楚劳夫法产品生产效率高，原料消耗低，过程易于控制，一直沿用至今，并不断得到改进和完善。20 世纪 20 年代起，酵母生产用原料扩大到使用糖蜜、木材水解液、亚硫酸纸浆废液和糖蜜酒精糟液等。60 年代，以石油、煤炭和天然气等碳氢化合物及其二次加工产品（如醋酸、乙醇和甲醇等）为原料的工厂相继建立，改变了长期以来人们利用碳水化合物为原料的传统。

中国的酵母生产始于 1922 年，1949 年以前只有上海大华利卫生食料厂和上海新亚酵素厂生产面包酵母，年产量仅为 12 吨（以干酵母计）。50 年代，中国的酵母生产有了较大的发展，建立了数十家生产厂，并形成了独立的工业体系。80 年代初，酵母生产厂已迅速增加到 40 多家。面包酵母的种类已由单一的压榨酵母增加了活性干酵母、快速活性干酵母。食用酵母、药用酵母和饲料酵母的生产也有不同程度的发展。

**【思考与讨论参考答案】**

在气球鼓起的过程中，葡萄糖的含量会降低，因为酵母菌在生活过程中会消耗葡萄糖，产生二氧化碳。

# 四、探究莲种子寿命长的原因

**【活动设计依据】**

《科学课标》中核心概念"生物体的稳态与调节"内容要求：1—2 年级"说出植物的生存和生长需要水、阳光和空气"；3—4 年级"描述植物的生存和生长需要水、阳光、空气和适宜的温度"。

学业要求：1—2 年级"认识植物、动物的生存需要外界环境的帮助"；3—4 年级"能说出植物和动物都有基本生存需要，认识到植物、动物的某些结构具有帮助其维持自身生存的相应功能。"

核心概念"生物与环境的相互关系"内容要求：3—4 年级"举例说出生活在不同环境中的植物的外部形态具有不同的特点，以及这些特点对维持植物生存的作用"。学业要求：3—4 年级"认识不同环境下的植物的外部形态具有不同特点"。

"生命的延续与进化"内容要求：3—4 年级"举例说出植物通常会经历由种子萌发成幼苗，再到开花、结出果实和种子的过程"；7—9 年级"说出种子萌发的过程和必要条件"。

学业要求：3—4 年级"能记录、整理和描述常见植物从生到死的生命过程"；"对植物的生命周期产生兴趣"；7—9 年级"探究环境因素对种子萌发的影响"。

《生物学课标》学习主题"植物的生活"中内容要求：重要概念为"绿色开花植物的生命周期包括种子萌发、生长、开花、结果与死亡等阶段"；次位概念为"种子包括种皮和胚等结构""种子萌发需要完整、有活力的胚，需要充足的空气、适宜的温度、适量的水等环境条件"。

学业要求：识别和描述种子的结构及功能，通过绘图或模型等形式呈现各个结构的特点。

**【活动目的】**

1. 通过解剖和观察莲种子的结构，了解水生植物种子的基本结构和功能；

2. 通过莲果实与花生、大豆果实的对比及抗氧化物含量的探究，分析莲种子寿命长的原因。

**【材料用具】**

浸软的莲种子及萌发的莲种子；干燥的莲种子、菜豆种子；莲果实、大豆果实、花生果实；放大镜、解剖刀、镊子、培养皿、胶头滴管；碘液。

**【活动过程】**

（一）观察莲种子的外部形态

描述莲种子的外形特点，并与菜豆种子进行对比，描述其差异。

莲种子　　　　　　　　菜豆种子

莲种子最外边的结构是_____，其功能是_____。与果实相连接的结构位于_____。

（二）观察莲种子的内部结构

1.用解剖刀划开种皮，用镊子将种皮撕去，露出的结构是_____。

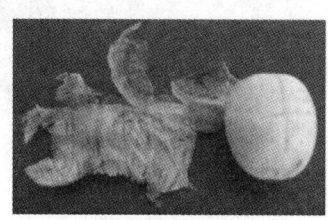

2.将合拢着的子叶打开，用放大镜观察，辨认莲种子的各部分结构。

莲种子中体积最大的是_____，有_____片，通过_____将其连在一起，推测其功能为_____。包在子叶之间的结构有_____。胚根、胚芽、胚轴、子叶四部分组成_____。

比较莲种子与菜豆种子结构的异同。

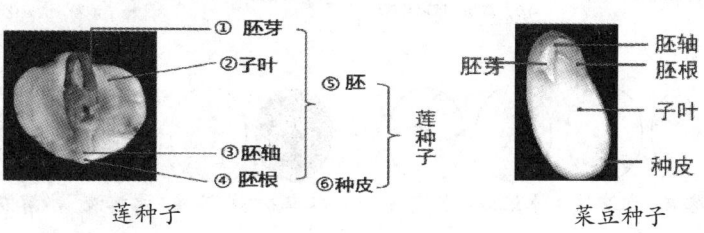

莲种子　　　　　　　　　　　　菜豆种子

相同点：

不同点：

根据生活环境推理产生不同点的原因：

（三）分析莲种子各部分结构的功能

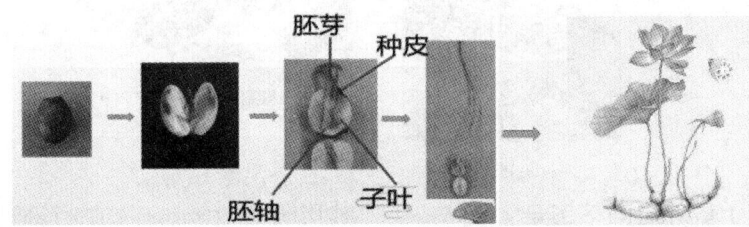

观察萌发的莲种子结构，并与莲植株进行对比，分析种子各部分结构的功能。

（四）探究莲种子寿命长的原因

1.捏一捏莲的果实、大豆果实、花生果实，说一说三种
植物果实在硬度方面有何不同？

2.资料：科学研究发现，种子所含的抗氧化物越高，寿命越长！淀粉遇碘变蓝；抗氧化物和淀粉不反应；抗氧化物遇碘会发生反应，这时碘不和淀粉反应，随着碘液量的增多，碘液消耗完抗氧化物，碘液和淀粉开始反应，出现蓝色沉淀。根据此原理可以检测不同物质中过氧化物含量的高低（见下图）。

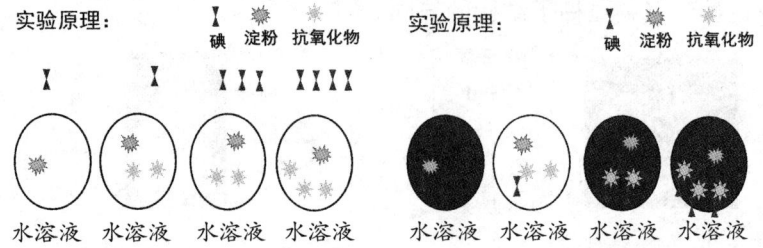

请根据上述原理设计实验探究莲、花生、大豆种子中抗氧化物含量的高低。

实验步骤：

实验结果：

| | 滴加碘液的量 | | | | | |
|---|---|---|---|---|---|---|
| | 第一次 | 第二次 | 第三次 | 第四次 | 第五次 | 平均值 |
| 莲种子 | | | | | | |
| 花生种子 | | | | | | |
| 大豆种子 | | | | | | |

得出结论：

根据实验的结果分析莲种子寿命长的原因：

**【思考与讨论】**

说出下图分别是莲的什么结构？

a     b     c     d     e

**【知识拓展】**

盛夏观荷，在北京城是件很平常的事情，但沉睡百年的古莲子开花，就很稀奇了。圆明园考古发掘出来的古莲子，经过一年的培育开出了第一朵花。专家说，古莲子比普通莲子发芽时间更长、培育难度更大。这朵美丽的莲花，是怎么被唤醒的呢？

2017年，工作人员在长春园东南隅的如园遗址进行考古，陆续在镜香池内发现了11颗古莲子，这是圆明园进行考古发掘工作以来首次发现古莲子的存在。2018年，中国科学院植物研究所对8颗古莲子进行培育实验，6颗在播种之后成功发芽，经过长叶结藕、温室越冬，2019年4月移植荷花基地，开出第一朵花。

古莲子之所以历经百年仍能萌芽、生根、开花，一方面它一直被埋在温度低、湿度小、少微生物干扰的泥炭土中，不具有生根发芽的条件；另一方面古莲子外面的硬壳是果皮，果皮由五层构成，最外为表皮层，有充满分泌物的气孔室和保卫细胞；第二层为含纤维素的栅栏组织；第三层为厚壁组织；第四层为薄壁组织；最内为内表皮层，细胞内含贮藏物。由这5道防线构成的"密封仓"，不让空气和水分自由出入，微生物也不能轻易钻进。在莲子里还有一个小气室，里面大约存贮着0.2立方毫米的空气，可以维持古莲子生命。古莲子含的水分也极少，只有12%。在这种干燥、低温和密闭的条件下，古莲子长期休眠，新陈代谢几乎停止，却能够保持生命的活力。在此特殊装置里，莲子的生命活动仍在微弱进行，而莲子所含抗坏血酸和谷胱甘肽等化合物，比其他植物高若干倍。这类化合物都是种子长寿和保持萌发力的重要物质。当莲子萌发时它所含的氧化型抗坏血酸和谷胱甘肽，对莲子胚芽的萌发有促进作用。谷胱甘肽是一种还原剂，它能使氧化型抗坏血酸转变为还原型抗坏血酸。

圆明园相关负责人介绍，培育古莲子，可用来探讨动植物生命延续的过程。对圆明园内考古发现的古莲子进行研究，可以进一步了解圆明园历史上的地理环境和历史文化背景；通过研究，对将来食品和保健品在抗氧化功能、延迟人体衰老、提高免疫力方面也有一定的意义。

**【思考与讨论参考答案】**

a 果实

b 种子

c 胚（种子中除种皮以外的结构：子叶、胚根、胚芽、胚轴）

d 子叶

e 胚芽、胚根、胚轴

# 五、探究豌豆种子萌发的条件

**【活动设计依据】**

《科学课标》中核心概念"生命的延续与进化"内容要求：3—4年级"举例说出植物通常会经历由种子萌发成幼苗，再到开花、结出果实和种子的过程"；7—9年级"说出种子萌发的过程和必要条件"。

学业要求：3—4年级"能记录、整理和描述常见植物从生到死的生命过程"；"对植物的生命周期产生兴趣"；7—9年级"探究环境因素对种子萌发的影响"。

《生物学课标》学习主题"植物的生活"中内容要求：重要概念为"绿色开花植物的生命周期包括种子萌发、生长、开花、结果与死亡等阶段"；次位概念为"种子包括种皮和胚等结构""种子萌发需要完整、有活力的胚，需要充足的空气、适宜的温度、适量的水等环境条件"。

**【活动目的】**

1. 亲历科学探究的完整过程；

2. 知道种子萌发所需要的环境条件。

**【材料用具】**

饱满的豌豆种子若干；能够盖紧的罐头瓶、药勺、吸水纸、标签、胶水、清水。

**【活动过程】**

1. 提出问题：种子萌发需要具备哪些条件？


2. 作出假设：


3. 设计实验：

思考：

（1）自变量和因变量分别是什么？

（2）如何控制单一变量？

（3）如何控制干扰条件？

4.实施实验方案：

（1）在四个标签上分别写上 1、2、3、4 并分别贴在四个罐头瓶上。将这四个罐头瓶放倒，每个瓶中放上两张吸水纸。

（2）用药勺在 1 号瓶放入 20 粒豌豆，拧紧瓶盖。

（3）分别向 2 号瓶和 3 号瓶中洒入等量的水，使吸水纸变潮湿（水不能太多，不能把纸浸在水中），在 4 号瓶中倒入较多的水，让种子完全浸泡在水中。

（4）分别向 2、3、4 号瓶中撒上 20 粒豌豆，然后拧紧瓶盖。

（5）将 1、2、4 号瓶放在实验室的橱柜中，将 3 号瓶放到冰箱里。

（6）过 5 天左右观察，统计种子的萌发情况。

5.观察记录：

| 编号 | 预测萌发状态 | 实际萌发状态 |
| --- | --- | --- |
| 1 | | |
| 2 | | |
| 3 | | |
| 4 | | |

思考：

（1）每组放一粒种子可以吗？为什么？

（2）1 号和 2 号对比，你能得出什么结论？

（3）2 号和 3 号对比，你能得出什么结论？

（4）2 号和 4 号对比，你能得出什么结论？

（5）1 号可以和 4 号对比吗？为什么？

6.得出结论：根据实验结果写出你的结论：

【思考与讨论】

种子具备萌发的外部条件就一定萌发吗？请说出理由。

【知识拓展】

豌豆属豆科植物，起源亚洲西部、地中海地区和埃塞俄比亚、小亚细亚西部，因其适应性很强，在全世界的地理分布很广。豌豆在我国已有两千多年的

栽培历史，现在各地均有栽培，一二年生草本攀缘植物，主根发达，侧根多，分布在土较深层，根上生有很多根瘤。较耐旱不耐湿，茎圆形而中空，被有蜡质。子叶不出土，真叶为偶数羽状复叶，顶端带有卷须。叶腋间抽生总状花序，自花授粉。豆荚有硬荚和软荚两种，硬荚果皮内壁成一层透明草质膜，常以老熟种子供食用；软荚以嫩荚作菜用。豌豆喜温和气候，耐寒不耐热。种子发芽适温为 18~20℃。苗期能耐 −5℃低温，开花结荚期以 15~18℃为宜，若高于 25℃，则影响受精，结荚率低。

【思考与讨论参考答案】

不一定，若种子的胚不完整，或者胚是死的，或者种子处在休眠状态，种子也不能萌发。

# 六、探究影响豌豆产量的因素

## 【活动设计依据】

《科学课标》中核心概念"生命的延续与进化"内容要求：3—4 年级"举例说出植物通常会经历由种子萌发成幼苗，再到开花、结出果实和种子的过程"；7—9 年级"说出种子萌发的过程和必要条件"。

学业要求：3—4 年级"能记录、整理和描述常见植物从生到死的生命过程"；"对植物的生命周期产生兴趣"；7—9 年级"探究环境因素对种子萌发的影响"。

《生物学课标》学习主题"植物的生活"中内容要求：重要概念为"绿色开花植物的生命周期包括种子萌发、生长、开花、结果与死亡等阶段"；次位概念为"种子包括种皮和胚等结构""种子萌发需要完整、有活力的胚，需要充足的空气、适宜的温度、适量的水等环境条件"。

## 【活动目的】

1. 了解种植豌豆及后期护理的方法；

2. 探究环境因素对豌豆生长发育的影响。

## 【材料用具】

豌豆种子、铁耙、锄头、洒水壶、各种肥料、其他植物的种子。

## 【活动过程】

（一）确定要研究的问题

1. 水分对豌豆生长发育的影响；

2. 无机盐对豌豆生长发育的影响；

3. 同种生物之间的影响（农民伯伯种植豌豆的株距一般为 20 厘米左右）；

4. 不同种生物之间的影响。

你想研究的问题是：

（二）根据研究的问题确定种植方案

你的种植方案为：

（三）种植活动

1.选择颗粒饱满的豌豆种子，浸种20小时，在种子开始萌动、露出胚根时，放在0~2℃低温中处理10天，这样可促进花芽分化，降低花序着生节位，提早开花结荚，增加产量（按照播种的时间提前做好这一步）。

2.根据土地的大小，把土地分成若干个菜畦，用铁耙把土刨松。

3.根据研究的问题及设计的种植方案，进行种植。用锄头刨5cm左右深度的坑，在坑中浇满水，待水浸到土壤中后，每个坑中放2粒已萌发的豌豆种子，用土盖好，微微压实土壤。

4.根据设计方案对不同的菜畦进行管理，并及时记录豌豆的生长状况。

要注意其生长温度不可过高，在20℃左右即可，并防治病虫，清除杂草，使其旺盛生长。

（四）观察记录结果

定期将种植植物的生长状况详细记录在下表中，记录内容包括生长发育情况，株高、叶片数量、大小、开花、结果情况、收获的种子的数量及质量等。

| 时间 | | | | | | | | | |
|------|---|---|---|---|---|---|---|---|---|
| 对照组 | | | | | | | | | |
| 实验组 | | | | | | | | | |

（五）结论

根据观察记录的结果，你得出的结论是什么？

【思考与讨论】

1.种子萌发时最先突破种皮的结构是什么？有什么意义？

2.种子萌发过程中是如何获得营养物质的？萌发以后又是如何获得营养物质的？

【知识拓展】

豌豆播种后要浅松土数次，以提高地温促进根生长、苗健壮。豌豆开花前，少浇水，追速效性氮肥，加速植株生长，促进分枝，随后松土保墒。茎部开始坐荚时，浇水量稍加大，并追磷、钾肥。结荚盛期土壤要经常保持润湿。

保证果荚发育所需水分。结荚后期，豆秧封垄，减少浇水。蔓性种植株高30厘米时，开始支架。豌豆分批采收，每采收1次追1次肥。

出苗后及时查苗补缺，中耕除草1~2次。高秆品种在春季气温回升后、植株开始伸长时，将带梢小竹或带分枝的树枝（去叶片）插在行间，以便豆株攀缘生长。

适时收获：根据食用方式决定收获时间。一般粒用豌豆于开花后15~18天子粒饱满时采收，干豌豆于70%~80%豆荚枯黄时收获，菜豌豆在开花后12~14天嫩荚现子不现粒时采收，豌豆苗在播后30天左右苗高18厘米时采顶端嫩梢。

【思考与讨论参考答案】

1.种子萌发时最先突破种皮的是胚根，可以更好地吸收水和无机盐。

2.种子萌发过程中由子叶提供营养物质（若是单子叶植物，由胚乳提供营养物质）；萌发后通过胚根发育成的根吸收水和无机盐，通过胚芽发育成的茎和叶进行光合作用合成有机物。

# 七、探究可以透过细胞膜的营养物质

## 【活动设计依据】

《科学课标》核心概念"生命系统的构成层次"内容要求：3—4年级"描述人体用于摄取养分的器官，列举保护这些器官的方法"；学业要求：3—4年级"描述人体用于摄取养分的器官"。

《生物学课标》学习主题"人体生理与健康"内容要求：重要概念"人体通过消化系统从外界获取生命活动所需的营养物质"之次位概念"消化系统由消化道和消化腺组成""消化系统能够将食物消化，并通过吸收将营养物质转运到血液中"。

学业要求："描述消化、循环、呼吸、泌尿、神经、内分泌等系统的构成和功能，初步形成结构与功能相适应的观念""能够设计简单的实验，探究有关人体生理与健康的问题"。

## 【活动目的】

利用小肠衣探究不同营养物质的透过性。

## 【材料用具】

小肠衣、清水、淀粉液、蛋清液、食用油、硫酸铜溶液、葡萄糖溶液、维生素C溶液、细线、烧杯、量筒、高锰酸钾溶液、蛋白检测试剂、碘液、脂肪检测试剂、葡萄糖试纸。

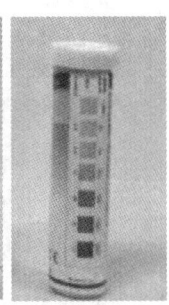

碘液　　　　　蛋白检测试剂　　　　　清水　　　葡萄糖试纸

### 三、活动过程

（一）探究水的透过性

1.写出你的设计方案

2.完成实验

| 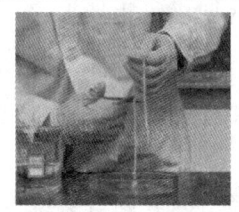 |  |  |
|---|---|---|
| 1.取小肠衣洗净，截取合适的长度备用。 | 2.将小肠衣一端挽起，打结。 | 3.打开小肠衣的开口端，向其灌入清水。 |
|  |  |  |
| 4.将小肠衣的开口端挽起，打结。 | 5.左右手各捏住小肠衣的两端，使其竖直悬空在干燥空烧杯的上方，静置几分钟。 | 6.观察小肠衣及烧杯的变化。（小肠衣中的清水不断向下滴，干燥的烧杯中出现少量清水） |

思考：

（1）小肠衣在竖直悬空的过程中有什么现象出现？

（2）干燥的烧杯中发生了什么变化？

（3）你能从中得到什么结论？

（二）探究无机盐的透过性

1.写出你的设计方案

2. 完成实验

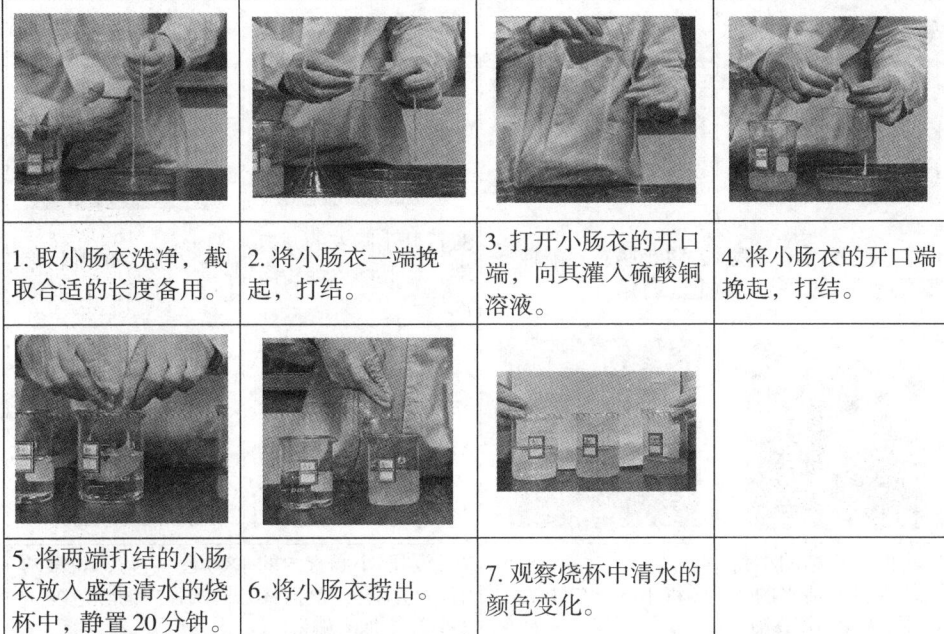

| | | | |
|---|---|---|---|
| 1. 取小肠衣洗净，截取合适的长度备用。 | 2. 将小肠衣一端挽起，打结。 | 3. 打开小肠衣的开口端，向其灌入硫酸铜溶液。 | 4. 将小肠衣的开口端挽起，打结。 |
| 5. 将两端打结的小肠衣放入盛有清水的烧杯中，静置20分钟。 | 6. 将小肠衣捞出。 | 7. 观察烧杯中清水的颜色变化。 | |

思考：

（1）硫酸铜溶液呈现蓝色，出现什么现象则证明铜离子透过了小肠衣？

（2）烧杯中的清水发生了什么变化？

（3）你能从中得到什么结论？

(三)探究淀粉的透过性

1.写出你的设计方案

2. 完成实验

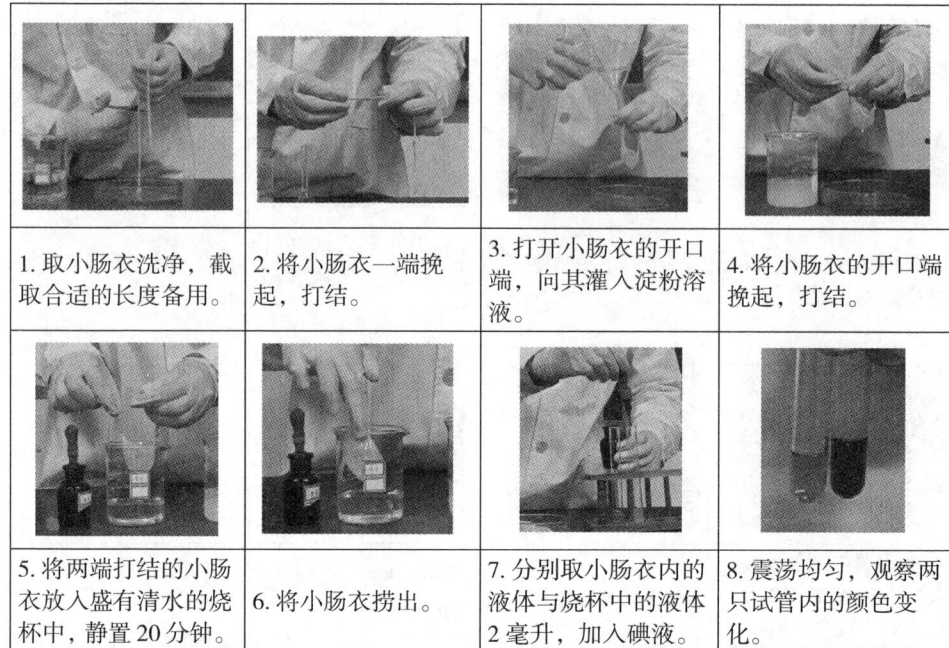

| | | | |
|---|---|---|---|
| 1. 取小肠衣洗净，截取合适的长度备用。 | 2. 将小肠衣一端挽起，打结。 | 3. 打开小肠衣的开口端，向其灌入淀粉溶液。 | 4. 将小肠衣的开口端挽起，打结。 |
| 5. 将两端打结的小肠衣放入盛有清水的烧杯中，静置20分钟。 | 6. 将小肠衣捞出。 | 7. 分别取小肠衣内的液体与烧杯中的液体2毫升，加入碘液。 | 8. 震荡均匀，观察两只试管内的颜色变化。 |

思考：

（1）已知淀粉溶液遇到碘液会变蓝，如何利用碘液检验淀粉溶液的透过性？

（2）小肠衣内的液体与烧杯中的液体遇到碘液之后分别呈现了怎样的现象？

（3）你能从中得出什么结论？

（四）探究蛋白质、脂肪、维生素、葡萄糖的透过性

蛋白质溶液遇蛋白质检测试剂会变紫色；脂肪遇脂肪检测试剂会分层；维生素 C 可使紫色的高锰酸钾溶液褪色；葡萄糖可以使葡萄糖试纸变色。

请同学们根据以上资料，参考前几种物质的探究步骤，自选一种物质设计实验进行透过性探究。

实验结果：下图分别为蛋白质、脂肪、维生素、葡萄糖的检验结果（左为肠衣内液体、右为烧杯内液体）。

 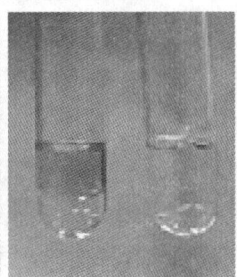 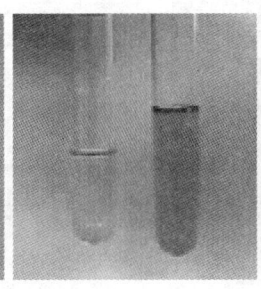 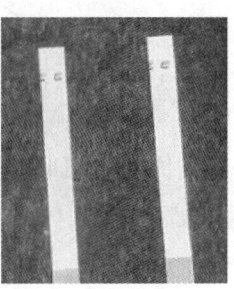

思考：它们分别呈现了怎样的现象？你能得到什么结论？

1. 请描述实验现象：

2. 你能得出什么结论？

**【知识拓展】**

细胞膜把细胞包裹起来，使细胞能够保持相对的稳定性，维持正常的生命活动。此外，细胞所必需的养分的吸收和代谢产物的排出都要通过细胞膜。所以，细胞膜的这种选择性的让某些分子进入或排出细胞的特性，叫做选择透过性。细胞膜对体内某些分子的选择透过性大致可分为以下三种情况：自由通过的有水分子；可以透过的有葡萄糖、氨基酸、尿素、氯离子等；不易透过的有蛋白质、钠、钾等。透过性的存在，对细胞内外水的移动、各种物质的交换、酸碱度和渗透压的维持，均有着重要的生理意义。在某些病理情况下（如过敏、创伤、烧伤、缺氧等），由于破坏了细胞膜的正常结构和功能，使其通透性增加，会发生组织水肿等反应。

细胞膜除了通过选择透过性来调节和控制细胞内、外的物质交换外，还能以"胞吞"和"胞吐"的方式，帮助细胞从外界环境中摄取小滴液体和捕获食物颗粒，供应细胞在生命活动中对营养物质的需求。细胞膜也能接收外界信号的刺激使细胞做出反应，从而调节细胞的生命活动。细胞膜不单是细胞的物理屏障，也是在细胞生命活动中有复杂功能的重要结构。

# 八、探究消化液中的消化酶

## 【活动设计依据】

《科学课标》核心概念"生命系统的构成层次"内容要求：3—4 年级"描述人体用于摄取养分的器官，列举保护这些器官的方法"；学业要求：3—4 年级"描述人体用于摄取养分的器官"。

《生物学课标》学习主题"人体生理与健康"内容要求：重要概念"人体通过消化系统从外界获取生命活动所需的营养物质"之次位概念"消化系统由消化道和消化腺组成""消化系统能够将食物消化，并通过吸收将营养物质转运到血液中"。

学业要求："描述消化、循环、呼吸、泌尿、神经、内分泌等系统的构成和功能，初步形成结构与功能相适应的观念""能够设计简单的实验，探究有关人体生理与健康的问题"。

## 【活动目的】

1. 通过实验探究唾液、胃液、肠液中消化酶的种类，知道各种消化酶的作用以及各种营养物质的消化场所；

2. 通过设计并完成实验，体会科学探究的一般过程。

## 【材料用具】

人的唾液、猪的胃、猪的小肠、淀粉液、蛋清液、花生油、淀粉酶、蛋白酶、脂肪酶、蛋白检测试剂、碘液、脂肪检测试剂。

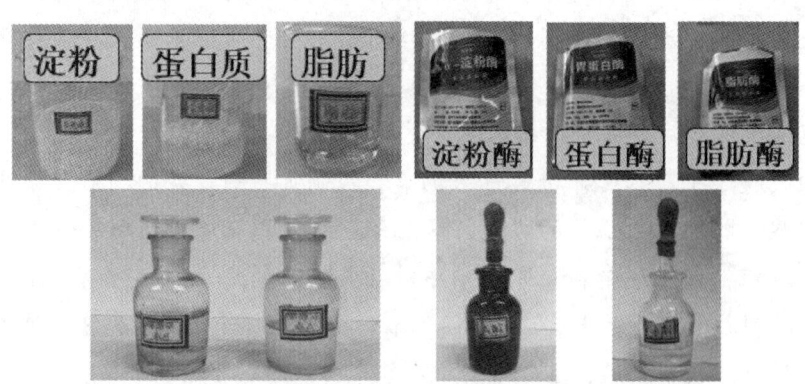

蛋白质检测试剂　　淀粉检测试剂　脂肪检测试剂

【活动过程】

（一）探究唾液中是否含有消化淀粉的酶

1.根据生活经验（馒头越嚼越甜）作出假设：唾液中含有分解淀粉的酶。

2.设计实验方案：请根据老师提供的材料用具，进行实验设计。

思考：（1）自变量是什么？因变量是什么？

（2）如何控制单一变量？

（3）如何控制干扰条件？

3.完成实验：

|  | 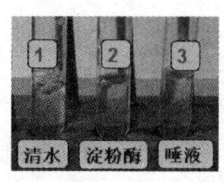 | 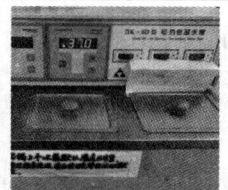 | 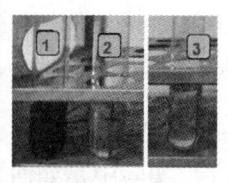 |
|---|---|---|---|
| 1.取3支试管并编号，加入等量淀粉液。 | 2.向3支试管中分别加入1毫升清水、淀粉酶、唾液。 | 3.在37℃水浴加热10分钟。 | 4.分别滴加碘液，震荡后观察现象。 |

4.描述实验现象，分析、得出实验结论。

思考：（1）1、2、3号试管分别出现什么现象？

（2）1号与3号试管对比说明什么？

（3）2号与3号试管对比说明什么？

（4）你能得出什么结论？

（二）探究唾液中是否含有消化蛋白质的酶

1.写出你的假设。

2.设计实验方案：写出或画出你的设计方案。

3. 完成实验：

|  |  | 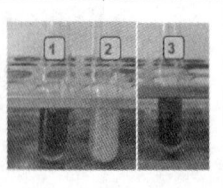 |  |
|---|---|---|---|
| 1. 取 3 支试管并编号，加入等量蛋清液。 | 2. 向 3 支蛋清液中分别加入 1 毫升清水、蛋白酶、唾液。 | 3. 在 37℃ 水浴加热 6 小时。 | 4. 分别滴加蛋白检验试剂，震荡后观察现象。 |

4. 描述实验现象，分析、得出实验结论

（1）实验现象是：


（2）得出的结论是：


分析与思考：

实验中是如何设计对照组和实验组的？


（三）探究唾液中是否含有消化脂肪的酶

1. 作出假设：


2. 设计实验方案：


3. 完成实验：

| 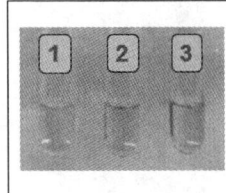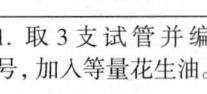 | 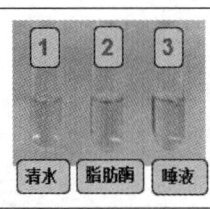 | 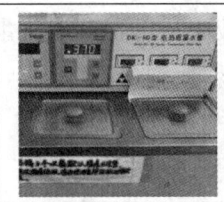 | 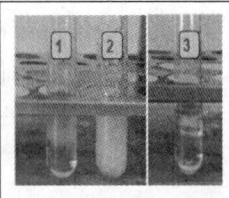 |
|---|---|---|---|
| 1. 取 3 支试管并编号，加入等量花生油。 | 2. 向 3 支试管中分别加入 1 毫升清水、脂肪酶、唾液。 | 3. 在 37℃ 水浴加热 10 小时。 | 4. 分别滴加脂肪检测试剂，震荡后观察现象。 |

4. 描述实验现象，分析、得出实验结论

（1）实验现象是：

（2）得出的结论是：

（四）探究胃液中是否含有淀粉酶、蛋白酶、脂肪酶

请参考唾液中消化酶种类的探究过程，设计实验方案探究胃液中消化酶的种类。

1. 作出假设：

2. 设计实验：

3. 完成实验：

4. 实验现象及结论

（1）实验现象是：

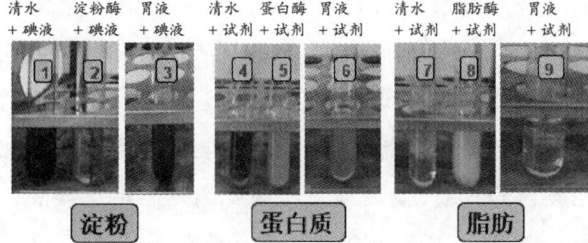

（2）得出的结论是：

（五）探究肠液中是否含有淀粉酶、蛋白酶、脂肪酶

1. 作出假设：

2. 设计实验：

3. 完成实验：

4. 实验观察及结论：

（1）实验现象是：

（2）得出的结论是：

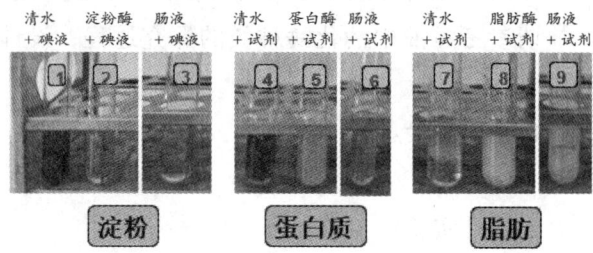

【思考与讨论】

根据实验，你认为消化酶有什么特点？

【知识拓展】

消化液是人体内对食物消化起作用的液体，包括唾液、胃酸、肠液、胰液、胆汁等。人每日由各种消化腺分泌的消化液总量达 6—8 升。分泌过程是由腺细胞主动活动的过程，它包括由血液内摄取原料、在细胞内合成分泌物，以及将分泌物由细胞内排出等一连串的复杂活动。腺细胞膜上往往存在着多种受体，不同的刺激物与相应的受体结合，可引起细胞内一系列的生化反应，最终导致分泌物的释放。消化液主要由有机物、离子和水组成。消化液的主要功能为：①稀释食物，使之与血浆的渗透压相等，以利于吸收；②改变消化腔内的 pH，使之适应于消化酶活性的需要；③水解复杂的食物成分，使之便于吸收；④通过分泌黏液、抗体和大量液体，保护消化道黏膜，防止物理性和化学性的损伤。

【思考与讨论参考答案】

消化酶具有专一性，一种酶只能消化一种或一类物质。

# 九、探究眼球成像原理

**【活动设计依据】**

《科学课标》核心概念"生命系统的构成层次"内容要求：1—2 年级"识别人的眼、耳、鼻、舌、皮肤等器官，列举这些器官的功能和保护方法"；7—9 年级"列举人体主要感觉器官的结构与功能"。

《生物学课标》学习主题"人体生理与健康"内容要求：次位概念"人体通过眼、耳等感觉器官获取外界信息，科学用眼和用耳能够保护眼和耳的健康"。

学业要求："描述眼和耳的结构与功能，阐明视觉和听觉的形成过程；学会科学用眼和用耳，保护眼和耳的健康"。

**【活动目的】**

通过对视网膜上成像原理的探究，能分析出眼球成像原理。

**【材料用具】**

光学实验箱：内含不同厚度的凸透镜（或水透镜）、光聚座、电子蜡烛、塑料屏等。

**【活动过程】**

（一）眼球的结构及光线通过的途径

结合右图写出外界光线到达视网膜所经过的结构。

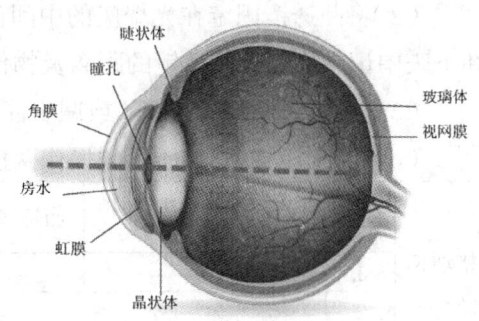

（二）探究凸透镜成像特点

1.探究：探究不同远近的物体的成像特点。

（1）将透镜固定在光聚座的中间位置，将电子蜡烛放到光聚座左边的位置，测量电子蜡烛的长度及电子蜡烛距离凸透镜的距离，并填在下表中。

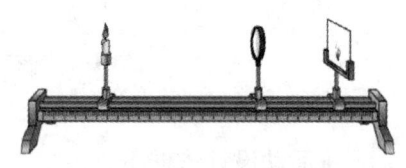

（2）前后移动塑料屏，直到物像清晰。在下表中记录物像距凸透镜的距离及物像的特点、长度。

（3）将电子蜡烛向凸透镜方向移动2厘米，移动塑料屏，直到物像清晰，将数据填在表中。

（4）继续步骤（3）所示的操作两次。

| | 实验次数 | 蜡烛与凸透镜距离（cm） | 凸透镜与屏幕距离（cm） | 物像特点及长度 |
|---|---|---|---|---|
| 蜡烛长度：_____ | 1 | | | |
| | 2 | | | |
| | 3 | | | |
| | 4 | | | |

根据实验数据，你得出的规律是：


2. 探究：探究不同厚度的凸透镜的成像特点

（1）将电子蜡烛放到光聚座左边的位置，测量出最厚的凸透镜的厚度（若用水透镜，则记录注入的水量），并填在下表中。

（2）将凸透镜固定在光聚座的中间位置。前后移动塑料屏，直到物像清晰。在下表中记录物像距凸透镜的距离及物像的特点、长度。

（3）换稍薄一些的透镜（或减少注水量），测出厚度，重复上述的操作。

（4）继续步骤（3）所示的操作两次。

| | 实验次数 | 透镜厚度（mm）（或注水量） | 凸透镜与屏幕距离（cm） | 物像特点及长度 |
|---|---|---|---|---|
| 蜡烛长度：_____ | 1 | | | |
| | 2 | | | |
| | 3 | | | |
| | 4 | | | |

根据实验数据，你得出的规律是：

（三）探究眼球成像的原理

1. 人眼球的成像原理与凸透镜成像原理相似，请推理电子蜡烛、凸透镜和塑料屏相当于人眼球成像的什么环节？

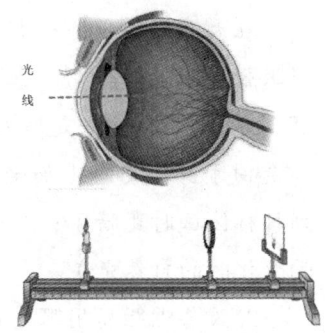

光线

2. 当我们看远近不同距离的物体时，你认为可以变化的结构是什么？调节变化的结构是什么？

3. 结合前面的实验结果推理：当物体由远及近进行变化时，晶状体的曲度会发生怎样的变化？

4. 请描述当看远、近不同的物体时，在视网膜上的成像过程。

5. 如果长时间看近距离的物体，晶状体的曲度会一直处于什么样的状态？如果一直保持这样的状态，看远处物体时，物像会落在什么位置？

【知识拓展】

在看不同距离、不同亮度的事物时，人眼有一定的自动调节能力，以使得在各种情况下，照在视网膜上的图像尽量清楚。青少年近视的本质是眼部肌肉的调节功能衰退了，导致远处的光线经过眼的屈光后，焦点落在视网膜前，不能在视网膜上形成清晰的像。可见，要预防近视，就必须避免眼部肌肉过度紧张从而导致其调节功能衰退。那么，如何避免过度用眼的情况呢？

1.合适的环境光线亮度

在大多数情况下，视力下降和光线不佳（太亮或太暗）有关，特别是在用眼强度很大的学习、工作和生活中环境光线照度不合适。光线不合适主要有三方面的原因：一是所处环境内的光线本身不合适（如太亮、太暗、眩光等）；二是由于身体姿态（如坐姿或头姿）不正确挡住光线，让本来合适的光线照到目标区域时变暗了；三是光线会快速变化（如早晚的阳光，多云天气或阴／雨变化时的自然光）。

2.改善近距离用眼姿势

近距离用眼姿势是影响近视眼发生率的另一个因素。近距离用眼时，身体应保持静止状态，坐姿端正，书本放在距眼睛30cm左右的地方。乘车、躺在床上或伏案歪头阅读等不良习惯都会增加眼的调节负担，增加眼外肌对眼球的压力，尤其是中小学生的眼球正处于发育阶段，长时间的不良用眼姿势容易引起眼球的发育异常，导致近视眼的形成。应端正看书写字的姿势，看书写字的姿势不端正，时间长容易压迫某一边的眼睛，引发假性近视。写字时，光线最好从左前方照到书本，以避免写字时光线被右手挡住。

看电视时注意高度应与视线相平；眼与电视的距离大于荧光屏对角线长的5—6倍，且室内应有一定的背景光。

3.缩短近距用眼时间

除病理因素外，大部分学生的视力下降是眼睛调节机能的减退。在不佳的环境光线下，长时间近距离用眼，是发生近视、近视加深的主要原因，应尽量避免。通常，近距离用眼时，隔45～50分钟休息10～15分钟，休息时应远眺。此外，如感觉眼睛不适，应立即休息。

4.增加户外活动

多一些户外的活动／运动，在促进血液循环的同时，眼睛会有更多的远眺时间，还可以帮助放松眼部肌肉／神经，其对视力保护作用不言自明。

5.减少蓝光辐射

手机、电脑、电视以及数码产品的LED屏幕中有高能蓝光，蓝光是一种穿透力很强的可见光，过长时间照射对人眼有害。正在发育中的青少年要尽量缩短看屏幕的时间，最好在屏幕上贴上防蓝光膜进行防护。

# 第四节　实践类活动方案

## 一、植物粘贴画的制作

**【活动设计依据】**

《科学课标》核心概念"生命系统的构成层次"学业要求：5—6 年级"能使用显微镜观察动物细胞和植物细胞的形态"；7—9 年级"能选择适当的观察工具观察各类生物；会制作简单的临时装片""认同观察工具的使用及发展对提高人类认识自然能力的作用"。

《生物学课标》学习主题"生物体的结构层次"学业要求："正确、规范地制作临时装片，使用显微镜进行观察"。

临时装片的制作离不开各种解剖器的使用，《科学课标》和《生物学课标》都没有对此提出要求，但是学生在进行临时装片制作及其他实验活动中常常用到的工具，是学生有必要掌握的操作技能。通过此活动提供解剖器操作技能的起点，为正确、规范地制作临时装片提供进阶基础。

**【活动目的】**

1. 能识别生物学常用的解剖器，说出其名称；

2. 能够规范地使用生物学常用的解剖器将植物材料做出规定的形状；

3. 能用做出的规定形状的植物材料制作出精美的植物粘贴画。

**【材料用具】**

解剖剪、解剖刀、解剖针、镊子；树叶、鲜花、植物的茎、胡萝卜等；胶水（或胶带）、直尺。

**【活动内容】**

1. 练习使用各种解剖器。下面是生物学常用的解剖器名称、使用方法与功能，请模仿图中的操作方法练一练。

| 解剖剪 | 解剖刀 | 解剖针 | 镊子 |
|---|---|---|---|
| 持剪刀时拇指和无名指分别插入两孔，食指扶剪轴。<br>用于剪断、剪开实验材料。 | 使用时多采用执笔式。<br>用于切开、割断、剥离实验材料。 | 执笔式。<br>用于分离、刺孔、探洞。 | 执笔式。<br>夹取、夹放实验材料。 |

2. 用正确的使用方法完成下面的内容：

①用解剖剪将叶片剪成 1 厘米 ×1 厘米的正方形和 3 厘米 ×1 厘米的长方形；

②用解剖刀将胡萝卜切成厚度为 2 毫米的圆；将茎切成厚度为 1 厘米的段。

③用解剖针在切下的胡萝卜上扎出自己的姓或名字；用解剖针在切下的茎上的横断面不同部位扎一扎，其中最软的部位是＿＿＿＿＿＿，较硬的部位是＿＿＿＿＿＿。

④用镊子将茎的表皮撕下。

3. 将上述做出的各种形状设计成一幅粘贴画粘贴在下边的方框内，根据需要可自行添加材料。

注意：不要用完整的叶片、花瓣等粘贴；在操作过程中，必须规范使用解剖器具，不要直接用手进行操作。

**【思考与讨论】**

解剖器不仅在生物学实验室中经常用到，在医院的手术室中也是常用的工具，请将解剖器与其功能进行连线。

解剖刀　　　　　　　分离纤维

解剖剪　　　　　　　剖腹产时切开腹部皮肤

解剖针　　　　　　　夹取缝制伤口的线

镊子　　　　　　　　剪断肌肉

**【知识拓展】**

解剖刀是用于解剖人体或动植物体的医用器械，也是解剖操作时使用的最多的器械。执刀姿势视切口大小、位置等不同而有指压式（又称操琴式或执弓式）、抓持式（或称捉刀式）、执笔式及反挑式（外向执笔式）等持法。

指压式为最常用的一种执刀方法，发挥腕和手指的力量，多用于腹部皮肤切开及切断钳夹的组织。

抓持式用于切割范围较广、用力较大的坚硬组织，如筋腱、坏死组织、慢性增生组织等，力量在手腕。

执笔式用以切割短小切口，用力轻柔而操作精细，如分离血管和神经以及切开腹膜小口等，动作和力量主要在手指。

反挑式的手法是刀刃由内向外挑开，以避免深部组织或器官损伤，如腹膜切开或挑开狭窄的腱鞘等。

**【思考与讨论参考答案】**

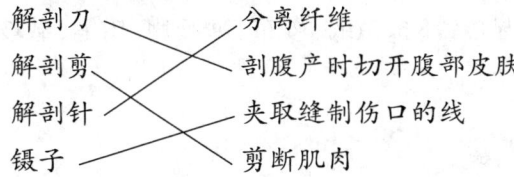

解剖刀　　　　　　　分离纤维

解剖剪　　　　　　　剖腹产时切开腹部皮肤

解剖针　　　　　　　夹取缝制伤口的线

镊子　　　　　　　　剪断肌肉

# 二、初识显微镜

**【活动设计依据】**

显微镜是中学生物学实验常用的观察工具，规范使用显微镜可以提高实验效率，保证实验效果。《科学课标》核心概念"生命系统的构成层次"内容要求：5—6年级"初步学会使用显微镜观察细胞，知道细胞是生物体的基本结构单位"；7—9年级"学会使用放大镜、显微镜等工具观察各类生物，感受观察工具的使用及其发展对提高人类认识自然的能力的作用。"

学业要求：5—6年级"能使用显微镜观察动物细胞和植物细胞的形态"；7—9年级"能选择适当的观察工具观察各类生物；会制作简单的临时装片""认同观察工具的使用及发展对提高人类认识自然能力的作用"。

《生物学课标》学习主题"生物体的结构层次"学业要求："正确、规范地制作临时装片，使用显微镜进行观察，能够针对观察结果中可能出现的成像不佳等情况，从材料制备、仪器设备、操作程序等方面初步分析原因"。

**【活动目的】**

1. 能说出普通光学显微镜和数码液晶显微镜各部位的名称和作用；

2. 能正确地操作普通光学显微镜，并较快地找到清晰的物像；

3. 能分析出显微镜的成像规律和移动规律。

**【材料用具】**

普通光学显微镜、数码液晶显微镜、擦镜纸、纱布、薄纸片、铅笔、载玻片、盛有清水的滴瓶。

**【活动过程】**

（一）认识显微镜

图1是生物实验室常用的普通显微镜，图2是数码液晶显微镜。对照图1和图2，认识显微镜的结构及各结构的功能。说一说：数码液晶显微镜与普通显微镜的区别。

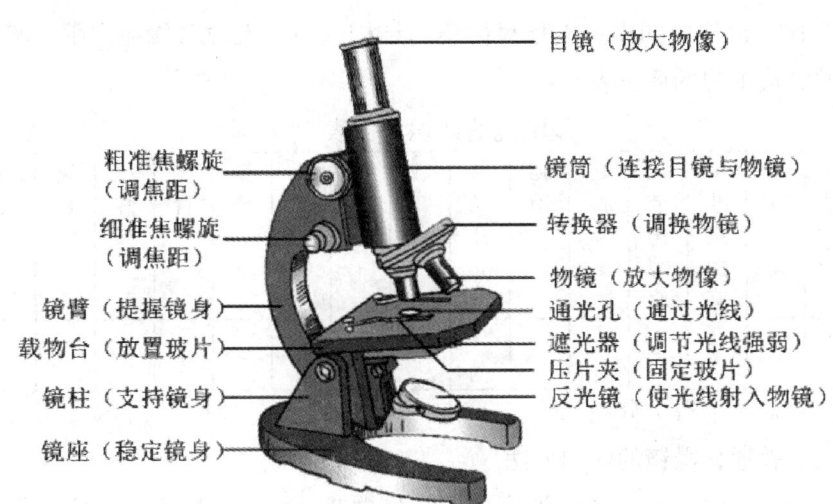

目镜（放大物像）

粗准焦螺旋（调焦距）

细准焦螺旋（调焦距）

镜臂（提握镜身）

载物台（放置玻片）

镜柱（支持镜身）

镜座（稳定镜身）

镜筒（连接目镜与物镜）

转换器（调换物镜）

物镜（放大物像）

通光孔（通过光线）

遮光器（调节光线强弱）

压片夹（固定玻片）

反光镜（使光线射入物镜）

图 1　普通显微镜

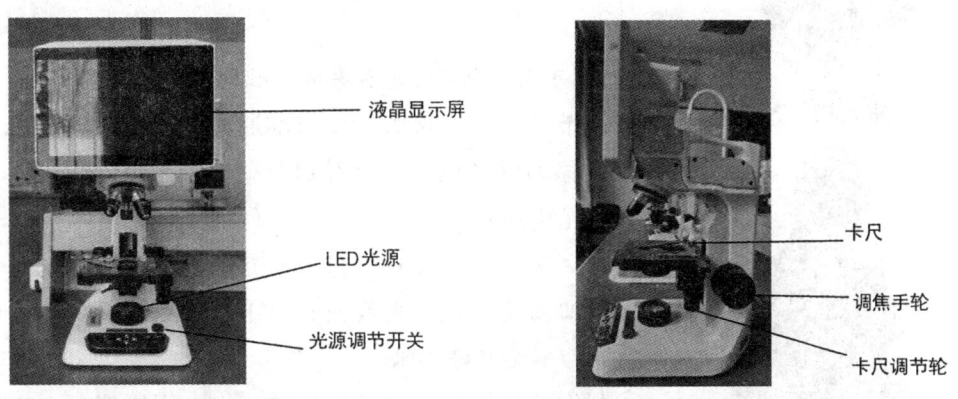

液晶显示屏

LED光源

光源调节开关

卡尺

调焦手轮

卡尺调节轮

图 2　数码液晶显微镜

比一比：记住后同桌一人指显微镜的结构，另一人说名称和作用，然后互换，并完成下边的评价表。

显微镜的认识评价表

| 名称 | 目镜 | 镜筒 | 粗准焦螺旋 | 细准焦螺旋 | 转换器 | 物镜 | 通光孔 | 载物台 | 遮光器 | 反光镜 | 镜座 | 镜臂 | 压片夹 | 镜柱 | 得分 |
|------|------|------|-----------|-----------|--------|------|--------|--------|--------|--------|------|------|--------|------|------|
| 对错 | | | | | | | | | | | | | | | |

注：每对1个得1分

（二）普通显微镜的使用方法

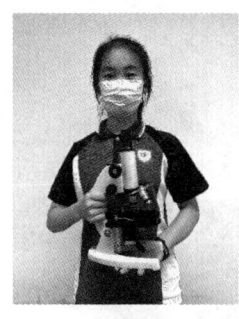

①提取安放：将显微镜从镜箱中取出时，应一只手握住镜臂，另一只手托住镜座。镜臂靠近身体安放在实验台略偏左的位置，镜座距实验台边缘约5厘米。

②转动转换器：转动转换器，使低倍物镜对准通光孔。

注意：不要掰镜头，更不要用手触摸镜头的镜片部分。

③调节光线：选最大光圈对准通光孔；左眼注视目镜，双手移动反光镜，直至看到明亮视野为止，并用遮光器调节光线强弱。

注意：反光镜不要对着强烈的直射光线；外界光线弱时，用凹面反光镜；光线强时用平面反光镜；观察时双眼睁开，不要只睁单眼。

④制作玻片标本：在薄纸片的正中央用铅笔写上自己的姓，载玻片的中央滴上一滴清水，将写有自己姓氏的薄纸片正着放到清水中展平，制成玻片标本。

⑤安放玻片：将玻片标本正着插入压片夹后部的空隙处，用双手将玻片轻缓前推，使标本正对通光孔。

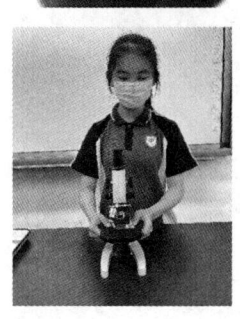

注意：不可硬掀压片夹；载物台要保持清洁。

⑥调焦观察：双眼注视物镜，旋转粗准焦螺旋使镜筒徐徐下降，直至物镜距玻片2~3毫米；再左眼看目镜，

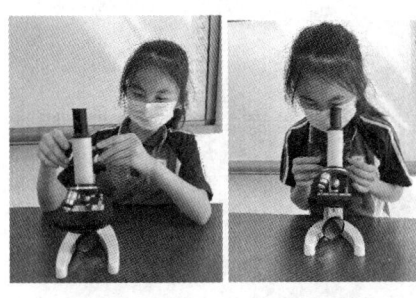

旋转粗准焦螺旋，使镜筒徐徐上升，直至看到物像，再通过细准焦螺旋微调，使物像清晰。

注意：严防镜头接触玻片，以免压碎玻片，划伤镜头；发现镜头有污物影响观察时，应用专用擦镜纸擦拭。

⑦移动玻片：用双手拇指和食指把住载玻片两端轻轻移动，使要观察的字移至视野中央。

试一试：当向左移动玻片时，物像_____移动；向下移动玻片时，物像_____移动，说明物像的移动方向与玻片标本的移动方向_____。

⑧观察玻片：在观察过程中思考以下问题_____。

a. 你看到的物像为_____，成像规律为_____，放大倍数为_____。

b. 若视野中有污点，污点可能的位置有_____、_____、_____。判断污点位置的方法为：①移动玻片标本，若污点跟着移动，说明污点在_____；②转动目镜，若污点跟着转动，说明污点在_____；③移动玻片标本和转动目镜，污点都没动，则说明污点在_____。

⑨复原放回：取下玻片，放回原处；用纱布擦拭载物台、镜筒、反光镜等；转动转换器，使物镜朝向前方；转动反光镜，使其竖立中央；旋转粗准焦螺旋，使镜筒降到最低点；将显微镜放回原处。

比一比：会操作后同桌一人完成全部操作过程，另一人监督，并完成下边的评价表。

显微镜的使用评价表

| 步骤 | 1. 提取安放 | 2. 转动转换器 | 3. 调节光线 | 4. 安放玻片 | 5. 调焦观察 | 6. 移动玻片 | 7. 观察结果：物像清晰完整，并在视野正中央 | 8. 复原放回 | 得分 |
|---|---|---|---|---|---|---|---|---|---|
| 对错 | | | | | | | | | |

注：每步对了得2分

**【思考与讨论】**

1. 显微镜的正确使用步骤是（　　）

①取镜和安放　②观察　③对光　④调细准焦螺旋　⑤安放玻片标本
⑥调粗准焦螺旋　⑦收镜

A. ①③②④⑥⑦⑤　　　　　　　B. ①③⑤⑥④②⑦

C. ①③②⑥④⑦⑤　　　　　　　D. ①③④②⑥⑤⑦

2. 使用显微镜进行观察的过程中，对光、下降镜筒和上升镜筒时，眼睛应分别注视（　　）

A. 反光镜、物镜、目镜　　　　　B. 物镜、目镜、物镜

C. 目镜、物镜、目镜　　　　　　D. 反光镜、物镜、物镜

3. 请根据显微镜的结构及使用等相关知识回答下列问题：

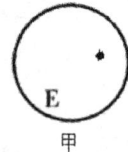   

甲　　　　　　乙　　　　　　丙　　　　　　丁

（1）要使视野从甲变为乙，应将玻片往_____方向移动到合适位置，再转动_____，使_____物镜对准通光孔。

（2）在视野中看到的物像是"E"，则在玻片上看到的字是_____。

（3）移动玻片和转动目镜，甲中污点均未动，说明污点在_____上。

（4）丙中视野太暗，为提高亮度，可以转动反光镜，选择_____面反光，或转动遮光器，使_____光圈对准通光孔。

（5）要使视野从丙变为丁，应转动_____螺旋。

**【知识拓展】**

显微镜是一种借助物理方法产生物体放大影像的仪器。最早发明于16世纪晚期，至今已有400多年的历史。现在它已经成为一种极为重要的科学仪器，广泛地用于生物、化学、物理、冶金、酿造等各种科研活动，对人类的发展做出了巨大而卓越的贡献。根据显微镜是否含有物镜、目镜，显微镜分为单式显微镜（只有一个透镜）和复式显微镜（有物镜和目镜）两类。

1. 单式显微镜的出现

早在公元前，我国人民就发展出了透镜制造技术，13 世纪，著名的马可波罗将中国的眼镜传入欧洲。他们学会了磨制眼镜的技术，年纪大的需要老花镜也就是凸透镜，人们很快发现凸透镜可以放大物体，于是一些人开始使用凸透镜来观察细小的物体，在科学研究中开始发挥它巨大的作用，凸透镜因其具有放大功能而被叫做放大镜，又称单式显微镜。

2. 第一个复式显微镜

单式显微镜的一个致命弱点是放大倍数不大，不能满足人们的观察需要。1595 年，荷兰的著名磨镜师詹森（Janssen）发明了第一个简陋的复式显微镜，物镜是一个只有一个凸面的单凸透镜，目镜是一个有两个凸面的双凸透镜。复式显微镜的发明，是科学史上的里程碑，人类从此开始认识微观世界。

3. 功能强大的电子显微镜

1933 年，德国人鲁斯卡（Ruska）设计制造了第一台电子显微镜，其性能远远超过了光学显微镜，后来经过人们的努力，电子显微镜的分辨率由最初的 500 纳米（百万分之五米）提高到现在的 1 埃（十亿分之一米），放大率已达到几十万倍以上，从上世纪 50 年代开始，研究者应用电子显微镜相继取得很多重要成就。可以说，电子显微镜的出现大大推动了人类的科学研究。

【思考与讨论参考答案】

1. B　2. C　3.（1）左下　转换器　高倍　（2）∃　（3）物镜　（4）凹大　（5）粗

# 三、制作酸奶

**【活动设计依据】**

《科学课标》核心概念"生命系统的构成层次"内容要求：5—6年级"列举生活中常见的微生物（如酵母菌、霉菌、病毒等）"；7—9年级"列举病毒、细菌和真菌的主要特点，举例说明它们与人类生活的关系"。学业要求：5—6年级"初步认识微生物及其对人类的影响"。

《生物学课标》学习主题"生物的多样性"内容要求的次位概念"有些微生物在食品生产、医药工业等方面得到广泛应用"。

学习主题"生物学与社会·跨学科实践"内容要求：重要概念"发酵食品的制作可以运用传统的发酵技术来完成；发酵食品的改良需要好的创意，运用多学科的知识和方法，从发酵的条件控制、装置的改进、食材的选择等方面不断尝试"。

本活动通过让学生亲自制作酸奶，为六至八年级的学生进行操作技能的进阶及了解酸奶发酵原理的进阶。

**【活动目的】**

通过酸奶的制作过程，体会乳酸菌给人类带来的好处。

**【材料用具】**

杯子

保鲜膜

白糖和勺子

纯牛奶

酸奶

酸奶机

【活动过程】

| | | |
|---|---|---|
|  |  |  |
| 1. 用开水浇洗器具，可以将容器上的细菌杀死，起到消毒作用。 | 2. 在每个杯子中加入适量白糖和纯牛奶。 | 3. 加入三勺买来的原味酸奶，搅拌均匀。 |
|  |  |  |
| 4. 拿保鲜膜和皮筋将杯口封住以创造密封的环境，防止杂菌污染。 | 5. 放在酸奶机内等待凝固。8小时左右，42℃。 | 6. 放入冰箱，10小时低温有助于增加酸奶的黏稠度。同时还能产生芳香物质。 |
|  | 7. 第二天从冰箱里拿出，依据自己的口味向酸奶里添加水果、干果、蜂蜜等。 | |

【思考与讨论】

不同的人喜好的口味不同，如果想要制作出偏酸一些的酸奶，可以采取哪些措施？

【知识拓展】

牛奶中 80% 以上都是水分，干物质只有 12% 左右。这样一种稀薄的乳浊液是怎么变成黏稠的半固体状的酸奶的呢？

奥秘就是乳酸菌，这类细菌能将牛奶中的乳糖作为生长与增殖的能量来源。在乳酸菌增殖过程中，乳酸菌产生的酶将乳糖转化成乳酸。乳酸菌发酵产生的酸使得牛奶 pH 降低，当 pH 降低到酪蛋白的等电点（pH = 4.6，蛋白质在等电点的时候溶解度最小，易发生沉淀）的时候，酪蛋白胶粒就会相互交联形成一个巨大的海绵状的酪蛋白网，水分都被吸收在这块"海绵"中。从外表看来，牛奶就像凝固了一样。在酸奶的发酵过程中还会产生乙醛、丙酮、乙醇等物质，它们赋予了酸奶独特的风味。酸奶中的蛋白质比牛奶更容易被消化和吸收，而且酸奶中的乳糖已被分解，所以乳糖不耐受的人喝酸奶不会有不适反应。除此以外，酸奶还有促进胃液分泌、提高食欲、加强消化的功效。

乳酸菌可以让牛奶变成酸奶，同时也能让泡菜变得酸爽，在不同的环境中乳酸菌创造了不同的美味。

【思考与讨论参考答案】

可以适当增加原味酸奶的量或者延长发酵时间，或者适当提高温度等。

# 四、制作辣白菜

【活动设计依据】

《科学课标》核心概念"生命系统的构成层次"内容要求：5—6 年级"列举生活中常见的微生物（如酵母菌、霉菌、病毒）"；7—9 年级"列举病毒、细菌和真菌的主要特点，举例说明它们与人类生活的关系"。学业要求：5—6 年级"初步认识微生物及其对人类的影响"。

《生物学课标》学习主题"生物的多样性"内容要求中次位概念"有些微生物在食品生产、医药工业等方面得到广泛应用"。

学习主题"生物学与社会·跨学科实践"内容要求：重要概念"发酵食品的制作可以运用传统的发酵技术来完成；发酵食品的改良需要好的创意，运用多学科的知识和方法，从发酵的条件控制、装置的改进、食材的选择等方面不断尝试"。

在酸奶制作的基础上，进行辣白菜的制作，进行操作技能的进阶及乳酸菌发酵原理的进阶。

【活动目的】

通过辣白菜的制作过程，进一步体会乳酸菌给人类带来的好处。

【材料用具】

白菜、姜、蒜、梨、苹果、干红辣椒粉、白糖、糯米粉、香葱、食盐、刀、盛辣白菜的容器、一次性手套、电磁炉等加热工具。

【活动过程】

1. 将白菜扒掉老叶、切掉根部，切成四瓣；

2. 将白菜的每部分撒上盐，腌制 1—2 小时后用流动的纯净水冲洗两遍，控干水分；

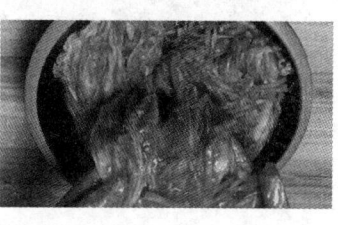

3. 将糯米粉加水调匀，用小火加热，不断地搅拌糯米糊，黏稠后加入白糖，搅拌均匀后放凉；

4. 将苹果、梨、蒜、姜切成碎末，倒入已经放凉的糯米糊中，加入辣椒粉，搅拌均匀；

5. 将搅拌好的调料涂抹在每一片白菜上，根部多抹一些；

6.将涂抹完的白菜密封起来，放到室温环境中，10天左右即可食用。

【思考与讨论】

辣白菜是一种朝鲜族的风俗发酵美食，特点是辣、脆、酸、甜，色白带红，其中的酸味是怎么来的？

【知识拓展】

细菌是一种单细胞生物体，是所有生物中数量最多的一类，细菌的个体非常小，绝大多数细菌的直径大小在0.5~5微米之间，目前已知最小的细菌只有0.2微米长，因此大多只能在显微镜下看到它们。细菌细胞的细胞壁非常像普通植物细胞的细胞壁，但细胞内没有叶绿素。细菌主要由细胞膜、细胞质、核糖体等部分构成，有的细菌还有荚膜、鞭毛、菌毛等特殊结构。并可根据形状分为三类，即：球菌、杆菌和螺旋菌（包括弧菌、螺菌、螺杆菌）。按细菌的生活方式来分类，分为两大类：自养菌和异养菌，其中异养菌包括腐生菌和寄生菌。按细菌对氧气的需求来分类，可分为需氧（完全需氧和微需氧）和厌氧（不完全厌氧、有氧耐受和完全厌氧）细菌。按细菌生存温度分类，可分为喜冷、常温和喜高温三类。

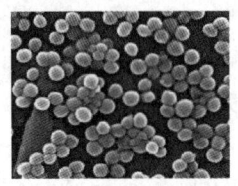 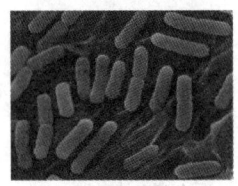 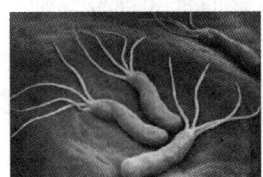

金黄色葡萄球菌　　　　　大肠杆菌　　　　　幽门螺旋菌

【思考与讨论参考答案】

蔬菜上会有乳酸菌，在密闭的环境中，乳酸菌利用白糖等营养物质，产生乳酸，使辣白菜呈现酸爽的口感。

# 五、培养和观察霉菌

**【活动设计依据】**

《科学课标》核心概念"生命系统的构成层次"在 5—6 年级的内容要求为"列举生活中常见的微生物（如酵母菌、霉菌、病毒）"，7—9 年级的内容要求为"列举病毒、细菌和真菌的主要特点，举例说明它们与人类的关系"；5—6 年级的学业要求为"初步认识微生物及其对人类的影响""能使用显微镜观察动物细胞和植物细胞的形态"；7—9 年级的学业要求为"能选择适当的观察工具观察各类生物；会制作简单的临时装片"。

《科学课标》核心概念"生命的延续与进化"在 7—9 年级的内容要求为"说出细菌、真菌的繁殖方式"。

《生物学课标》学习主题"生物的多样性"内容要求的次位概念为"微生物一般是指个体微小、结构简单的生物，主要包括病毒、细菌和真菌""真菌是单细胞或多细胞生物，有成形的细胞核"。

**【活动目的】**

1. 通过对青霉菌的培养，知道青霉菌广泛分布在空气中及其生存所需要的条件；

2. 通过对青霉菌的观察能说出青霉菌的结构及生殖特点。

**【材料用具】**

鸡精、水、镊子、显微镜、载玻片、盖玻片、量筒、小烧杯、培养皿等。

**【活动过程】**

1. 青霉菌的培养：取鸡精 2 克放入小烧杯中，加入 50 毫升水，煮沸，在温暖的室内放置 10 天左右。在液体表面的白色菌落上刚刚出现绿点时可以进行观察。

2. 制作临时装片：用镊子直接夹取 1 片白色上带绿点的菌膜，撕成 1 厘米 ×1 厘米的小块，菌膜表面朝上置于干净的载玻片上，无需滴入清水，直接盖上盖玻片，轻压盖玻片，使样品变得平整。取样后迅速用培养皿盖好烧杯，避免吸入大量孢子。

3.观察青霉菌：将临时装片放到载物台上，先用低倍物镜找到物像，将要观察的对象调整到视野正中央，再换成高倍镜进行观察。

（1）将看到的霉菌画到右边的方框内。

（2）青霉菌是_____细胞生物，其细胞结构有_____、_____、_____、_____等。其由菌丝构成，菌丝有两种，_____和_____。

（3）绿色的结构是青霉菌的_____，位于_____的末端，可以繁殖后代。

**【思考与讨论】**

在生活中经常会看到放久的水果、蔬菜、面包等会长霉，若是不小心吃了发霉的食物，容易引发中毒或致癌等，请写出防止食物发霉的具体措施。

**【知识拓展】**

青霉素又被称为青霉素G、peillin G、盘尼西林、配尼西林、青霉素钠、苄青霉素钠、青霉素钾、苄青霉素钾。青霉素是抗菌素的一种，是指从青霉菌培养液中提制的分子中含有青霉烷、能破坏细菌的细胞壁并在细菌细胞的繁殖期起杀菌作用的一类抗生素，是第一种能够治疗人类疾病的抗生素。1928年英国细菌学家弗莱明首先发现了世界上第一种抗

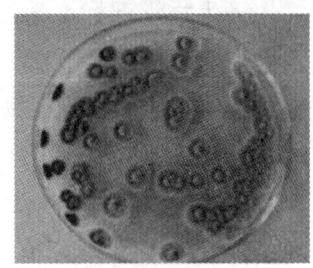

青霉菌

生素——青霉素，1941年前后英国牛津大学病理学家霍华德·弗洛里与生物化学家钱恩实现对青霉素的分离与纯化，并发现其对传染病的疗效。弗莱明、弗洛里、钱恩三人共同获得1945年诺贝尔奖。当前所用的抗生素大多数是从微生物培养液中提取的，有些抗生素已能人工合成。由于不同种类的抗生素的化学成分不一，因此它们对微生物的作用机理也很不相同，有些抑制蛋白质的合成，有些抑制核酸的合成，有些则抑制细胞壁的合成。

**【思考与讨论参考答案】**

1.保持食品干燥防止霉变：食品之所以会发生霉变，是因为潮湿导致，所以最简单直接的方法就是将食物里面的水分流失，可以采用暴晒、风干、烘干的方法。在梅雨天气的时候可以采用食品密封的方法，防止食品吸收空

气中的水分发生霉变。还有一种传统的方法，我们在平常食品包装袋中都见过一小袋一小袋的干燥剂，里面就是生石灰。所以我们也可以用这种方法来防止香菇、木耳、花生这些食品霉变，在平常生活中不要丢掉那些小袋的石灰粉，这时就有了很大的作用。

2.低温保存防止霉变：霉菌在低温下的繁殖速度减慢，不容易产生霉菌，所以在日常生活中我们经常把一些食物放在冰箱里，防止它坏掉烂掉。还有一种办法是通风，我们可以把有些食物放在通风的地方，比如干豆角之类的食品，放在通风的阳台防止霉变。平常拆开的零食之类的，如果吃不完要记得将口袋扎紧密封保存。

# 六、制作红酒

**【活动设计依据】**

《科学课标》核心概念"生命系统的构成层次"在5—6年级的内容要求为"列举生活中常见的微生物（如酵母菌、霉菌、病毒）"；7—9年级的内容要求为"列举病毒、细菌和真菌的主要特点，举例说明它们与人类的关系"；5—6年级的学业要求为"初步认识微生物及其对人类的影响"。

《科学课标》核心概念"生命的延续与进化"在7—9年级的内容要求为"说出细菌、真菌的繁殖方式"。

《生物学课标》学习主题"生物学与社会·跨学科实践"内容要求的次位概念为"发酵食品的制作可以运用传统的发酵技术来完成"。

通过本活动进行酵母菌发酵原理的进阶。

**【活动目的】**

通过红酒的制作过程，体会酵母菌的发酵原理。

**【材料用具】**

紫皮葡萄、白糖、广口瓶、清水、一次性手套、水盆、纱布或过滤网等。

**【活动过程】**

1. 将葡萄用清水冲洗干净后沥干；

2. 洗净双手，带上手套，用手将葡萄一个个捏碎后，将葡萄装入广口瓶中，按照葡萄和白糖6∶1的比例加入白糖，全部装完后搅拌均匀；

注意事项：在装瓶的时候，不要装得太满，最好在瓶中留出来三分之一的空间；瓶口不要拧得太紧。

学生自制红酒

3. 将广口瓶放到温暖的环境中发酵一周左右（若温度低，可延长发酵时间）；

4. 用纱布或过滤网将发酵好的葡萄酒进行过滤，过滤完成之后就可以直接饮用或装瓶保存。

【思考与讨论】

1. 装瓶的时候，为什么不能装得太满并且瓶口不能拧得太紧？

2. 放白糖的作用是什么？

3. 清洗葡萄时有什么建议？并说明理由。

【知识拓展】

有些人认为是保加利亚人首先开始酿造葡萄酒，因为在古代保加利亚人生活的地区，考古学家发现很多关于葡萄种植和酿造葡萄酒的痕迹。而有些人则认为葡萄酒最早起源于古埃及，因为在埃及的古墓中所发现的大量珍贵文物清楚地描绘了当时古埃及人栽培、采收葡萄和酿造葡萄酒的情景。最著名的是 Phtah Hotep 墓址，这座古墓距今已有 6000 年的历史，它是埃及十八代王朝时期的纳黑特（Nakht）古墓中的一幅壁画，这幅壁画栩栩如生地表述了古埃及的人们采摘和酿造葡萄的场景。

但最近考古研究发现葡萄酒的起源要比埃及壁画更早 1000 年，那就是在古波斯（今伊朗），考古学家在 20 世纪 90 年代于伊朗北部扎格罗斯山脉的一个石器时代晚期的村庄里，挖掘出的一个罐子证明，人类在距今

7000 多年前就已饮用葡萄酒，比以前考古所发现葡萄酒的起源时间都要早。

汉朝武帝年间，为了联合西域各国抵御凶悍的匈奴，汉武帝派遣张骞两次出使西域，当时的西域便

是如今的新疆西北部和伊朗等地。虽然出使没有达到联合西域诸国抗击匈奴的目的，不过从另一个层面上促进了西域各国与中国的商品贸易开端，其中葡萄酒便是从这个时候传入中国。古波斯（伊朗）便是现今较为被认可的葡萄酒发源地，而当时通过丝绸之路，传入中国的不仅是葡萄酒，更重要的是酿酒技术也一同传入到中国，因此到了唐朝才有了"葡萄美酒夜光杯"的场景。

随着历史的不断发展，罗马人学到了希腊人的葡萄酒酿造与栽培技术，于是开始在如今的法国等地开始酿造葡萄酒。经历了中世纪的黑暗，西方人渴望新的辉煌，于是便开始了大航海，大航海直接导致葡萄的酿造开始在全世界遍地开花：美洲、澳大利亚、南非等便从这个时候开始栽种酿酒葡萄与酿造葡萄酒。

**【思考与讨论参考答案】**

1. 酵母菌在发酵过程中会产生气体（二氧化碳），如果装得太满，会把瓶塞鼓起，引起杂菌污染。

2. 酵母菌发酵过程中会需要营养物质，加白糖是为了给酵母菌提供营养。

3. 酵母菌是葡萄自带的，清洗时不要将酵母菌洗掉，影响发酵效果。

# 七、蘑菇的培养与观察

【活动设计依据】

《科学课标》核心概念"生命系统的构成层次"在5—6年级的内容要求为"列举生活中常见的微生物（如酵母菌、霉菌、病毒）"；7—9年级的内容要求为"列举病毒、细菌和真菌的主要特点，举例说明它们与人类的关系"；5—6年级的学业要求为"初步认识微生物及其对人类的影响""能使用显微镜观察动物细胞和植物细胞的形态"；7—9年级的学业要求为"能选择适当的观察工具观察各类生物，会制作简单的临时装片"。

《科学课标》核心概念"生命的延续与进化"在7—9年级的内容要求为"说出细菌、真菌的繁殖方式"。

《生物学课标》学习主题"生物的多样性"内容要求的次位概念为"有些微生物在食品生产、医药等方面得到广泛应用"。

【活动目的】

1.通过对蘑菇的培养，能说出蘑菇的生长条件及生殖方式；

2.通过对生长到不同阶段的蘑菇的观察，能说出蘑菇的结构特点；

3.学会制作孢子印；

4.练习使用显微镜。

【材料用具】

香菇（或平菇、金针菇等）菌棒、彩纸片、解剖剪、培养皿、烧杯、显微镜、清水、镊子、盖玻片、载玻片、滴管、解剖盘、刀片。

【活动过程】

（一）蘑菇的培养

提前若干天买好菌棒，让学生进行培养。

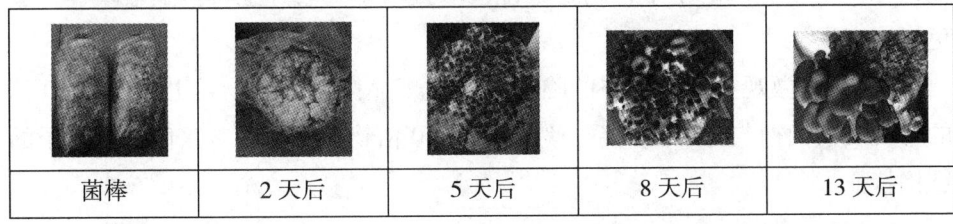

| 菌棒 | 2天后 | 5天后 | 8天后 | 13天后 |

在培养蘑菇的过程中，需要提供的环境条件有_____、_____。菌棒中能够长出蘑菇，是因为菌棒中有蘑菇的_____。

（二）不同阶段蘑菇的观察

1. 菌丝体微观形态结构观察

（1）菌丝临时装片的制作：取一载玻片，滴一滴清水于载玻片中央，用解剖针挑取少量菌棒上的白色菌丝于载玻片上，用解剖针将菌丝拔散。盖上盖玻片，避免气泡产生。

（2）显微观察：将装片置于显微镜的载物台上，先用 10 倍的物镜观察菌丝的分支状态，然后转到 40 倍物镜下仔细观察菌丝的细胞结构等特征。

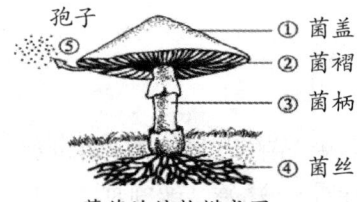

菌丝

描述菌丝的分支特点：蘑菇菌丝的细胞结构与前边观察过的_____结构最接近，都有_____、_____、_____和_____等结构。

2. 子实体形态结构观察

（1）将培养一段时间，长出的蘑菇与下图对比观察，找到各部位。

同桌两人互考结构名称。其中能够吸收营养物质的结构是_____，可以进行繁殖的结构是_____。

孢子 ⑤
① 菌盖
② 菌褶
③ 菌柄
④ 菌丝

蘑菇的结构模式图

（2）菌褶切片的制作：取一载玻片，滴一滴清水于载玻片中央，取一片蘑菇菌褶置于解剖盘中，左手用镊子固定，右手持刀片，横切菌褶若干薄片使其漂浮于培养皿的水中，用解剖针挑取菌褶于载玻片上，盖上盖玻片，避免气泡产生。

（3）显微观察：将制好的临时装片置于显微镜的载物台上，先用 10 倍的物镜观察菌褶与孢子的关系，然后转到 40 倍物镜下仔细观察菌褶与孢子的结构特征。

菌褶是由_____构成，成熟的菌褶上有大量的_____。

3.制作孢子印

取一个新鲜的蘑菇，用解剖剪将菌柄去除，放于铺有彩纸的培养皿上，菌柄一侧朝下，将烧杯倒扣在菌盖上，经过一昼夜后，打开烧杯，取走菌盖。

你看到的现象是：_____。

**【思考与讨论】**

蘑菇是_____细胞生物，其细胞结构与植物细胞、动物细胞和酵母菌细胞相同点是都有_____、_____、_____，与植物细胞还具有的相同点是有_____，但细胞质中没有_____，营养方式为_____。其细胞结构与营养方式与前面观察过的_____相同，故都属于真菌。

**【知识拓展】**

真菌通常又分为三类，即酵母菌、霉菌和蕈菌（大型真菌），常见的大型真菌有香菇、草菇、金针菇、双孢蘑菇、平菇、木耳、银耳、竹荪、羊肚菌等。它们既是一类重要的菌类蔬菜，又是食品和制药工业的重要资源。

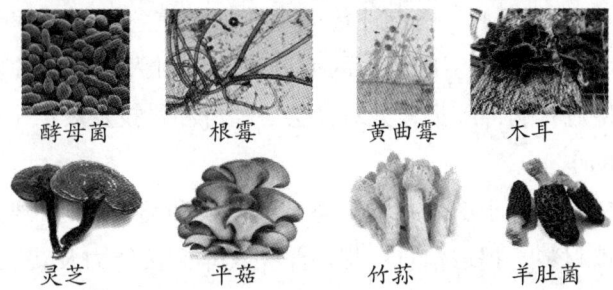

酵母菌　　　根霉　　　黄曲霉　　　木耳

灵芝　　　平菇　　　竹荪　　　羊肚菌

真菌的细胞有含甲壳素（又叫几丁质、壳多糖）为主要成分的细胞壁，和植物的细胞壁主要是由纤维素组成的不同。细胞既不含叶绿体，也没有质体，是典型异养生物。它们从动物、植物的活体、死体和它们的排泄物，以及断枝、落叶和土壤腐殖质中来吸收和分解其中的有机物，作为自己的营养。真菌的异养方式有寄生和腐生。

**【思考与讨论参考答案】**

多　细胞膜　细胞质　细胞核　细胞壁　叶绿体　异养　酵母菌

# 八、了解病毒

**【活动设计依据】**

《科学课标》核心概念"生命系统的构成层次"在5—6年级的内容要求为"列举生活中常见的微生物（如酵母菌、霉菌、病毒）"；7—9年级的内容要求为"列举病毒、细菌和真菌的主要特点，举例说明它们与人类的关系"；5—6年级的学业要求为"初步认识微生物及其对人类的影响"。

《科学课标》核心概念"生物与环境的相互关系"内容要求7—9年级"阐明传染病的特点，以及病毒、细菌等病原体及其传播环节和预防措施"；核心概念"生命的延续与进化"在7—9年级的内容要求为"描述病毒的增殖"。

《生物学课标》学习主题"生物的多样性"内容要求的次位概念为"病毒无细胞结构，需要在活细胞内完成增殖"；学习主题"人体生理与健康"内容要求的次位概念为"常见的寄生虫病（如血吸虫病、肠道蠕虫病等）、细菌性传染病（如淋病）、病毒性传染病（如严重急性呼吸综合征、新型冠状病毒肺炎、艾滋病、乙型肝炎、丙型肝炎等）对人体健康的威胁""某些传染病，如新型冠状病毒肺炎，会对社会、经济和科技发展产生严重影响"。

**【活动目的】**

1. 通过查阅资料，了解病毒的形态、结构、种类以及与人类的关系等；

2. 通过阅读材料、提取信息，提高学生文本阅读能力及获取信息能力。

**【活动过程】**

（一）在网站主页上输入"病毒"，搜索百科，根据百度百科中有关病毒的介绍完成下列问题：

1. 病毒很小，需要借助于_____显微镜才能看到。

2. 病毒的形态多种多样，有_____、_____、_____等。

3. 病毒的结构：只有_____和_____组成。因此病毒_____（能／不能）独立生活，必

—— 蛋白质
—— 核　酸

病毒的结构

须生活在_____细胞内，完全依赖宿主细胞的能量和代谢系统，获取生命活动所需要的物质和能量。离开宿主细胞，它只是一个大化学_____，停止活动，为一个_____生命体，遇到宿主细胞，它会通过_____、进入、_____、装配、释放子代病毒而显示典型的生命体特征，所以病毒是介于生物与非生物的一种原始生命体。

4. 病毒与其他生物一样，具有_____、_____、_____的能力。

5. 病毒的分类：从遗传物质的角度，可以分为_____病毒、_____病毒、_____病毒（如朊病毒）；从寄主类型的角度，可以分为_____病毒（噬菌体）、_____病毒（如烟草花叶病毒）、_____病毒（如禽流感病毒）。

噬菌体　　　　　　烟草花叶病毒　　　　　　禽流感病毒

6. 你还听说过的病毒有_____。

（二）病毒发现史

查阅资料，完成下列内容：

19世纪末叶，由于烟草种植业的蓬勃发展，人们对严重危害烟草生长的_____病进行了大量研究。科学家发现，把患病的烟草叶片汁液注射到_____的叶脉中，结果大多数健康植株严重染病，从而首先证明了烟草花叶病是一种传染性疾病，能够从病株移到健康植株上。

进一步的研究发现烟草花叶病的致病因子能通过当时各类细菌所不能通过的_____。科学家拜耶林克在试验后指出，引起烟草花叶病的致病因子是一种不能用普通显微镜看到，而能够通过最细微的滤膜，并且只能在活的植物体组织中繁殖的有机体，取名为"_____"。

1939年，德国科学家考施第一次在_____下观察到烟草花叶病毒的形状。自此，病毒学取得了长足进展，并在生物医学和分子生物学研究中占据了独特的地位。

（三）病毒与人类的关系

查阅资料，写出病毒对人类有益及有害的影响。

有害：_____

有益：_____

【思考与讨论】

如何预防病毒性疾病？

【拓展活动】

查阅有关新冠病毒的资料，制作一张控制新冠病毒传播的宣传小报。

【知识拓展】

因 2019 年在武汉发现病毒性肺炎病例，2020 年 1 月 12 日该病毒被世界卫生组织暂命名为"2019-nCoV"。2 月 11 日在日内瓦，世卫组织总干事谭德塞在记者会上宣布，将新型冠状病毒（2019-nCoV）引发的疾病正式命名为：COVID-19，即 Corona Virus Disease 2019（英文名为 Novel coronavirus pneumonia, 简称 NCP）。其名称解释为：CO 代表冠状（Corona）， VI 代表病毒（Virus）， D 代表疾病（Disease）， 19 则因为疾病爆发于 2019 年。与此同时，国际病毒分类委员会声明，将新型冠状病毒命名为"SARS-CoV-2"（Severe Acute Respiratory Syndrome Coronavirus 2）；并认定这种病毒是 SARS 冠状病毒的姊妹病毒。

2020 年 2 月 21 日，国家卫生健康委发布了关于修订新型冠状病毒肺炎英文命名事宜的通知，决定将"新型冠状病毒肺炎"英文名称修订为"COVID-19"，与世界卫生组织命名保持一致，中文名称保持不变。

德尔塔（Delta），是新冠病毒变异毒株，最早于 2020 年 10 月在印度发现。2021 年 5 月，世卫组织将最早在印度发现的新冠病毒变异毒株 B.1.617.2 命名为"德尔塔"变体。该变体被确定为印度第二波疫情的驱动因素之一。

　　奥密克戎（Omicron，编号 B.1.1.529），2019 新型冠状病毒变种。最早于 2021 年 11 月 9 日在南非首次检测到。2021 年 11 月 26 日，世界卫生组织将其定义为第五种"关切变异株"，取名希腊字母 Omicron 变异株。11 月 29 日，世卫组织称，新冠病毒奥密克戎变异毒株在全球总体风险评估为"非常高"，可能在世界广泛传播。

　　【思考与讨论参考答案】

　　（1）养成良好的生活卫生情况，勤洗手、勤刷牙、勤清洁。

　　（2）加强锻炼，增强免疫力。

　　（3）避免经常出入人群密集场所，出入人群密集场所戴好口罩、手套等。

　　（4）保证充足的睡眠，生活有规律。

　　（5）免疫力低下人群做好免疫预防，接种减毒活病毒疫苗及灭活病毒疫苗、免疫球蛋白等。

# 九、给校园中的植物设计"身份证"

## 【活动设计依据】

《科学课标》核心概念"生命系统的构成层次"内容要求：1—2 年级"说出周围常见植物的名称及特征"；3—4 年级"根据某些特征，对动物进行分类""说出植物的某些共同特征"；7—9 年级"对常见植物进行简单的二歧分类；说出生物分类的方法和分类等级；学会使用简单的检索表，并练习编制简单的检索表"。

学业要求：1—2 年级"能结合动物和植物的外部特征，比较动物和植物的异同"；3—4 年级"能根据某些特征，对动物进行分类；能概括植物的某些特征"。

《生物学课标》学习主题"生物的多样性"内容要求的重要概念"对生物进行科学分类需要以生物的特征为依据"之次位概念"根据生物的形态结构、生理功能以及繁殖方式等，可以将生物分为不同的类群"。学业要求："对于给定的一组生物，尝试根据一定的特征对其进行分类"。

## 【活动目的】

1. 通过对校园中植物的观察、分类，了解分类的基本方法；

2. 通过给植物设计"身份证"树立热爱自然、保护环境的意识。

## 【活动过程】

1. 调查校园中的植物，并根据植物的形态结构等特点对这些植物进行分类，要求：

（1）给每种植物拍照，并编号；

（2）确定一个标准，将发现的校园植物分成两类，在每一类下，再确定新的标准将其分为两类，继续确定新的分类标准，直到不能再分为止（参考下图）。

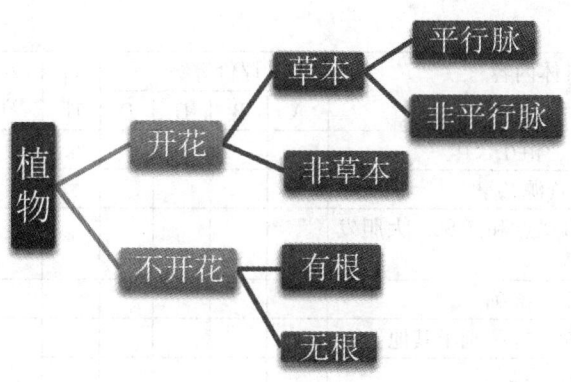

对植物进行分类评价表

| 评价项目 | 具体内容 | 评价等级 | | | | 自评 | 小组评价 | 教师评价 |
|---|---|---|---|---|---|---|---|---|
| | | A | B | C | D | | | |
| 情感态度 | 积极参与活动，自觉遵守纪律 | | | | | | | |
| | 善于观察、主动提出问题、建议 | | | | | | | |
| | 不怕困难、有探索精神 | | | | | | | |
| 合作交流 | 主动和同学配合、相互合作 | | | | | | | |
| | 乐于帮助同学、资源共享 | | | | | | | |
| | 认真倾听同学的观点和意见，大胆发表个人意见 | | | | | | | |
| 实践成果 | 分类标准科学、准确 | | | | | | | |
| | 植物种类全面 | | | | | | | |
| | 画面清晰、美观 | | | | | | | |

2. 给植物设计身份证。选择其中的一种植物，给其设计一张"身份证"，"身份证"中至少包含名称、能区别于其他植物的主要特征等信息。

3. 展示、评价、交流。展示自己的作品，并进行自评、互评和教师评价。

为植物设计"身份证"评价表

| 评价项目 | 具体内容 | 评价等级 | | | | 自评 | 小组评价 | 教师评价 |
|---|---|---|---|---|---|---|---|---|
| | | A | B | C | D | | | |
| 情感态度 | 积极参与活动，自觉遵守纪律 | | | | | | | |
| | 善于观察、主动提出问题、建议 | | | | | | | |
| | 不怕困难、有探索精神 | | | | | | | |

续表

| 评价项目 | 具体内容 | 评价等级 | | | | 自评 | 小组评价 | 教师评价 |
|---|---|---|---|---|---|---|---|---|
| | | A | B | C | D | | | |
| 合作交流 | 主动和同学配合、相互合作 | | | | | | | |
| | 乐于帮助同学、资源共享 | | | | | | | |
| | 认真倾听同学的观点和意见，大胆发表个人意见 | | | | | | | |
| 实践成果 | "身份"信息科学、准确 | | | | | | | |
| | "身份"信息全面、能区别于其他生物 | | | | | | | |
| | 画面清晰、美观、有创意 | | | | | | | |

【知识拓展】

## 果实类型

果实类型主要分为三大类，分别为：单果、聚花果、聚合果。

1. 单果：单果指的是一朵花中只由一个雌蕊发育而成的果实，单果又可分为肉质果以及干果。肉质果成熟之后肉质多汁，又可分为浆果、核果、柑果、瓠果以及梨果。干果成熟之后果皮干燥，又可分为荚果、角果、蒴果、颖果、翅果、坚果、分果、瘦果、菁荚果这几种。

2. 聚花果：聚花果指的是整个花序发育而成的果实。例如桑葚、凤梨、无花果等。

3. 聚合果：聚合果指的是由花内若干离生雌蕊聚生在花托上发育而来的果实。每一离生的雌蕊就会形成一个单果。根据聚合果的种类又可分为聚合瘦果，例如草莓；聚合核果，例如悬钩子；聚合菁荚果，例如八角；聚合坚果，例如莲。

# 十、扦插与嫁接

**【活动设计依据】**

《科学课标》核心概念"生命的延续与进化"内容要求：3—4 年级"描述有的植物通过根、茎、叶等繁殖后代"；7—9 年级"知道枝条和叶都是由叶芽发育而来的"。

学业要求：3—4 年级"认识生物通过生殖、发育和遗传实现生命的延续"；7—9 年级"尝试开展扦插或嫁接等活动"。

《生物学课标》学习主题"植物的生活"内容要求的次位概念"植物可以通过扦插、嫁接、组织培养等无性生殖的方式繁殖后代"。学习主题"生物学与社会·跨学科实践"内容要求的重要概念"探究影响扦插植物成活的生物和非生物因素"。

**【活动目的】**

掌握扦插及嫁接的方法。

**【材料用具】**

月季、蟹爪兰、虎皮兰、绿萝、解剖剪、解剖刀（或枝条剪）、生根粉、花盆、土。

**【活动过程】**

（一）扦插

1. 虎皮兰

①选择健壮厚实的虎皮兰叶子，从底部剪下来，再把叶片切成 5~8 厘米的一段段。

②将切好的几段虎尾兰的叶子放在通风处稍微晾一个小时，可以涂一些生根粉会更好。

③准备好一些疏松、肥沃和排水良好的土壤，浇透水。之后将叶片朝下那段插到土壤中 2~3 厘米左右。

④扦插后，放到通风位置，暂时不要晒太阳，也不要淋雨。每天喷水保持微微湿润，大概一个月就能生根。

2. 月季

①选择健康没有病虫害的一年生枝条，将每一段茎剪成6~12厘米。枝条剪成斜角切口，有利增加生根的面积，底部的叶子全部摘掉，顶部留 2~3 片叶子。修剪的时候小心月季枝条的刺。

②枝条在扦插之前在生根溶液中浸泡一下，或者沾一点生根粉，再将月季插进湿润的细砂中。

③把这些枝条插好后，用透明的塑料薄膜罩住，这样可以减少水分的蒸发，不用密封得太严。

④平时适当喷水保湿，养在遮阴温暖处，半个月左右就会生出小根，等长出 4~6 厘米左右新芽时分别移栽到花盆中养护。

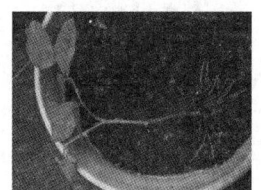

3. 蟹爪兰

①选择 3~7 节左右健康饱满的枝条，尽量避免那些老化的枝条，成活率会高很多。

②可以放在阴凉处晾置 1~3 天，让伤口干燥。也可以在截断的断面涂上生根粉。

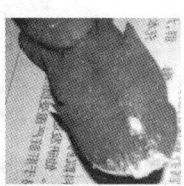

③选择比较肥沃的腐叶土、泥炭、粗沙的混合土壤，排水性良好的花盆。将晾好的枝条插入泥土里面，大概 2~3 厘米深，适当浇水。

④扦插好的盆栽放置在散光照射的通风处，保持土壤湿润。大概 6~8 周，

枝条就会生根。根系长到 2~3 厘米左右，就能移植到大盆里面。

4.绿萝

①剪一段枝条，45 度斜截成小段，每个枝条都要有 1 个芽点，可带 1~3 片叶子，也可不带。

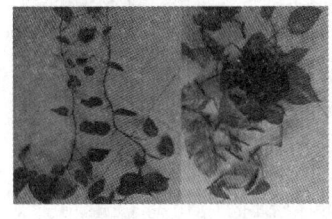

②准备泥炭土和珍珠岩，把绿萝枝条插上一圈，浇透水。盆面盖好塑料薄膜，每天傍晚打开透透气、喷点水。放置在阴凉有散射光下的位置即可。

③2 周后，绿萝的根就长出很多了，就可以给它晒晒太阳。生根后可以不用移栽，直接放盆里就可以。

（二）嫁接

|  |  |  |
| --- | --- | --- |
| 嫁接的月季 | 火龙果嫁接蟹爪兰 | 嫁接的长寿花 |

1.利用仙人掌嫁接蟹爪兰

（1）处理嫁接枝条

选择健康饱满的蟹爪兰枝条，保留 2~3 节叶片的长度即可，用于嫁接的叶片靠近生长点的一端用锋利的刀削去少许表皮，露出肉质部即可。将处理好的枝条放置于通风良好的散射光环境下，促进伤口愈合。

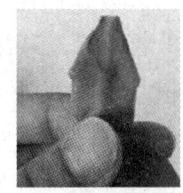

（2）处理嫁接砧木

将仙人掌顶端用锋利的刀削去 2~3 厘米，露出平整的肉质部，再用锋利的刀，刻出几条 2 厘米左右深度的凹槽，将处理好的枝条保持一定距离嵌入其中即可。

（3）固定伤口

嫁接操作完成后，用夹子夹住，将伤口固定好，确保枝条牢固地贴合在仙人掌的肉里。

（4）嫁接后的养护

嫁接完成后，需要放置于光线明亮的散射光环境下，避免伤口松动和沾水。大约 15~20 天左右，枝条渐渐变得不再干瘪，慢慢直立起来就证明嫁接成活了。继续养护一段时间后，即可松掉夹子，正常打理了。

除了仙人掌，叶仙、量天尺、仙人球等其他仙人掌科植物也可嫁接蟹爪兰，方法大同小异。成功的关键主要是枝条和砧木要处理正确，再将伤口贴合和固定好，基本都能成功！

2. 月季嫁接

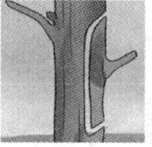

（1）嵌芽接：在砧木距地面 4 至 6 厘米的向阳面用刀片，按 30° 至 40° 斜角切下长 1 至 2 厘米的盾形切口。然后用同样方法、同样大小在穗条上选取充实饱满的接芽嵌入已切好的砧木切口上，用弹性及宽度适中的白色塑料带自下而上环环压边绑缚牢固，松紧要适度。将接芽嵌入切口时形成层要尽量最大面积地对准，做到不露砧木的木质部。

（2）T 字形芽接：T 字形芽接同样是目前月季嫁接生产的流行方法。

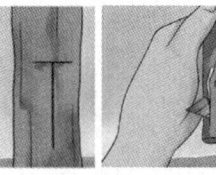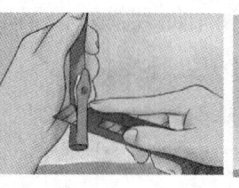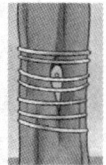

用短刀在砧木距地面 4 至 6 厘米的无分枝向阳面处横切一刀，约 5 至 8 毫米宽，其深度刚及木质部，再于横切口中部下竖直切一刀，约 1.5 至 2 厘米长，使皮层形成 T 字形开口。将穗条从母株上剪下，去叶片留叶柄，选择充实饱满的接芽，用利刀在其上方约 0.5 厘米处横切一刀深入木质部约 3 毫米，再用刀从接芽下方约 0.5 厘米刚及木质部向上推削至接芽上方的切口为止。用刀挑开砧木 T 字形切口的皮层，将接芽植入切口内，植入后要进行微调，将接芽的横切口与砧木的横切口对齐而不能暴露砧木形成层，一次性就位最为理想。接芽放妥后即用塑料带绑缚，绑缚时必须露出接芽。

**【知识拓展】**

木质茎的木质部（枝条断面内侧颜色最浅的部分）与韧皮部之间一层仅有一两层细胞的"薄膜"——形成层（见下图），肉眼无法看见。对齐形成层是一切嫁接成活的首要条件！理论上接穗和砧木的形成层相贴面积越大成活概率越高。

嫁接中成活的关键：砧木和接穗的形成层接触，还有保湿、保温、防晒、防感染等外部条件。按照接穗的种类，可以分为枝接和芽接。

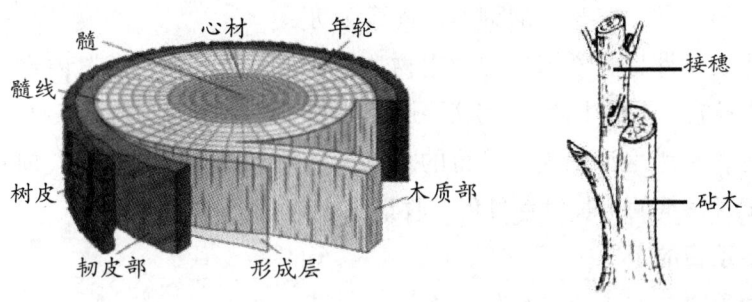

# 十一、养殖家蚕

**【活动设计依据】**

《科学课标》核心概念"生命的延续与进化"内容要求：3—4 年级"举例说出动物从生到死的生命过程""描述和比较胎生和卵生动物的繁殖方式"；7—9 年级"说出昆虫的生殖方式和发育过程"。

学业要求：3—4 年级"对饲养动物以及观察动植物的生命周期产生兴趣"；7—9 年级"尝试开展饲养家蚕等活动"。

《生物学课标》学习主题"生物学与社会·跨学科实践"内容要求的次位概念"根据家蚕的生活史、生活习性、食性、生活所需的环境条件（如温度、湿度）等，利用生活中简单易得的材料设计并制作恰当的装置，饲养家蚕。观察和记录家蚕的生长发育过程，收集我国养蚕的历史资料"。

**【活动目的】**

了解养蚕的方法及蚕的发育过程。

**【材料用具】**

蚕卵（或蚕的幼虫）、桑叶、纸箱（或纸盒等）。

**【活动过程】**

1. 将蚕宝宝（蚕的幼虫）放入盒中，盒子要扎孔，便于透气，供给氧气，并放置在阴暗的地方，避免阳光直射。

2. 采摘桑叶：采摘新鲜的嫩叶，且不能有露水，保持干燥。一天为蚕宝宝准备 2~4 次上叶。不可过多，过多吃不完，叶子会枯萎，不利于蚕宝宝的成长（若没有桑叶也可用榆叶、蒲公英或莴苣叶代替）。

注意事项：摘下桑叶后，要看看有没有蚂蚁，蚂蚁是蚕宝宝的头号天敌。

3. 每天观察蚕宝宝的生长状况，并进行描述，完成观察记录表，也可附上照片。

| 观察时间 | 蚕宝宝形态结构特点、生长状况 | 饮食情况 |
|---|---|---|
|  |  |  |
|  |  |  |

注意事项：发现有个别蚕宝宝身上有黑点或黄点，为生病蚕宝宝，及时挑出单独饲养，并涂抹一些盐水或白酒为其消毒治病；当发现蚕宝宝中有个别身体发白，体型大，像大青虫颜色发青的，为虎蚕，及时清除，会危害其他蚕宝宝。

4.分盒：蚕宝宝大一些，就会争夺地盘，要及时为蚕宝宝分盒。按身体大小进行分开。在饲养过程中，及时清理蚕屎。

5.经过一次蜕皮后，就是二龄幼虫，幼虫蜕一次皮就增加一龄，4次蜕皮后再过7~8天，不再吃桑叶，身体开始发亮，寻找适当的位置开始结茧。这时可以在盒内放些支撑的东西，帮助蚕宝宝做茧。

注意事项：

（1）不要用手摸蚕；给它喂的桑叶要洗干净，但洗后一定要把水晾干，不能让蚕碰到水。

（2）蚕对香味特别敏感，不能用香水、蚊香、空气净化剂、香味化妆品等。绝对禁止用任何类型的杀虫剂！

（3）小蚕刚从卵里孵出来时，用比较嫩的桑叶喂它，换桑叶的时候用很软的毛笔来移动它，要注意力量；在换桑叶的过程中要仔细观察，别把小蚕留在要丢弃的桑叶上。

在养蚕的过程中，你有哪些心得与体会，请写在下面：

【知识拓展】

蚕是变态类昆虫，一生经过蚕卵—蚁蚕—熟蚕—蚕茧—蚕蛾，共50多天的时间。

蚕卵：蚕以卵繁殖。蚕卵看上去很像芝麻，一只雌蛾可产400～500粒蚕卵。蚕卵外层是坚硬的卵壳，里面是卵黄与浆膜，受精卵中的胚胎在发育过程中不断摄取营养，逐渐发育成蚁蚕。

蚁蚕：蚕从蚕卵中孵化出来时，身体的颜色是褐色或黑色的，极细小，且多细毛，有点像蚂蚁，所以叫蚁蚕。蚁蚕长约 2 毫米，体宽约 0.5 毫米，它从卵壳中爬出来后，经过 2 ~ 3 小时就会进食桑叶。

熟蚕：蚕宝宝到了五龄末期，由墨绿色变成叶绿色；食欲减退，食桑量下降；前部消化管空虚，胸部呈透明状；继而完全停食，体躯缩短，腹部也趋向透明，蚕体头胸部昂起，口吐丝缕，左右上下摆动寻找营茧场所，这样的蚕就称为熟蚕。

蚕蛹：蚕结茧后经过 4 天左右，就会变成蛹。蚕蛹的体形像一个纺锤，分头、胸、腹三个体段。头部很小，长有复眼和触角；胸部长有胸足和翅；鼓鼓的腹部长有 9 个体节。经过大约 12 ~ 15 天，当蛹体又开始变软，蛹皮有点起皱并呈土褐色时，它就将变成蛾了。

蚕蛾（成虫）：蚕蛾的形状像蝴蝶，全身披着白色鳞毛，但由于两对翅较小，已失去飞翔能力。蚕蛾的头部呈小球状，长有鼓起的复眼和触角；胸部长有三对胸足及两对翅；腹部已无腹足，末端体节演化为外生殖器。雌蛾体大，爬动慢；雄蛾体小，爬动较快，翅膀飞快地振动，寻找着配偶。一般交尾 3 ~ 4 小时后，雌蛾就可产下受精卵。交尾后雄蛾即死亡，雌蛾花一个晚上可产下约 500 个卵，然后也会慢慢死去。

蚕蛾产下的卵—孵蚕—变蛹—化蛾，又将完成新一代的循环。这就是蚕的生活史。

# 十二、设计健康食谱

## 【活动设计依据】

《科学课标》核心概念"生命系统的构成层次"内容要求：3—4年级"描述人体用于摄取养分的器官，列举保护这些器官的方法"；学业要求：3—4年级"描述人体用于摄取养分的器官"。

《生物学课标》学习主题"人体生理与健康"内容要求的重要概念"人体通过消化系统从外界获取生命活动所需的营养物质"的次位概念"消化系统由消化道和消化腺组成""消化系统能够将食物消化，并通过吸收将营养物质转运到血液中"。

学业要求："运用食物中的营养成分、消化与吸收、均衡膳食等知识，设计一份合理的食谱"。

## 【活动目的】

通过设计适合自己家人的食谱，引导学生关注健康的生活方式和饮食习惯。

## 【活动过程】

（一）阅读资料，回答问题

资料：人体生命活动所需要的营养物质主要包含蛋白质，糖类（碳水化合物）、脂肪、无机盐、维生素、水等六大营养素。

1. 蛋白质：如果把人体当作一座建筑物，那么蛋白质就是构成这座大厦的建筑材料。人体的重要组成成分：血液、肌肉、神经、皮肤、毛发等都是由蛋白质构成的；蛋白质还参与组织的更新和修复；调节人体的生理活动，增强抵抗力；蛋白质还产能，为儿童生长发育提供能源，故又是产能营养素。

2. 糖类：是人体最主要的热量来源，参与许多生命活动，是细胞膜及不少组织的组成部分；维持正常的神经功能；促进脂肪、蛋白质在体内的代谢作用。

3. 脂肪：脂肪是组成人体组织细胞的一个重要组成成分，它被人体吸收后供给热量，是同等量蛋白质或碳水化合物供能量的2倍；脂肪还是人体内能量供应的重要的贮备形式。

4.无机盐：在细胞、人体中的含量很低，但是作用非常大。如钙是构成人体骨骼和牙齿的重要物质；有维持神经和肌肉兴奋的作用。铁是合成血红蛋白的重要原料，参与人体内氧的运输和利用，如果不及时补充铁的话，会出现缺铁性贫血。锌促进人体发育，幼儿缺锌会出现生长缓慢，发育迟缓，体格矮小，创伤愈合慢，食欲不振，味觉与嗅觉减退等。碘是合成甲状腺素的原料，可促进人体正常的新陈代谢，促进幼儿生长发育，当幼儿缺碘时，身体发育迟缓，智力低下。

5.维生素：有许多种类，是维持人体正常生理功能必需的一类化合物，它们不提供能量，也不是机体的构造成分，但对生命活动有重要的调节作用。膳食中绝对不可缺少，如某种维生素长期缺乏或不足，即可引起代谢紊乱，以及出现病理状态而形成维生素缺乏症。

6.水：在人体内含量最高，是构成细胞的主要成分；可以转运生命必需的各种物质及排除体内不需要的代谢产物；促进体内的一切化学反应；通过不知觉的水分蒸发及汗液分泌散发大量的热量来调节体温；关节滑液、呼吸道及胃肠道黏液均有良好的润滑作用，泪液可防止眼睛干燥，唾液有利于咽部湿润及吞咽食物。

（1）能为人体生命活动提供能量的物质有_____，其中_____是主要的供能物质，_____是备用的供能物质。

（2）构建人体重要组成成分、调节人体生理活动的物质是_____。

（3）在人体内含量低，却是构成人体器官或组织的重要原料的物质是_____。

（4）对人体生命活动有重要调节作用的物质是_____。

（5）水在人体内的功能有_____。

（二）根据中国居民平衡膳食宝塔设计一份适合自己的一周食谱（要求写出每种食物具体的量，单位克）。

| 时间 | 早餐 | 午餐 | 晚餐 |
| --- | --- | --- | --- |
| 周一 | | | |
| 周二 | | | |
| 周三 | | | |
| 周四 | | | |

续表

| 时间 | 早餐 | 午餐 | 晚餐 |
|------|------|------|------|
| 周五 |      |      |      |
| 周六 |      |      |      |
| 周日 |      |      |      |

（三）分析自己设计的食谱是否合理

1. 将食谱中的食物进行分类

| 食物分类 | 具体食物 | 总质量（克） |
|----------|----------|--------------|
| （1）谷类、薯类及杂豆 |  |  |
| （2）蔬菜 |  |  |
| （3）水果 |  |  |
| （4）畜禽肉 |  |  |
| （5）水产品 |  |  |
| （6）蛋类 |  |  |
| （7）奶及奶制品 |  |  |
| （8）大豆及坚果类 |  |  |

2. 下图"健康饮食金字塔"表示的是每日各种食物的推荐量，将自己一周内各种食物的总量与下图中每日推荐量进行对比，分析自己设计的食谱是否合理，若不合理，指出不合理之处，并进行修改。

中国居民平衡膳食宝塔（2016）

| | |
|---|---|
| 盐 | <6 克 |
| 油 | 25~30 克 |
| 奶及奶制品 | 300 克 |
| 大豆及坚果类 | 25~35 克 |
| 畜禽肉 | 40~75 克 |
| 水产品 | 40~75 克 |
| 蛋类 | 40~50 克 |
| 蔬菜类 | 300~500 克 |
| 水果类 | 200~350 克 |
| 谷薯类 | 250~400 克 |
| 全谷物和杂豆 | 50~150 克 |
| 薯类 | 50~100 克 |
| 水 | 1500~1700 毫升 |

每天活动 6000 步

【知识拓展】

## "健康餐盘321"原则

主食占 3 份，蔬菜占 2 份，肉类占 1 份，专家表示：之所以把主食的量定到 3 份，是因为主食是我们国人最好的基础食物，应作为膳食的主体。其所提供的能量若达到了总能量的一半以上，就能从一定程度上避免摄入过多的肉类。有很多东西可以作为常见主食的配料，比如小米、荞麦、燕麦、薏米、红小豆等等，这些粮食营养素全面均衡。每餐蔬菜占两成，其中深色蔬菜要占到一半，譬如菠菜、油菜、空心菜等深绿色蔬菜及西红柿、胡萝卜、红苋菜等，这些菜中富含胡萝卜素类物质，是维生素 A 的主要来源，对于需要大量用眼的学生们来说特别有益，营养价值也高于白菜等浅色蔬菜。虽然肉是优质蛋白质，脂类，维生素 A、D 等的良好来源。但过犹不及，吃得过多，且没有及时地通过运动消耗出去的话，会增加超重、肥胖等一系列风险。对于学生，可多吃些深海鱼、虾，增加不饱和脂肪酸的摄入，利于神经系统的发育。对于常吃的猪肉，建议可多吃瘦肉。

青春期是骨骼生长最快时期，钙的储存量最多，男孩和女孩每日分别为 200mg 和 150mg，是获得最高骨量的关键时期。对于 11～17 岁的儿童青少年，每日饮奶 250mL～500mL，以补充约 300mg～550mg 的优质钙，摄入 100g 左右的豆制品和其他富钙食物，可获得约 100mg 的钙，加上膳食中其他食物的钙，摄入量可达到约 800mg 以上，剩余不足部分可通过增加饮奶量或用钙剂补充。

# 十三、性状调查

**【活动设计依据】**

《科学课标》核心概念"生命的延续与进化"内容要求：5—6年级"描述和比较植物子代与亲代在形态特征方面的异同""描述和比较动物子代与亲代在形态特征方面的异同"；7—9年级"举例说明生物的性状是由基因控制的。"

学业要求：5—6年级"能比较、分析植物（花的颜色，叶的颜色、大小与形状等方面）和动物（毛皮的颜色、躯体的大小、外形和外貌等方面）子代与亲代的异同"。

《生物学课标》学习主题"遗传与进化"内容要求：大概念"遗传信息控制生物性状，并由亲代传递给子代"，重要概念"生物的性状主要由基因控制"的次位概念"生物的性状是由基因组成和环境共同决定的"。

**【活动目的】**

通过对身边动物、植物及家人的性状调查，能辨析哪些属于性状及相对性状，认识遗传与变异现象。

**【材料用具】**

家里边养的宠物（猫、狗、仓鼠等），家里边养的花卉、种的植物等。

**【活动过程】**

1.观察家里(或下图中)的两种动物,描述它们的主要特征,并填在下表中。

| 动物名称 | 体色 | 大小 | 眼睛 | 耳朵 | 鼻子 | 嘴 | 四肢 | 其他 |
|---|---|---|---|---|---|---|---|---|
| | | | | | | | | |
| | | | | | | | | |

2.观察家里（或下图中）的两种植物，描述它们的主要特征，并填在下表中。

| 植物名称 | 植株（高度、分枝情况、草本、木本等） | 叶片 | | 花 | | | | 其他 |
|---|---|---|---|---|---|---|---|---|
| | | 形状 | 颜色 | 颜色 | 花瓣数量 | 花瓣大小 | 花瓣形状 | |
| | | | | | | | | |
| | | | | | | | | |

天竺葵

绣球

上述描述的动物、植物等的形态、结构等特征，我们称之为性状。每种生物都有多种多样的性状，这是区分不同种类的生物以及同种生物的不同个体的依据。

3.调查家庭成员的性状

调查家庭中与自己有亲缘关系的人的性状，填在下表中（具体性状表现见下图）

| 性状 | 自己 | 爸爸 | 妈妈 | 爷爷 | 奶奶 | 姥姥 | 姥爷 | 兄弟姐妹 |
|---|---|---|---|---|---|---|---|---|
| 耳垂 | | | | | | | | |
| 酒窝 | | | | | | | | |
| 卷舌 | | | | | | | | |
| 眼皮 | | | | | | | | |
| 食指长短 | | | | | | | | |
| 拇指弯曲 | | | | | | | | |
| 双手嵌合 | | | | | | | | |

通过调查，梳理自己的这七个性状的"来龙去脉"：

资料补充：

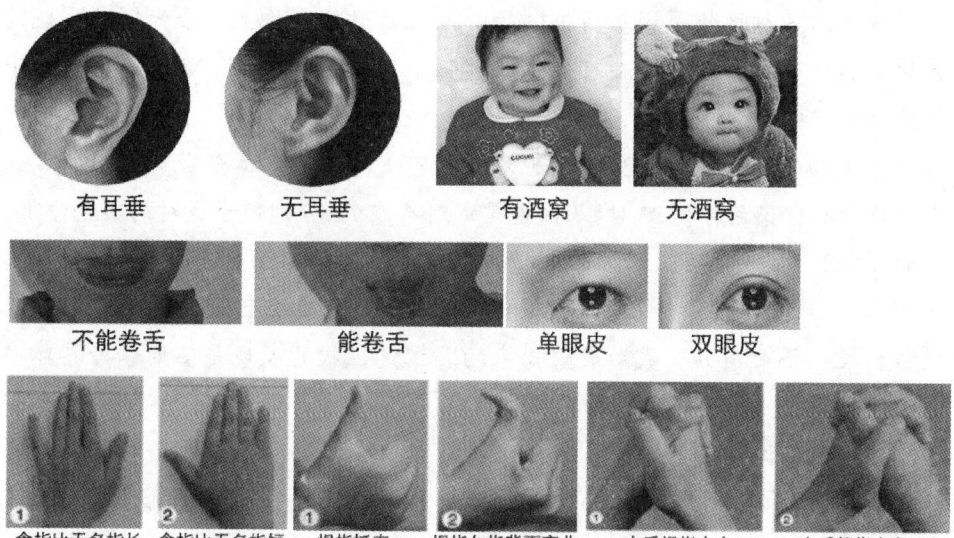

在遗传学中，将生物性状由亲代向子代传递的现象，称为遗传；将生物的性状在亲代与子代、子代与子代之间表现出差异的现象，称为变异；将同种生物同一性状的不同表现类型称为相对性状。

**【思考与讨论】**

1. 分析下列说的是什么生物学现象：

（1）老鼠生来会打洞　　　　　　　（　　　　　　　　）

（2）种瓜得瓜，种豆得豆　　　　　（　　　　　　　　）

（3）一娘生九子，九子各不同　　　（　　　　　　　　）

（4）苹果树上的苹果有大有小　　　（　　　　　　　　）

（5）番茄果实的红色和黄色　　　　（　　　　　　　　）

2. 下列描述属于相对性状的有　　　（　　　　　　　　）

（1）兔的白毛和黑毛　　　　　　（2）人的卷发和长发

（3）豌豆种子的圆粒和长粒　　　（4）人的身高与体重

（5）猪的白毛与狗的黑毛　　　　（6）棉花的细绒与长绒

**【知识拓展】**

物体的各种性状是由基因控制的。性状的遗传实质上是亲代通过生殖过程把基因传递给了子代。在有性生殖过程中，精子和卵细胞就是基因在亲子间传递的"桥梁"。

在生物的体细胞（除生殖细胞外的细胞）中，染色体是成对存在的。如人的体细胞中染色体为23对。基因也是成对存在的，分别位于成对的染色体上。人的体细胞中23对染色体包含46个DNA分子，含有数万对基因，决定着人体可以遗传的性状。一个人所表现出来的性状，是由基因通过转录和翻译等过程，控制蛋白质的合成所表现出来的。但是性状的表现是基因和外界环境的共同作用，以基因为主，外界环境为辅。

**【思考与讨论参考答案】**

1.（1）遗传 （2）遗传 （3）变异 （4）变异 （5）相对性状

2.（1）（3）

# 第三章　实践篇

在面对教育实践的挑战中，基于学习进阶的衔接探索有着广阔的发展空间。从小学科学到初中生物学，其学习内容随时间呈现螺旋上升，对知识与能力的要求也随着学习的深入逐渐提升。如何在实践过程中运用学习进阶理论来指导连贯学习？如何选择适合的言语，恰当地进行进阶分析？如何设计教学实践环节？基于学习进阶的教学实践案例也将不断丰富多彩。

# 第一节　观察类教学案例

## 一、小小草履虫

### （一）进阶分析

本课时选取真实的实验材料，组织学生展开观察实验，帮助学生认识草履虫是能够独立完成生命活动的单细胞生物，在此过程中进一步培养学生实事求是的科学态度。在概念形成的过程中，以"生物体是由细胞构成的"为进阶起点，到"认识单细胞生物能够独立完成生命活动"，最终帮助学生"理解细胞是生物体结构和功能的基本单位"。在核心素养方面，则希望学生在生命观念方面能"从生物体的角度认识生命"出发，到"从结构与功能的角度认识生命本质特征"，再到"应用结构与功能观探讨和阐释生命现象及规律"。在科学思维方面以"能够运用简单识记了解细胞的结构"为起点，到"基于图片、视频等证据，科学地描述并分析实验现象"，再到"初步形成基于证据和逻辑的思维习惯"。在探究实践方面能从"了解显微镜的使用步骤"，到"规范、正确使用显微镜"，再到"能够运用实验操作技能独立开展自主探究"。在态度责任方面能以"具有探索自然界奥秘的兴趣"为引导，到"关注科学技术的进步对探索自然界奥秘的促进作用"，再到"参与社会性科学议题的讨论，做出理性解释和判断"。

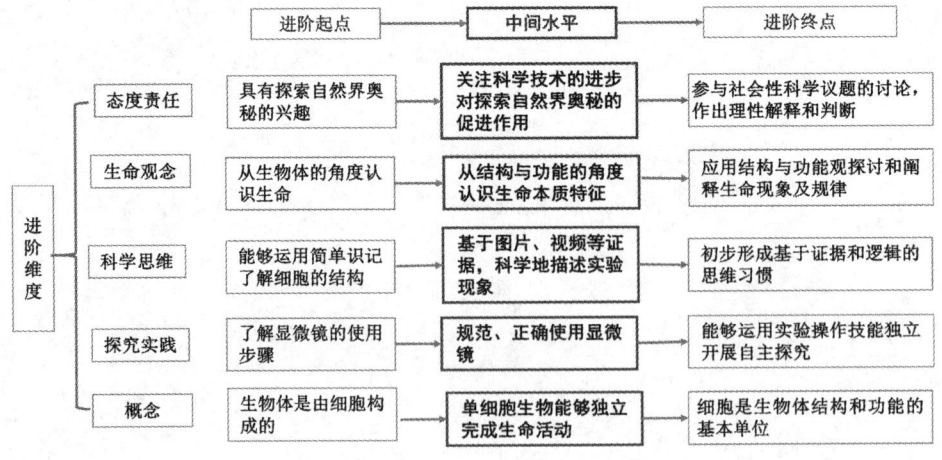

（二）教学目标

1. 通过观察草履虫的结构，巩固临时装片制作和显微镜的使用步骤，养成实事求是的科学态度；

2. 使用显微镜观察草履虫的取食和排泄等生命活动，结合视频资料描述草履虫的生殖方式，认同单细胞生物可以独立完成生命活动；

3. 通过图片资料，认识常见的单细胞生物，能够认识到单细胞生物对人类既有利也有害，养成保护环境、热爱大自然的意识。

（三）教学过程

环节1：情境导入

教师：（展示学校池塘中的水样）这是从学校池塘里取的水样，请同学们观察池塘水，水中有生物吗？

学生观察水样并回答问题。

设计意图：通过生活中的真实情境，发现问题，激发学生学习兴趣。

环节2：观察草履虫的形态和结构

教师：如何能够观察到个体微小的草履虫？如何获取草履虫？

教师：培养液上层直接与空气接触，含有的氧气更多，所以吸取表层的培养液更容易获得草履虫。

学生了解草履虫的生活环境。

教师：请同学们观察制作临时装片的操作步骤。

学生观看视频、制作临时装片，在低倍镜下观察草履虫的形态和基本结构。

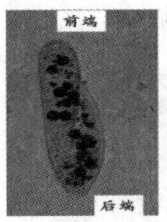

教师：请同学们描述观察结果，草履虫是什么形状的？其结构与我们已经学过的动植物细胞有哪些异同点？

学生描述实验现象。

教师：草履虫因形似倒置的草鞋而得名"草履虫"，鞋跟一端是草履虫的前端，鞋尖一端是草履虫的后端。

教师：草履虫具有细胞的基本结构，即细胞膜也称为表膜、细胞质和细胞核。不同的是草履虫有一大一小两个细胞核，大核主要控制营养代谢，小

核主要控制生殖；草履虫的表膜不仅具有
保护的作用，还能够帮助草履虫进行呼吸；
在表膜外有一层细小的纤毛，这些纤毛不
断摆动从而帮助草履虫完成运动。

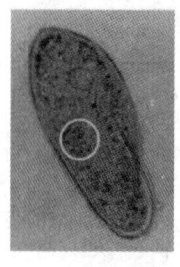
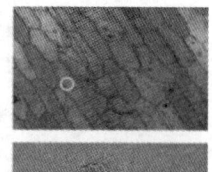
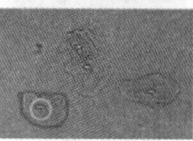

教师：在草履虫的细胞质中，有许多
特殊的结构，请同学们在临时装片的一侧
滴加酵母菌溶液，转换高倍镜，观察草履虫这些特殊的结构具有哪些功能？

学生描述滴加酵母菌培养液后观察到的实验现象。

教师：通过观察，我们发现草履虫通过口沟取食，酵母菌进入草履虫体
内后形成食物泡，食物泡随着细胞质在草履虫体内流动，同
时体积不断变小，颜色不断变浅，这便是食物的消化过程；
食物消化过程中会产生代谢废物，草履虫体内的代谢废物和
多余的水通过收集管和伸缩泡排出体外，帮助草履虫完成排
泄；一些无法被消化的食物残渣通过胞肛排出体外，这个过
程称为排遗。

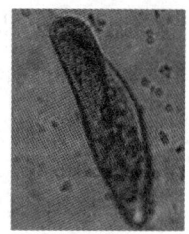

设计意图：通过对真实材料的观察引导学生借助显微镜观察草履虫的形
态结构。实验过程中帮助学生熟悉临时装片的制作这一操作技能。通过与动
植物细胞的结构进行比较，帮助学生联系已学知识，推测草履虫基本结构的
功能。通过观察草履虫的取食和排泄，认识草履虫的特殊结构及其功能，初
步形成生物体结构与功能相适应的观念。

环节3：草履虫的生殖

教师：草履虫仅由一个细胞构成，是如何进行繁殖的？（播放视频资料：
草履虫的生殖过程）

教师：通过观看视频，请同学们描述草履虫的生
殖过程？这与细胞的哪一种生命活动相似？

学生联系所学知识，结合视频资料，回答问题。

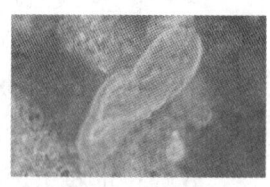

设计意图：结合视频资料，介绍草履虫的生殖方式，
帮助学生认识生殖的多种方式。

环节4：课堂小结

教师：（展示本节课知识网）通过观察我们发现草履虫能够独立获取营

养和排除代谢废物，完成运动和呼吸等生命活动，能够进行繁殖产生后代，是能够独立进行生命活动的单细胞生物。

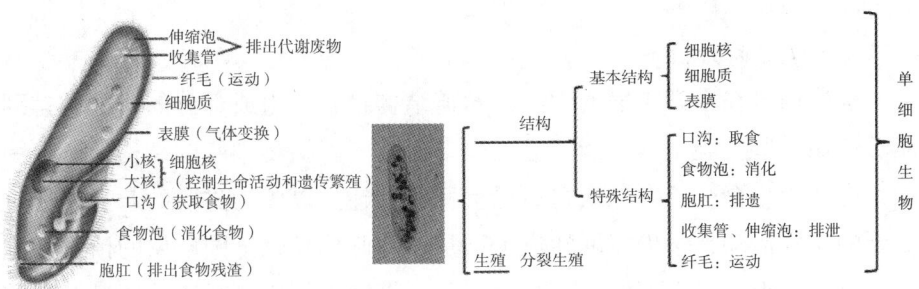

设计意图：总结本节课的重点内容，帮助学生建构知识网络。

环节5：拓展

教师：（展示常见的单细胞生物图片）眼虫、衣藻与草履虫不同，可以制造有机物维持生命活动。这些单细胞生物与人类的关系密切，请同学结合生活经验和图片资料，说一说单细胞生物与人类的关系？

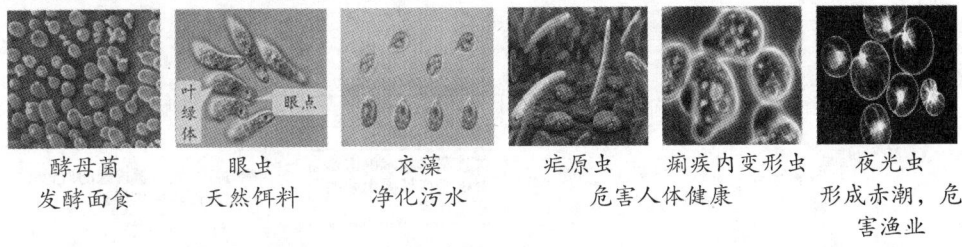

| 酵母菌<br>发酵面食 | 眼虫<br>天然饵料 | 衣藻<br>净化污水 | 疟原虫<br>危害人体健康 | 痢疾内变形虫 | 夜光虫<br>形成赤潮，危<br>害渔业 |

学生描述单细胞生物与人类的关系。

教师：人类感染疟原虫、变形虫后会危及健康，夜光虫大量繁殖会形成赤潮，危害渔业；酵母菌也是一种单细胞生物，能够用来发酵面食，眼虫和衣藻是天然饵料，可以用来净化污水。

设计意图：通过认识几种常见的单细胞生物及其生活特点，帮助学生认识到单细胞生物与人类的密切关系。

（设计者：北京燕山向阳中学　付静）

# 二、微观视野中的水果

## （一）进阶分析

学生通过在小学阶段的学习，知道结构是各个组成部分的搭配和排列，能够使用一些实验工具，能够运用简单识记了解植物细胞的结构，从生物体的角度认识生命，具有探索自然界奥秘的兴趣。以此为进阶的起点，通过本节课的实践活动，学生能够知道水果是由细胞构成，不同部位的植物细胞结构既有相同点，又有不同点；能够规范、正确地使用显微镜；通过对观察现象的比较、分析、概括等理解植物细胞模型；在结构与功能的角度认识生命本质特征；关注科学技术的进步对探索自然奥秘的促进作用。为初中阶段达成以下目标搭建阶梯：细胞是生物体结构和功能的基本单位；能够运用实验操作技能独立开展自主探究活动；初步形成基于证据和逻辑的思维习惯；应用结构与功能观探讨和阐释生命现象及规律；参与社会性科学议题的讨论，做出理性解释和判断。具体进阶过程见下图：

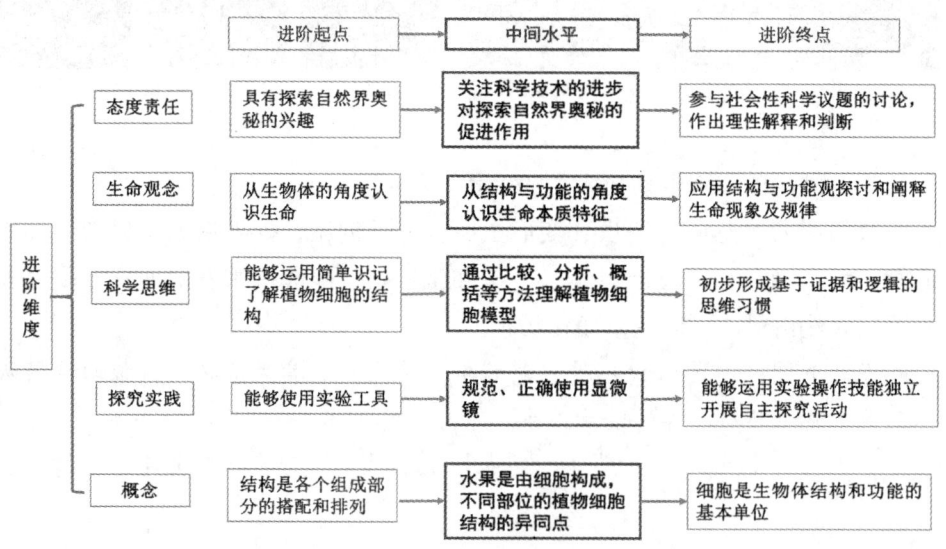

（二）教学目标

1.通过对水果不同部位的显微观察，知道细胞是构成水果的基本结构；并形成统一性与多样性的认识；

2.通过实验操作，培养良好的实验习惯，在观察比较过程中养成实事求是的科学态度，在小组合作中体会合作学习的乐趣。

（三）教学过程

环节1：情境导入

教师：（播放关于植物的视频和图片）形形色色的植物装饰着我们的环境，使我们的环境绚丽多彩，并为我们提供生存所需要的氧气，还有美  味的食物。那么它们的形态、颜色、口味都是由什么来决定的呢？今天我们就走进水果的微观世界，来看看微观视野中的水果到底是怎样一番风采。

设计意图：用视频图片引入，引起学生兴趣。

环节2：观察四种水果的细胞结构

教师：（展示四种常见的水果）今天我们以平时爱吃的水果为材料，这些水果不但颜色特别丰富，味道也好。

设计意图：用学生常见的、吃过的，并且颜色各异的水果作为实验材料，一方面是为了提高学生的观察兴趣；另一方面通过不同颜色水果细胞结构的对比，体验细胞水平的统一性与多样性。

教师：我们如何才能看到这些颜色丰富的水果的细胞结构呢？

学生：需要借助显微镜才能看到。

教师：根据学过的知识我们知道用显微镜观察的材料必须薄而透明，才能看清细胞的轮廓和结构。因此我们必须用这几种水果制成薄而透明的玻片标本。

教师：我们以洋葱鳞片叶内表皮为例来复习一下玻片标本的制作方法。

教师播放视频。

学生观看视频，回忆玻片标本的制作过程。

教师：在制作玻片标本时，不同的材料取材方式是不一样的，不同的水果及水果的不同部位该如何取材？

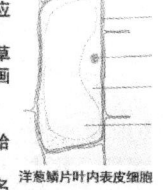

教师演示果肉、果皮及筋络等部位的取材方法。

设计意图：规范学生制作玻片标本的操作方法。

教师：现在我们分组，第一组，观察火龙果；第二组，观察猕猴桃；第三组，观察蓝莓；第四组，观察西瓜。

教师：观察时注意显微镜的使用方法，先低倍镜观察，找到清晰图像后，再换成高倍镜。看到物像后，找出一个清晰的细胞，将图画到我们的学案上。

教师展示生物绘图方法。

学生按要求制作玻片标本，用显微镜进行观察，并画图。

设计意图：练习玻片标本的制作和显微镜的使用，学生能够通过绘图的方法记录观察的信息。

**生物绘图基本要求**

1. 绘图大小要适宜，所绘图位置应偏左，右边留着注图。
2. 用铅笔轻轻勾画出细胞的轮廓草图，确定无误后，用铅笔将轮廓画出，要求线条光滑、流畅。
3. 用铅笔点出细胞内的其他结构，通过点的疏密，表示明暗深浅，给予立体感。
4. 在图下面写上你所观察的细胞名称。

洋葱鳞片叶内表皮细胞

环节3：认识水果细胞的结构

教师：（利用交互教学平台将学生观察到的细胞投放到屏幕上）请各小组同学汇报本组的观察结果。

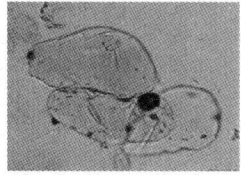  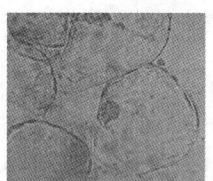 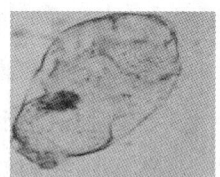

西瓜果肉细胞　　　　蓝莓果肉细胞　　　　猕猴桃果肉细胞　　　火龙果果肉细胞

学生代表汇报所观察到的细胞形态、结构的异同点。

教师：通过观察我们可以看到每个细胞中都有一个颜色比较深的球状结构，它叫做细胞核，最外面的边界线其实由两种结构组成，是细胞壁和细胞膜，在正常情况下，细胞膜紧贴在细胞壁上，所以在显微镜下不易区分；在细胞核和细胞膜之间这个大的区域叫做细胞质。

教师：四种水果果肉颜色上的差异与细胞的哪个结构有关？

学生对比结构，查找与果肉颜色相关的结构。

教师：细胞质内有颜色的部位是由膜包裹的结构，叫做液泡。这个部位相当于一个储藏室，储存色素和营养物质，包括我们吃的时候感觉到酸、甜等的物质就储存在这个液泡里。成熟的植物细胞液泡会占据细胞质的大部分空间，把细胞质挤成了薄薄的一层，所以我们看到的有颜色的部位占据了大部分的细胞空间。

设计意图：运用分析、比较、推理的方法分析观察到的现象，提高学生分析处理信息的能力。

教师：比较我们以前在练习使用显微镜时观察到的细胞，和今天看到的细胞，请同学们观察他们在结构上有什么异同点？与它们的功能有什么样的关系？

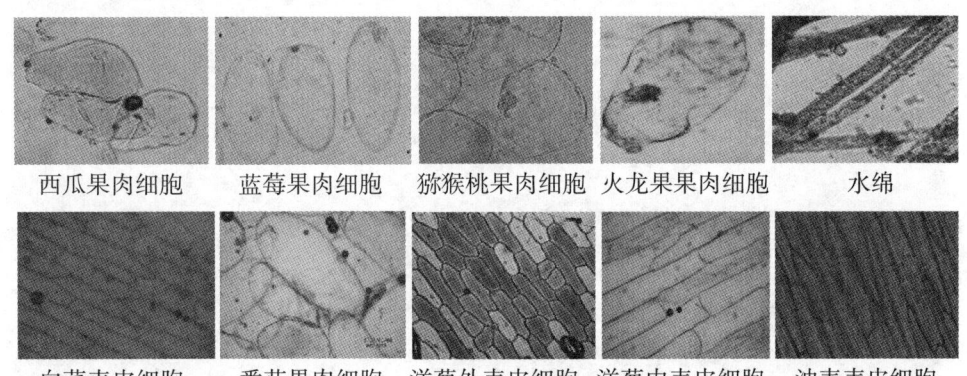

西瓜果肉细胞　　蓝莓果肉细胞　　猕猴桃果肉细胞　　火龙果果肉细胞　　水绵

白菜表皮细胞　　番茄果肉细胞　　洋葱外表皮细胞　　洋葱内表皮细胞　　油麦表皮细胞

学生观察比较不同植物、不同器官的细胞，总结植物细胞的基本结构、不同部位细胞的差异。

教师：通过比较我们发现，不同植物的细胞以及同一植物不同器官的细胞，甚至是同一器官不同部位的细胞都有共同的结构：细胞壁、细胞膜、细胞质和细胞核，在细胞质中有液泡，绿色部分有叶绿体。但不同部位细胞的形态、排列等又有很大的区别，以完成不同的功能。

设计意图：通过比较不同植物、不同器官细胞的结构，形成植物细胞结构的统一性观点、结构与功能观。

环节4：构建水果微观模型

教师：同学们观察了水果的不同部位，我们发现这些部位都是由细胞构成的，请以细胞为基本单位，构建自己所观察水果的结构。

教师：构建要求，构图美观，结构合理、比例合适。画完后，按照评价表对自己的作品及同桌的作品进行客观、公正的自评和互评。

构建水果微观图评价表

| 评价内容 | 自评 | | | | 互评 | | | | 师评 | | | |
|---|---|---|---|---|---|---|---|---|---|---|---|---|
| | 优 | 良 | 中 | 差 | 优 | 良 | 中 | 差 | 优 | 良 | 中 | 差 |
| 构图美观、清晰、线条粗细均匀 | | | | | | | | | | | | |
| 结构全面、科学、比例合适 | | | | | | | | | | | | |

学生在学案上绘制水果的微观结构图。绘制完成后，进行自评、同桌之间互评。

设计意图：以观察到的现象为依据，从细胞水平构建果实的整体结构，以图形的形式表达出自己的观点。

（设计者：北京燕山向阳中学　张南南）

# 三、鸡翅飞行知多少

## （一）进阶分析

在小学阶段学生知道鸟类能够飞行，靠的是翅膀；初中阶段学生要能理解"人体的运动是在神经系统支配下，由肌肉牵拉着骨围绕关节进行的"这一概念。为此，本课设置"观察鸡翅的结构"活动，让学生知道鸡翅的骨、肌肉、关节参与运动及各结构在运动中发挥的作用，为学生搭建概念进阶的阶梯。

本课从生命观念、科学思维、探究实践、态度责任等方面进行有效衔接，保持学生核心素养形成的连贯一致。在小学 3—4 年级，学生能认识到鸡翅的各个部分有一定的排列顺序。在进阶终点，要求学生形成结构与功能观，并运用结构与功能相适应的观念，分析由于机体特定结构受损可能导致的机体功能障碍或异常行为表现，提出相应的预防措施。本课通过设计"观察鸡翅"进阶活动，学生从骨、肌肉、关节参与鸡翅的运动中提炼出结构发生变化，会影响其独特功能，帮助学生初步认识到生物体形态与功能的关系，形成基本的结构与功能相适应的生命观念。在科学思维方面，学生从"通过简单识记了解鸡翅的结构"到"通过比较、分析、推理等方法理解鸟翅飞行的生物学原理"进行进阶，最终能够"通过归纳、演绎人体运动的生物学原理"。在探究实践方面，学生从"能够使用实验工具"进阶到"规范、正确使用解剖工具"，最后到"能够运用实验操作技能独立开展自主探究"。在态度责任方面，学生能够从"具有探索自然界奥秘的兴趣"进阶到"关注影响身体运动能力的因素，加强科学的体育锻炼"，最终"参与社会性科学议题的讨论，做出理性解释和判断"。具体进阶过程见下图：

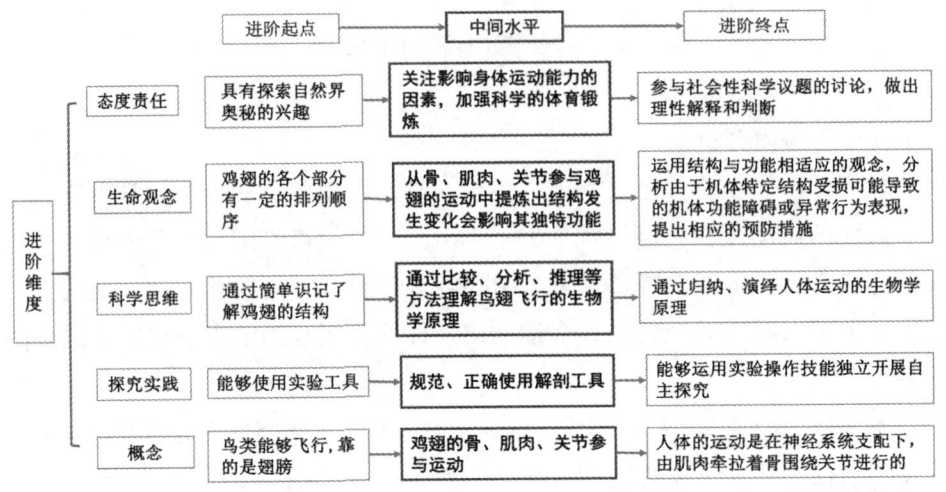

（二）教学目标

1.通过观察鸡翅，认识鸡翅的组成，描述各部分的形态结构特征，推测其功能，初步认识到生物体形态与功能的关系，形成基本的结构与功能相适应的生命观念；

2.通过观察骨、关节和肌肉之间的关系，推测鸡翅运动的原因，发展科学思维；

3.通过了解运动系统相关疾病，基本形成健康生活的习惯，发展态度责任。

（三）教学过程

环节1：情境导入

教师：展示情境——运动会上班级的运动员风采

运动员的运动能力与他的哪些结构有关？我们知道鸟类能够飞行，靠的是翅膀，由于脊椎动物的骨骼进化上有着共同的起源，所以我们以鸟类的翼——鸡翅为例来探究动物的运动结构与运动的关系。

学生观看视频。思考问题，初步认识到运动结构与运动功能有联系。

设计意图：由学生的亲身体验入手，使学生由原有的知识经验自然地进入动物的运动相关情境。

环节2：观察完整鸡翅

教师：鸡翅由几部分组成的？每部分有什么特点？

学生观察鸡翅，描述鸡翅的组成及特点。

教师：用手捏住鸡翅的两端做伸缩运动，你有什么感受？

学生用手捏住鸡翅的两端做伸缩运动，谈感受。

设计意图：了解正确的观察顺序，直观感受鸡翅伸缩运动的完成，形成直观形象，与后续解剖后的鸡翅运动情况进行对比。

环节3：观察解剖鸡翅

1. 皮肤

教师：演示用解剖剪和镊子剖开皮肤的方法。

学生进行操作，并观察。

教师：皮肤的结构有什么特点，推测皮肤有什么功能？

学生描述皮肤的特点，推测皮肤具有保护内部结构、储存营养的功能。

设计意图：根据皮肤的位置、皮下脂肪的形态特征，推测相应的功能，初步认识到生物体形态与功能的关系。学会规范、正确使用解剖剪和镊子，提高操作技能。

2. 观察去皮后的鸡翅

教师：用解剖刀和解剖剪将鸡翅的皮肤全部剥去。

学生去掉鸡翅的皮肤。

教师：去皮后的鸡翅能看到哪些结构？这些结构有什么特点？

将鸡翅反复折叠、打开，观察各结构变化情况。找到翅根肌肉束，牵拉肌肉，描述变化。

学生按教师的要求进行操作。

教师：鸡翅完成运动需要哪些结构的参与，这些结构在运动中发挥什么作用？

学生根据操作描述鸡翅的肌肉部分参与运动的情况。

设计意图：在教师引导下，通过观察去皮后的鸡翅，描述各部分的形态结构特征，推测其在鸡翅运动过程中的作用，再次强化生物体结构和功能相适应的特点。

3. 肌肉

教师演示用解剖刀和镊子分离肌肉束。引导学生观察肌肉是如何与骨进行连接的、肌肉由几部分组成。

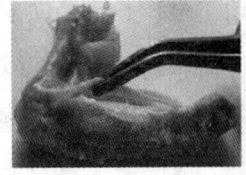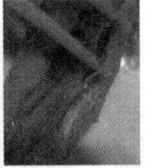

学生分离一个肌肉束，观察肌肉与骨的连接及其组成。

教师：肌肉是怎样附着在骨上的？由几部分组成？

学生描述肌肉与骨的连接方式及肌肉的组成。

教师引导学生观察肌肉中的血管和神经。

设计意图：通过解剖并观察肌肉束，了解肌肉和骨的连接关系，进一步认识骨和肌肉在鸡翅运动中发生的变化。学会规范、正确使用解剖剪和镊子，进一步提高操作技能。

4. 骨骼

教师用解剖刀或解剖剪将肌肉全部剔掉，只留下骨骼。

学生按要求完成操作。

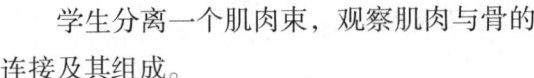

关节

骨

教师：鸡翅的骨骼由哪几部分组成的？

学生观察描述鸡翅骨骼的组成。

教师演示用解剖刀和镊子撕取骨膜的方法。

学生剔除骨上的肌肉，撕取骨膜，描述结构特点，推测其功能。

教师：骨膜上有哪些结构？推测骨膜有什么功能？

学生根据骨膜的特点推测骨膜的功能。

设计意图：类比皮肤在鸡翅中的作用，引导学生分析骨膜的功能。

教师：将骨沿关节处对折，观察关节由几部分组成的？每一部分有什么特点？这样的特点对运动有什么意义？

学生将鸡翅骨骼沿着关节处对折，观察关节处的结构，分析其在运动中的意义。

教师演示剁开骨的中部和端部的方法。

学生用解剖刀或解剖剪将鸡翅骨骼在中部和端部切断或剪断。

教师：观察骨中间部分和端部的横切面，描述骨的横断面由几部分组成？

每部分有什么特点？中间和端部的横断面是否相同？

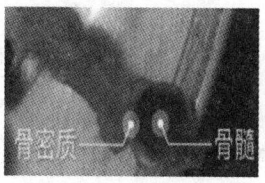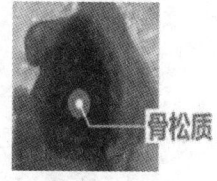

学生用解剖针扎骨横断面的不同部位，描述横断面的组成及不同部位的区别。

设计意图：按照从整体到局部、从外向内的顺序观察鸡翅骨骼的结构，通过观察认识骨和关节的结构名称和特点。通过看、摸等感官感受，在操作中体会结构与功能的统一性。

环节4：分享交流

教师：根据你的观察，请说出鸡翅运动中参与的结构，描述鸡翅运动的过程。

学生对观察的骨、关节和肌肉之间的关系进行总结，小组讨论描述鸡翅完成运动的过程。

设计意图：概括自己的观察结果，运用比较、分析、推理等方法理解鸟翅飞行的生物学原理，体会结构与功能的关系。倾听他人的想法，能以事实为依据作出合理推测，发展科学思维。

环节5：总结提升

教师展示刘翔因伤无缘伦敦奥运会、举重运动员比赛中肘关节脱臼等新闻，说明运动相关的疾病。

教师：这些事件说明什么？对你有什么启示？

学生观看事例，分析说出运动需要骨、关节和肌肉健康完整，才能配合完成运动；注意运动安全。

教师说明运动的好处，不能"讳疾忌医"。请列举日常生活中，健康运动的做法。

学生举例说出影响身体运动能力的因素和养成健康运动习惯的做法。

设计意图：用已学知识解决实际问题。了解运动系统相关疾病，关注影响身体运动能力的因素，加强科学的体育锻炼，基本形成健康生活的习惯。

（设计者：北京燕山星城中学　韩多多）

# 四、血液与血型的那些事儿

## （一）进阶分析

本节课内容以显微观察和课前实验与现场实验相结合的方式开展，旨在让学生认识到血液的成分、功能和分类，从而养成健康的饮食习惯。在概念方面，以人体是由细胞构成，常见的血型有四类为进阶起点，通过观察血涂片和血液混合及血型鉴定实验，知道血液具有运输作用，血液的不同成分承担着不同的运输功能；只有血型相合，才能输血。为初中阶段建立人体通过循环系统进行体内的物质循环搭建进阶的阶梯。本节课也希望对学生的核心素养有所提升，在生命观念方面，由"对生命的结构基础有一定的认识"到"从三种血细胞结构与功能的关系中，提炼结构与功能相适应的观点"，进而能够"运用结构与功能观探讨和阐释生命现象及规律"。在科学思维方面，由学生能"通过分析、比较等方法，抓住简单事物的本质特征"到"基于观察结果（证据），运用分析、迁移等方法进行思考和判断"，为初中阶段进阶到"尊重事实证据，能够运用科学思维，探讨真实情境中的复杂生物学问题"搭建进阶的阶梯。在探究实践方面，由"了解显微镜的使用方法"到"熟练使用显微镜，完成涂片观察的基本操作；尝试收集证据，得出结论"，为初中阶段能"综合运用生物学和其他学科的知识、方法与实验操作技能，设计实验并实施实验"搭建进阶的阶梯。在态度责任方面，由"具有探索生命奥秘的兴趣"到"能对他人观点进行理性审视，在日常生活中践行健康生命观"，为初中阶段学生能"关注身体健康指标的监测，主动宣传关于生命安全与健康的观念知识"搭建进阶的阶梯。具体进阶过程见下图：

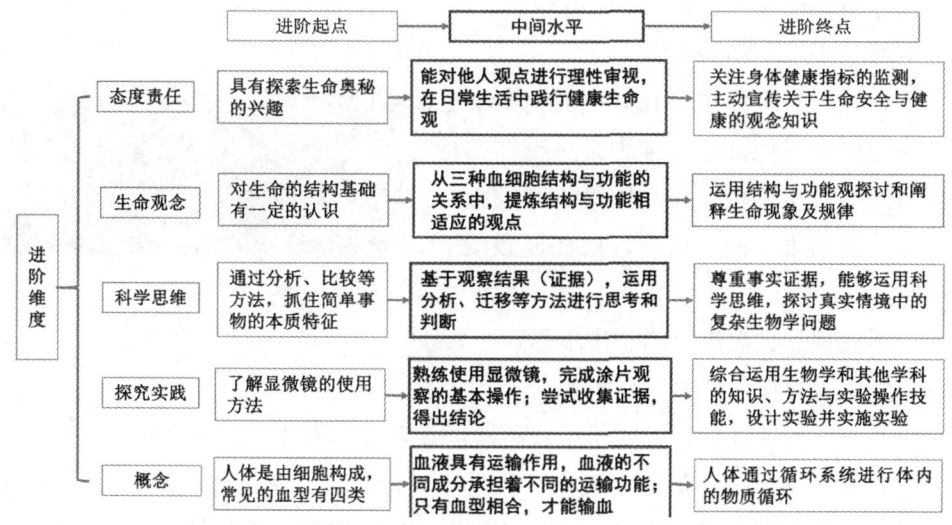

（二）教学目标

1. 通过显微观察人血涂片能说出血细胞的种类、形态结构和功能，熟练低倍换高倍等显微镜的操作步骤；

2. 通过学习血细胞的正常范围值，能够解读血常规化验单中的主要数据，并说出每种血细胞异常导致的相关疾病；

3. 通过观察分析A、B、O血型系统中红细胞的凝集原特点，学会鉴定血型，认同无偿献血是公民应尽的义务，并养成健康的生活习惯。

（三）教学过程

环节1：情境导入

教师：新冠肺炎疫情蔓延以来，无数白衣天使奋战在一线，挽救了无数人的生命，很多志愿者也自发到医院献血，为战胜疫情贡献自己的一份力量。

学生感悟医护人员和志愿者的伟大付出。

设计意图：以新冠肺炎切入，结合时事，同时让学生感受到白衣天使们的辛苦付出。

教师：为什么失血过多的病人需要输血？他们从血液中获得了什么？这些捐献的血液可以输给任何一位病人吗？今天，我们就来揭开血液的神秘面纱。

设计意图：几个连问引起学生探索生命奥秘的兴趣，能主动联系自身，关注身体健康与生命安全方面的知识。

环节2：观察血细胞

教师：在生活中，我们可能会不小心受伤流血，我们知道，细胞是生物体结构和功能的基本单位，血液中是否有细胞存在呢？我们可以做个血涂片放在显微镜下观察。

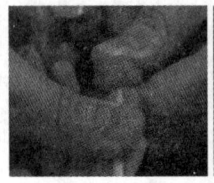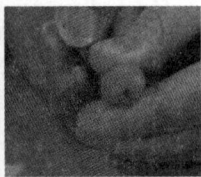

播放视频：血涂片的制作步骤。

学生观看血涂片的制作步骤。

设计意图：设问，引起学生兴趣。培养学生血涂片的制作技能。

教师：除了鲜血涂片，还有一种是永久涂片，老师已经发到了每个人的托盘中。在观察之前，请同学们先来回顾一下显微镜的操作步骤。

学生回忆显微镜的操作过程。

教师：现在同学们可以观察自己制作的血涂片或观察永久涂片。观察的时候，请带着以下几个问题：你观察到了几种细胞？数量最多的是哪一种？体积最大

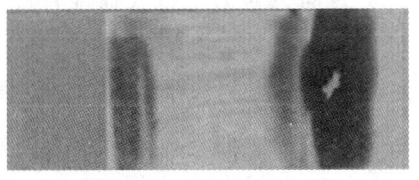

的是哪一种？他们的形态结构分别是怎样的？老师参照血涂片的制作步骤，用自己的血液做了一张涂片，同学们也可以和永久涂片对比观察，二者有何异同点？

学生用显微镜观察血涂片，寻找血细胞，描述、记录血细胞的形态结构。

设计意图：提高显微镜的操作技能，完成血涂片观察的基本操作，基于观察结果，运用分析等方法进行思考和判断。

教师开启显微镜投屏，邀请同学上台指出自己观察到的几种细胞，并分别描述形态结构。讲述人体的血液中共有三种血细胞，由于血小板透明且较小，

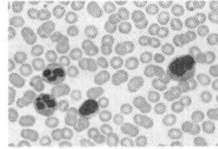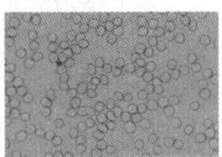

永久血涂片　　　　　临时血涂片

需要特殊的染色才能看到。鲜血涂片由于没有染色，观察到的颜色会有区别，但是细胞的形态特点及种类是相同的。

学生比较永久血涂片与临时血涂片在显微镜下看到的现象的异同。

设计意图：通过比较、分析，体会染色技术对实验效果的作用。综合运用生物学和其他学科的知识、方法、实验操作技能解决生物学问题。

教师：红细胞的形态结构和数量有什么特点？

学生观察、比较、描述红细胞的形态结构特点及数量情况。

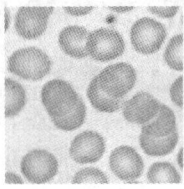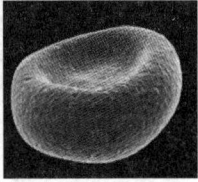

教师：红细胞是数量最多的血细胞，呈两面凹的圆饼状，红色，含有血红蛋白，成熟的红细胞没有细胞核。血红蛋白有比较特殊的性质，它可以在氧气浓度高的地方与氧气结合，氧气浓度低的地方与氧气分离。

教师：那么大家根据红细胞的数量和结构特点，能推断出它有怎么样的功能么？

学生根据结构特点推测功能。

教师：红细胞的功能是运输氧气和二氧化碳。红细胞有如此重要的功能，如果它的数量减少，会患什么病？

学生根据功能推测异常时对人体健康的影响。

教师：白细胞有什么形态结构特点？它有怎样的功能呢？白细胞异常会患什么病呢？

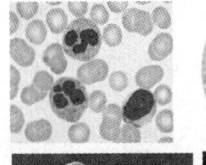

学生观察、比较、描述白细胞的形态结构特点，推测其功能及异常病症。

教师：血小板有什么形态结构特点？它有怎样的功能呢？血小板异常会患什么病呢？

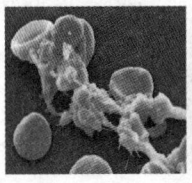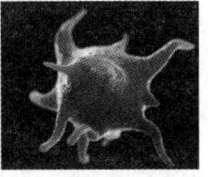

学生观察、比较、描述血小板的形态结构特点，推测其功能和异常疾病。

设计意图：从三种血细胞结构与功能的关系中，提炼结构与功能相适应的观点。利用所学知识解释与健康相关问题。

环节3：血型鉴定

教师：再回到最初的问题，志愿者们踊跃献出的血液可以输给任何一位病人吗？在课前，老师招募了四名志愿者，将他们的血液两两混合在一起，你观察到了什么现象呢？

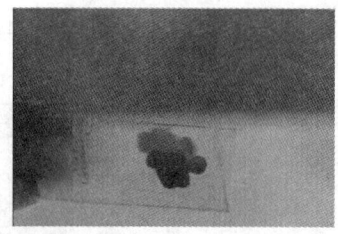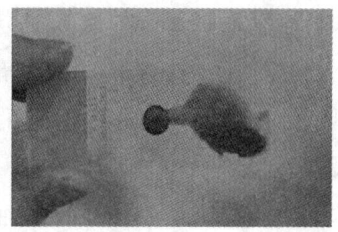

学生观察血液融合情况并描述现象：第一组的血液融合，仍然呈液体，第二组则发生了凝集，可以看到固体颗粒。

设计意图：利用最开始的情境，引出第二部分内容：血型。通过观察血液融合情况不同，得出血液有类型之分。

教师：在生活中，我们发现，有些人的血液混合后可以融在一起，有些人的血液混合后则会发生凝集，这是为什么呢？原来，人的血液也分型号，就是我们常说的血型。最常用的血型系统是 ABO 血型系统，根据红细胞表面凝集原的不同，将血液分为四个类型，我们可以用一个动画标记来理解。

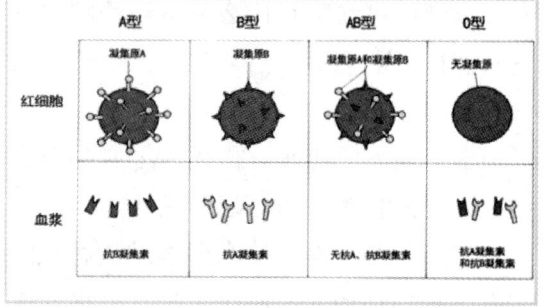

学生了解的 A、B、O 血型。

教师：那么 AB 型和 O 型又是怎么回事呢？

教师讲述四种血型的凝集原和凝集素分布。

学生了解血液发生凝集反应的原因。

设计意图：用动画模拟的方式生动形象地讲述血型和血液凝集原理。讲解四种血型的凝集原和凝集素，为血型的鉴定做铺垫。

教师：了解了血液凝集的原理，同学们现在知道如何测定血型了吧？老师为大家准备了血型鉴定试剂，哪位志愿者想检测一下血型呢？在检测之前思考：可能出现的几种情况，每种情况分别对应的血型是什么？

学生采血，血型鉴定。观察、描述现象，分析自己的血型。

设计意图：尊重事实依据，通过科学、理性的分析得出结论，能够运用科学思维探讨真实情境中的科学问题，并且关注身体健康的指标检测，主动在日常生活中践行健康生命观。

环节4：课堂小练

教师：老师这里有一位同学的化验单，你能帮助老师判断一下这位同学生了什么病吗？

学生分析血液化验单。

设计意图：回顾血液的成分及功能，知道血细胞的种类及异常疾病，并将所学知识用于解释生活中的实际问题。

| No | 项目 | 结果 | 提示 | 参考值 |
|----|------|------|------|--------|
| 1 | 白细胞计数(WBC) | 6.3 | | 4.0-10.0 |
| 2 | 淋巴细胞计数(LYH) | 1.2 | | 1.0-3.3 |
| 3 | 单核细胞计数(MO#) | 0.2 | | 0.1-0.6 |
| 4 | 粒细胞计数(GR#) | 4.9 | | 1.4-6.5 |
| 5 | 红细胞计数(RBC) | 4.0 | | 3.90-5.70 |
| 6 | 血红蛋白(HGB) | 116.0 | ↓ | 120-172 |
| 7 | 红细胞压积(HCT) | 42.5 | | 36-50 |
| 8 | 平均红细胞体积(MCV) | 105.6 | ↑ | 80-100 |
| 9 | 平均血红蛋白(MCH) | 28.8 | | 26-34 |
| 10 | 平均血红蛋白浓度(MCHC) | 272.0 | ↓ | 310-370 |
| 11 | 红细胞分布宽度(RDW) | 14.2 | | 11.6-13.7 |
| 12 | 血小板计数(PLT) | 227.0 | | 100-400 |
| 13 | 平均血小板体积(MPV) | 7.1 | ↓ | 9.4-12.5 |
| 14 | 血小板压积(PCT) | 0.2 | | 0.085-0.243 |
| 15 | 血小板分布宽度(PDW) | 17.1 | ↑ | 10-15 |
| 16 | 淋巴细胞比例(LYH%) | 19.1 | | 10-50 |
| 17 | 单核细胞比例(MO%) | 3.9 | | 3-10 |
| 18 | 粒细胞比例(GR%) | 77.0 | | 37-80 |

（设计者：北京燕山前进中学　宫伟）

## 第二节 探究类教学案例

### 一、探究草履虫对刺激的反应

**（一）进阶分析**

本活动基于真实的生活情境，引导学生展开实验探究。在概念形成的过程中，以"生物的生活离不开生活环境"为进阶起点，形成"外界环境变化时，生物体会做出一定的反应"这一概念，最终帮助学生在初中时认识到生物既能适应环境，又能影响环境，生物与环境相互依赖、相互影响。在核心素养方面，则希望学生在生命观念方面能从"对生命活动的过程有一定的认识"出发，到"从草履虫的应激反应中能凝练出生物能趋利避害、适应环境的观点"，再到"认识到生物适应环境的普遍性，运用适应观对生态系统中各种生物的形态结构进行观察和分析"；在科学思维方面以"能够通过比较提出合理的见解"为起点，到"基于数据、图表等证据，能够运用分析比较、归纳总结的方法，建立证据与解释之间的关系"，再到"能够综合运用科学思维，进行多角度思考、辩证地分析问题"；在探究实践方面能从"具有一定的提出问题的能力，了解显微镜的使用方法"，到"初步理解科学探究的一般过程和方法，制订合理的计划探究真实问题"，再到"掌握科学探究的一般过程，运用所学知识和方法解决真实情境中的问题"；在态度责任方面学生"具有探索自然界奥秘的兴趣"的基础上，到能"初步确立严谨求实的科学态度，关注科学探究在解决生物学问题时的重要作用"，再到"参与社会性科学议题的讨论，做出理性解释和判断"。具体进阶过程见下图：

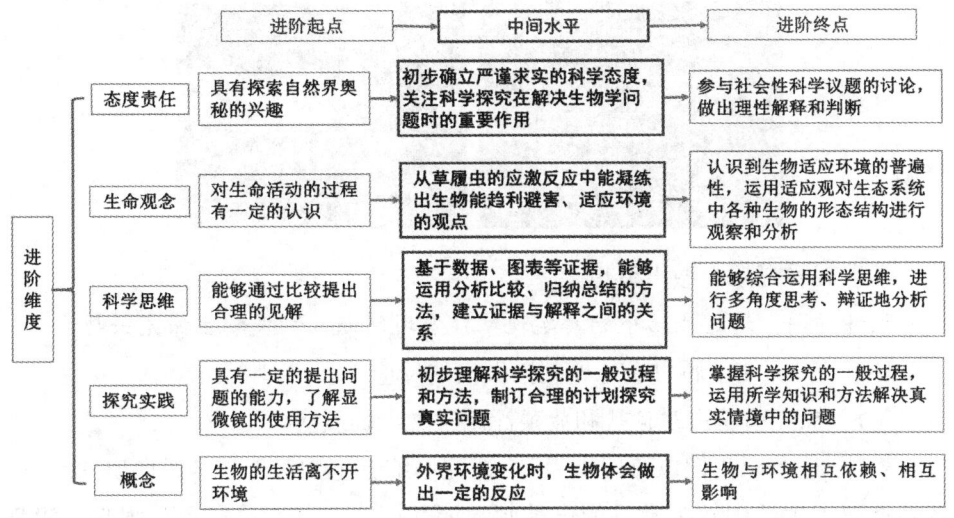

**（二）教学目标**

1.通过观察真实的生活现象，提出探究问题，并利用已有的实验用具，结合实验法的原则设计探究实验，展开实验探究，发展实验探究能力；

2.通过讨论并改进实验方案，培养表达交流能力，发展独立思考、批判质疑的科学精神；

3.通过观察实验现象、制作并分析图表、得出实验结论，体会实验法在科学探究中的一般过程，发展理性思维；

4.结合其他生物的应激性，认同自然界中的生物体都具有应激性，分析应激性对生物体的重要意义。

**（三）教学过程**

环节1：情境导入

教师：（展示视频：小鱼游向食物刺激；用手触碰含羞草叶片合拢）自然界中的动植物都能对外界刺激做出反应，那么生活在水中的单细胞生物草履虫能否对外界刺激做出反应呢？

学生观看视频，做出猜想。

设计意图：通过生活中的真实现象，发现问题，激发学生探究兴趣。

环节2：探究草履虫对外界刺激做出的反应

（1）探究草履虫对食盐和菠菜汁刺激做出的反应

教师：这节课我们以草履虫为例，探究单细胞生物对外界刺激做出的反应。老师选取了生活中较为常见的三种刺激展开探究，分别是：食盐刺激、菠菜汁刺激和光照刺激，草履虫会对这些刺激做出怎样的反应呢？我们通过实验来展开探究。

教师：老师给大家提供了这些实验材料和用具，有草履虫培养液、鱼胶粉溶液、食盐、菠菜汁、黑色卡纸、贴有方格贴纸的计数板、吸水纸、胶头滴管、纱布、解剖针和镊子。请同学们设计实验，探究草履虫对外界刺激做出怎样的反应？

学生根据实验用具设计实验方案，与其他同学讨论实验方案。

教师：显微镜的最小放大倍数是40倍，不能看到视野范围内所有草履虫的运动情况，如何能够缩小放大倍数，并能看清视野范围内全部草履虫的活动情况？

学生：观察计数板和方格贴纸，思考并尝试缩小显微镜的放大倍数。

教师：为了缩小草履虫的活动范围和显微镜的放大倍数，我们可以在计数板上贴上边长只有1cm的方格贴纸，并且将计数板放置在显微镜的光源上而不是载物台上，这样可以进一步缩小草履虫的运动范围，方便在一个视野中观察所有草履虫的运动情况。

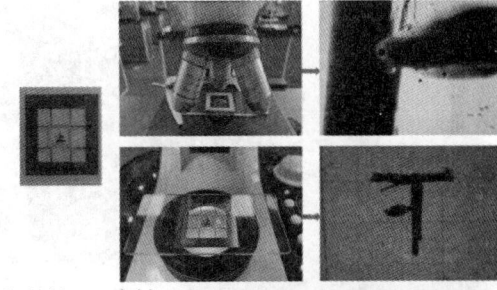

学生动手操作，体会计数板在显微镜不同位置的放大倍数不同。

教师：（展示规范的实验步骤）请同学们分两组展开实验，观察添加刺激前后的草履虫分布情况。

学生完成实验探究，描述实验现象。

 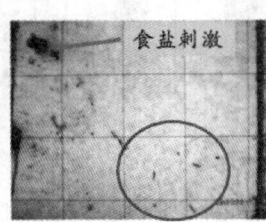 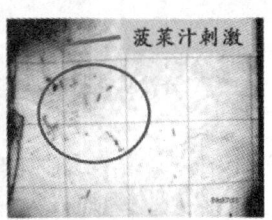

添加刺激前　　　　　添加食盐刺激后　　　　　添加菠菜汁刺激后

（2）探究草履虫对光照刺激做出的反应

教师：如何探究草履虫对光照刺激做出的反应呢？请同学们利用老师给出的实验用具完成实验设计。

学生结合上个实验的经验，设计实验方案，讨论、改进实验方案。

教师：同学们仔细观察计数板中间的方格，可以发现在计数板中间的方格范围内有更小的小方格，我们可以利用这一特点，在实验前先记录视野中草履虫的数量，再将黑色卡纸在计数板的上下两侧同时遮光，黑色卡纸要正好遮住视野范围的一半。每隔5秒记录见光处草履虫的数量。

教师：大家按照规范的实验操作步骤展开实验，并记录实验结果。

学生分组展开实验，记录实验结果。

教师：（展示柱状图）老师根据同学们的实验结果绘制出柱状图，请同学们描述你观察到什么实验现象？分析图表，你能得到什么结论？

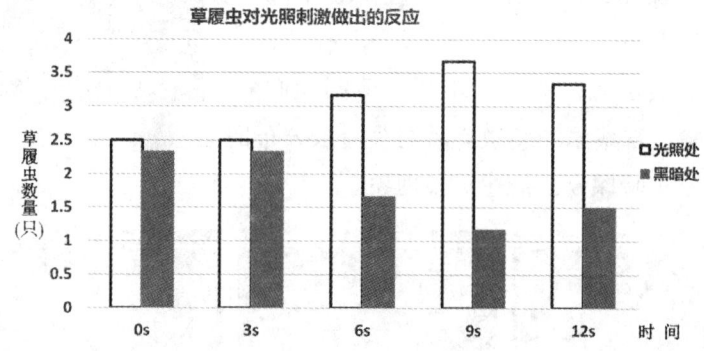

学生分析柱状图描述实验现象，总结结论。

教师：这张图的横坐标表示时间，纵坐标表示草履虫的数量，白色柱子表示光照处草履虫的数量，灰色柱子表示黑暗处草履虫的数量，通过柱状图，我们更加直观看到草履虫趋向有光照的一侧。因此我们可以得出草履虫具有趋利避害的特性，我们称这种特性为应激性。

设计意图：通过设计实验方案，提高学生的科学探究能力和创新能力；通过改进实验方案，培养学生分析问题、解决问题的能力以及大胆创新的探究精神；通过完成探究实验，帮助学生真实地体会到草履虫具有趋利避害的应激性；通过描述现象、归纳结论，提高学生科学探究能力，逐渐形成严谨的科学态度。

环节3：应激性的重要意义

教师：应激性对草履虫有哪些重要意义？

学生结合生活实际，思考并回答问题。

教师：（展示图片：羚羊逃避猎豹的捕食、茅膏菜捕食昆虫）这些生物所做出的反应都属于应激性，生物的应激性有什么意义？

学生分析生物具有应激性的意义。

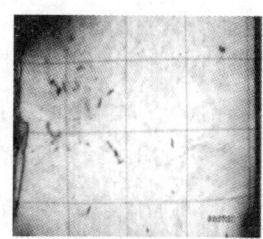

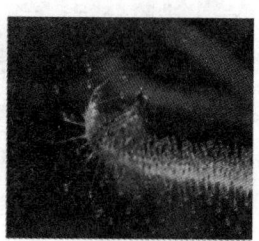

草履虫趋向菠菜汁　　　　羚羊逃避猎豹的捕食　　　　茅膏菜捕捉昆虫

设计意图：结合动植物在自然界表现出的应激性，认同生物普遍具有应激性，通过分析应激性的意义发展科学思维，并建立适应观。

环节4：课堂小结

教师：通过本节课的学习，我们通过实验探究，认识到草履虫能够对外界刺激做出反应，具有应激性。希望同学们能够留意生活中有趣的生命现象，并且尝试利用生物学的研究方法展开探究。

学生回顾本节课所学内容。

设计意图：小结本节课重点内容。

（设计者：北京燕山向阳中学　付静）

# 二、酵母菌的神奇作用

## （一）进阶分析

本节内容以学生已有概念"生物体是由细胞构成的"为起点，通过对酵母菌发酵作用的探究活动，形成"酵母菌是单细胞生物，酵母菌细胞结构和动植物细胞都不相同，酵母菌可以发酵食品"这一概念，为初中阶段形成"发酵技术利用了微生物的特性，通过一定的操作过程生产相应的产品"搭建概念进阶的阶梯；在探究实践方面，以"对实验现象进行描述，分析处理信息并得出结论"为基础，学生能进一步"熟练使用显微镜，初步理解科学探究的一般过程和方法"，为初中阶段能"掌握科学探究的一般过程，运用所学技能解决真实情境中的问题"搭建进阶的阶梯；在科学思维方面，以"通过分析比较等方法，抓住简单事物的本质特征"为基础，通过本节活动，学生能"基于数据、图表等证据，能够运用分析比较、归纳总结的方法，建立证据与解释之间的关系"，为初中阶段"能够综合运用科学思维，探讨真实情境中的生物学问题"搭建进阶的阶梯；在态度责任方面，在学生"具有探索自然界奥秘的兴趣"的基础上，引导学生"关注生物技术的应用对人类社会的重要作用"，为将来能"参与社会性科学议题的讨论，做出理性解释和判断"搭建进阶的阶梯。具体进阶过程见下图：

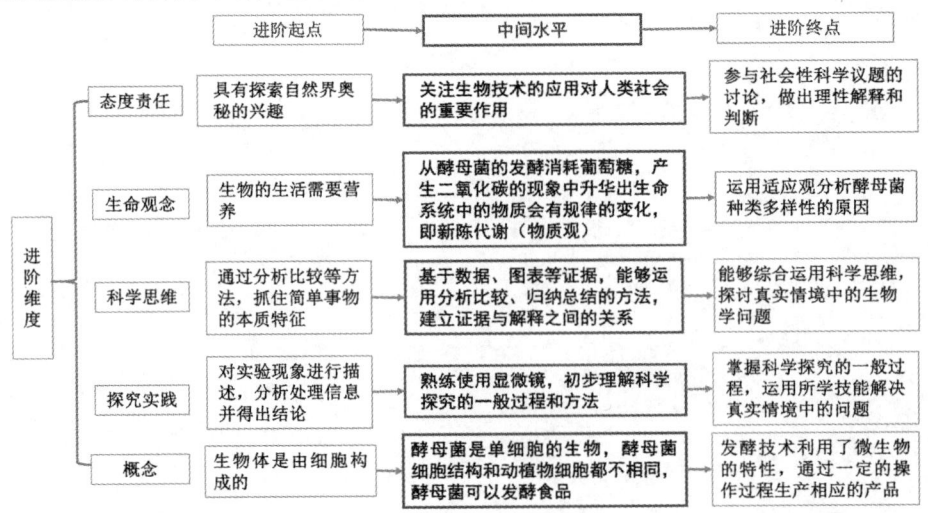

（二）教学目标

1. 通过使用显微镜观察酵母菌，能说出酵母菌的结构、各结构的功能及生殖方式；养成认真观察、实事求是的科学态度；

2. 通过实验探究，说出制作馒头、面包等发酵食品时的发酵原理，发展科学探究能力，激发学生对科学的求知欲，保持对生活中的生命现象的好奇心；

3. 通过对酵母菌生命活动的分析，得出酵母菌是可以独立完成生命活动的单细胞生物这一重要概念。

（三）教学过程

环节 1：情境导入

教师展示生活中常食用的发酵食品（如面包、包子、馒头）。

学生观看图片。

教师：课件上展示的几幅图片，是我们生活中经常吃到的食物，他们都松软可口，同学们知道这些食物在制作的过程中有什么共同点吗？

学生进行观察、分析、比较几种食物的共同点。

教师：他们在制作过程中通过放酵母菌达到松软可口的效果，酵母菌在其中起到了什么作用？下面我们就一起来探究酵母菌的秘密。

设计意图：用比较熟悉的食物引入，引起学生兴趣，引出本课要研究的主要内容。

环节 2：探究酵母菌的作用

教师：（展示图片）这里有两组面团，A 组放酵母，B 组不放酵母，其他条件都一样，对它们的重量和厚度进行测量后，绘制成柱状图。

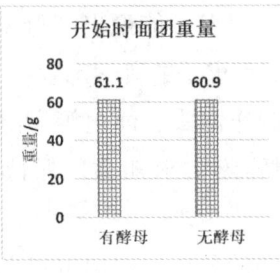
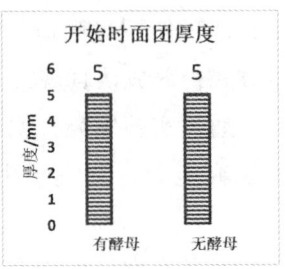

教师：两个小时后，再次对 A 组和 B 组面团的重量和厚度进行测量又得到一组数据。请同学们描述实验现象。

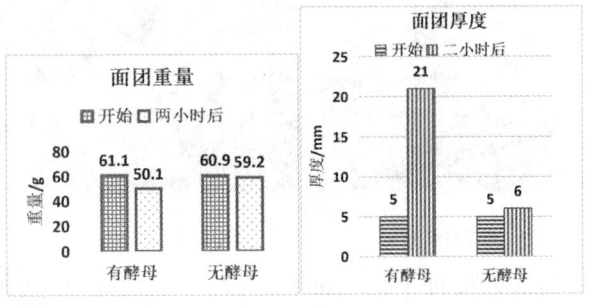

学生观察对比两个小时前后面团的变化及实验数据，描述实验现象。

设计意图：通过观察放酵母和不放酵母面团之间的区别，引导学生思考，提出假设，为进一步探究酵母菌的发酵原理做铺垫。初步渗透定量的思想。

教师：放酵母菌的面团厚度变大了，质量变小了。而不放酵母的面团变化不大。为什么会出现这样的现象呢？

教师展示 A、B 两面团内部情况。

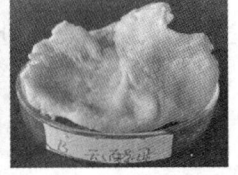

教师：请同学们来描述一下他们的区别。

学生观察对比面团内部情况，描述区别。

设计意图：探究面团体积变大的原因，逐步引导学生从气体产生的角度探究发酵的原理，渗透对照的思想。

教师：有酵母菌的面团内部有很多孔，这些孔是怎么产生的？

学生分析面团内部产生孔洞的原因。

教师：同学们认为这些孔是由酵母菌产生的气体造成的。如何证明酵母菌确实产生了气体？

设计意图：通过比较、分析提高逻辑推理能力。

环节3：探究酵母菌的发酵原理

教师：现为同学们提供了酵母菌、试管、试管架、葡萄糖溶液、玻璃棒、气球、葡萄糖试纸、恒温水浴锅等实验材料。由于面粉中主要是淀粉、葡萄糖等糖类，为了能更清楚、更快地观察到现象，我们用葡萄糖来代替面粉。现在请同学们根据老师提供的实验材料以小组为单位设计实验来验证酵母菌产生了气体。

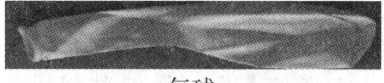

玻璃棒

试管和试管架　　酵母菌　　葡萄糖溶液　　　　　　　　气球

教师：设计实验时需要思考以下几个问题：如何设置对照实验？如何收集气体？将实验的设计思路写到或者画到学案上。

学生小组讨论设计实验来探究酵母菌是否产生气体，并将设计思路写到或画到学案上。

学生小组代表展示设计结果，其他的小组对其进行补充和修正。

教师：为在实验中保证操作的规范性，请大家观看老师提供的实验操作步骤。

教师播放实验视频，讲解实验步骤。①将酵母菌与葡萄糖溶液混合，并用玻璃棒搅拌均匀；②将混匀

后的溶液倒入试管中，用葡萄糖试纸检测葡萄糖含量，贴在学案上；③将气球套在试管口上，将试管置于恒温水浴锅中 10 分钟。

学生观看视频，听取老师讲解操作步骤。

教师：下面请以小组为单位进行实验操作。

学生小组按步骤进行实验操作。

设计意图：基于所学的知识，从真实的情境中制订完整的探究计划，应用控制变量设计实验方案，提高在真实情境中制订探究计划的能力。

环节 4：观察酵母菌的结构

教师：我们刚做的实验还需要一定的时间才能出结果，在等待的过程，我们来看看酵母菌的庐山真面目吧，老师给大家准备好了两种不同的酵母菌溶液。

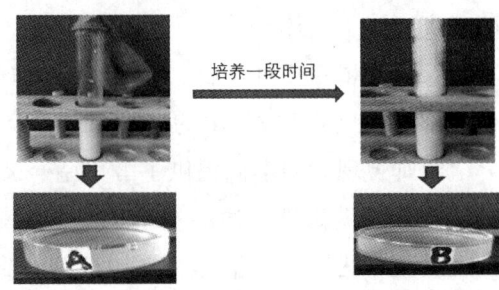
培养一段时间

教师：请看我们桌子上的培养皿，A 里面是根据我们刚才的操作步骤刚加入酵母菌。B 里面是进行培养了一段时间的酵母菌，请大家以小组为单位，两人一组，分别观察 A、B 中酵母菌有何异同点。

教师讲解并出示观察要求。

学生听取老师观察要求，用显微镜进行观察。

设计意图：通过对相同起始浓度的刚配制的酵母菌液和培养一段时间后的酵母菌液的微观观察，对比相同

观察顺序：先低倍镜，再到高倍镜

要求：
1.数出在40倍物镜下酵母菌的数量。
2.挑选出一个清晰的物像在学案的相应位置绘制出酵母菌，并结合酵母菌的模式图标明各结构的名称。
3.数出视野中的酵母菌数量。
4.两人互换观察，比较两个视野中酵母菌的区别。

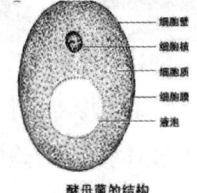
酵母菌的结构

放大倍数、相同视野范围内酵母菌的数量和形态、结构的异同，能描述酵母菌的结构、分析推理出酵母菌的生殖特点及方式。

教师：请同学来描述一下酵母菌是由哪几部分组成的？

学生代表上台描述标画酵母菌的结构，其他学生进行补充并修正。

教师：这与我们以前观察过的什么细胞结构相似？

学生回忆以前实验中观察过的细胞。

教师：酵母菌细胞结构与我们观察过的蓝莓、葡萄等果肉细胞很相似，所不同的是蓝莓、葡萄等都是由多个细胞构成的，而酵母菌只由一个细胞构成。

设计意图：形成对酵母菌细胞结构的认识，为后面建构"酵母菌是可以独立完成生命活动的单细胞生物"这一概念做铺垫。

教师：请同学们来描述下两个人的视野中酵母菌数量有何不同？

学生观察、比较描述视野中酵母菌的数量情况。

教师：老师把同学们的统计数据做成了柱状图，这是统计结果。哪位同学来描述一下实验现象。

教师：从柱状图中我们看到了相同的现象，培养一段时间后酵母菌的数量增多。

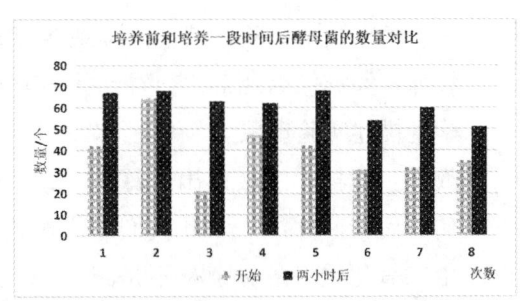

教师：为什么培养一段时间后酵母菌的数量会增加呢？

学生观察图片回答问题。

教师：同学们在观察时发现这样的现象：有的酵母菌上会长出一个突起，这个突起逐渐长大成熟最后会与母体分离，这是酵母菌的生殖，这种生殖方式叫出芽生殖。酵母菌遇到适宜的环境，会通过出芽生殖大量繁殖。

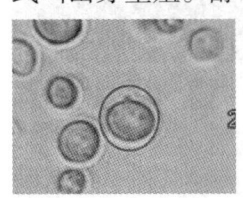 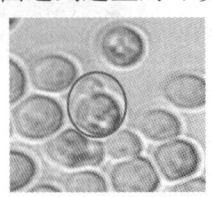 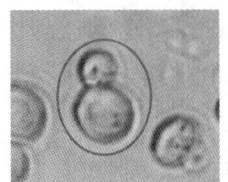 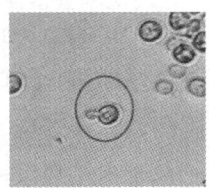

学生听老师讲解出芽生殖的概念。

设计意图：基于数据、图表等证据，能够运用分析比较、归纳总结的方法，建立证据与解释之间的关系。

环节5：分析酵母菌的发酵原理

教师：看完酵母菌，我们的实验结果也出来了，请同学们拿回本组的实验装置，观察现象，填写学案。

学生拿回本组的实验装置，观察现象，填写学案。

教师描述本组的实验现象。

学生描述实验现象。

教师：大家可以看到气球鼓起来了，还看到我们的试管里还有很多小气泡在不停地往外冒。说明确实有气体产生。那么进入气球里的气体是什么呢？我们怎么来检测呢？

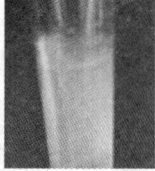

学生操作　　　　实验现象

教师：老师先找一名同学上来做一个小实验，用吸管向这个烧杯的液体里吹气。

一名学生演示实验，其他同学观察现象。

教师：大家仔细观察，会看到什么现象？

学生描述实验现象。

教师：烧杯中的液体出现浑浊。这个烧杯中的液体是澄清石灰水，遇到二氧化碳后会变浑浊。因此我们经常用这个方法来检验二氧化碳。人呼吸可以产生二氧化碳，酵母菌是不是跟我们一样产生二氧化碳呢？我们一起来验证一下。

教师：我请大家观察检验方法，首先，取一支装有澄清石灰水的试管，将气球移到这个试管上，注意在移动的过程中拧几

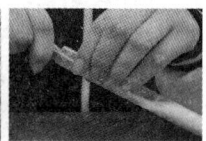

下气球以防止气球里的气体跑掉，将气球套在试管上后，挤出气球中的气体，震荡试管观察现象。

学生按要求进行实验操作。

教师：请同学来描述一下所看到的现象。

学生描述实验现象。

教师：大家看到澄清石灰水中有浑浊出现。这说明气球里的气体是二氧化碳。

教师：我们再用葡萄糖试纸来检验一下现在试管中的葡萄糖浓度，并贴在学案相应位置。

学生按要求操作。

教师：与最初测量的葡萄糖试纸做进行对照，发现什

么现象？说明了什么？

学生进行对比，描述实验现象。

教师：葡萄糖试纸的颜色比原来的颜色浅了，说明葡萄糖含量降低了，酵母菌会消耗葡萄糖。

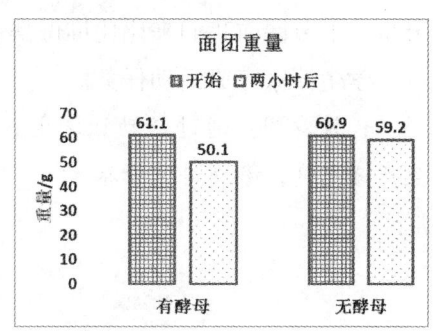

教师：回忆我们一开始的面团实验，有酵母菌的面团质量变小了，大家能解释一下这个原因吗？

学生根据实验现象分析描述有酵母菌的面团质量变小的原因。

教师：（展示实验的现象）根据我们观察到的现象能说明什么问题？

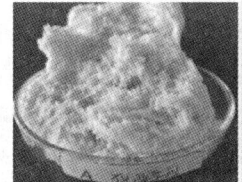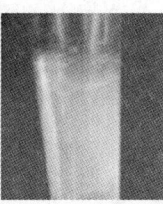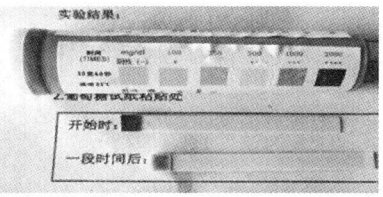

学生综合前边四组实验的结果尝试分析、总结原因。

设计意图：学生通过实验操作，对实验结果的分析、描述得出酵母菌的发酵原理，培养学生的分析总结和解决实际问题的能力，形成"酵母菌在生命活动过程中消耗葡萄糖（淀粉），产生二氧化碳"这一认识，为构建"酵母菌是可以独立完成生命活动的单细胞生物"这一重要概念做铺垫。

教师：通过这些实验现象，我们可以看出酵母菌产生二氧化碳气体的过程中，会消耗面粉或葡萄糖，这就是酵母菌的呼吸作用。酵母菌通过呼吸作用将面粉或葡萄糖分解成二氧化碳，气体在面团中形成了很多的孔，导致面团体积变大。另外由于呼吸作用会消耗面粉或葡萄糖，面粉或葡萄糖含量下降。是酵母菌由一个细胞构成，可以独立完成呼吸、生殖等生命活动，所以酵母菌为一种单细胞生物。

环节6：课后小活动

教师：今天我们了解了酵母菌可以使馒头松软的原因，请同学们回家后帮家长蒸馒头、花卷或者做面包等，在做的过程中详细记录面粉的质量、酵母菌的放入量以及发面时的温度、时间等，最后将做出来的作品进行拍照、分享，下节课前我们来比比谁做得最好。

学生回家完成活动任务。

设计意图：通过活动让学生巩固今天所学知识，锻炼动手能力，培养学生严谨态度，渗透科学素养。

（设计者：北京燕山向阳中学　张南南）

# 三、洗手有门道

## （一）进阶分析

本活动主要通过实验探究的方式，培养学生健康地生活，养成良好的生活方式，但在知识上还需有微生物的相关知识作为基础，不断提升学生的知识水平与核心素养。在概念层面上，以 3—4 年级 "生物与人类生活关系密切" 为进阶起点，形成 "微生物一般指个体微小、结构简单的生物，主要包括病毒、细菌和真菌。有些微生物会使人患病" 的概念，最终希望学生能够在初中时 "列举出微生物主要以寄生或腐生的方式获取营养，这种营养方式对自然界物质循环具有十分重要的意义"。在核心素养方面，则希望学生在科学思维方面能从 "基于证据进行思考和判断"，到 "能对他人观点进行审视，能够基于证据，运用分析比较、归纳总结的方法，建立证据与解释之间的关系"，再到 "能够综合运用科学思维，探讨真实情境中的生物学问题"；在探究实践方面能从 "根据问题提出假设，利用控制变量的方法设计简单实验"，到 "确定、分析和评价科学实验中的变量控制，运用科学方法描述和处理信息并得出结论"，再到 "掌握科学探究的一般过程，运用所学技能解决真实情境中的问题"；在生命观念方面，希望学生能从 "生物的生活需要营养"，到 "从不同的洗手方式都可以减少细菌繁殖的事实中强化一切生命活动都是通过一定的生命物质来实现的"，进而 "能够应用生态观分析微生物在环境修复中的作用"；在态度责任方面能从 "认同健康很重要"，到 "明确良好的生活习惯和方式是健康的前提"，再到 "主动宣传关于生命安全与健康的观念和知识"。具体进阶过程见下图：

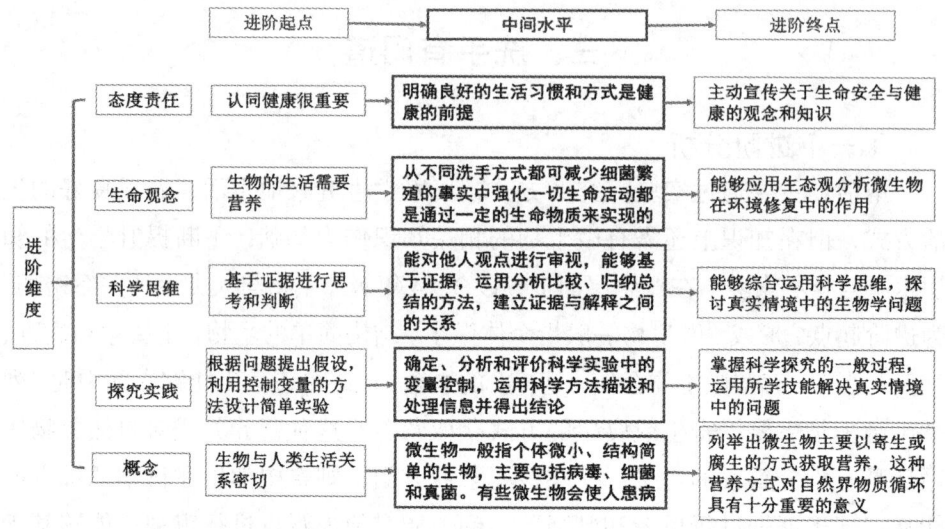

（二）教学目标

1. 通过击鼓传递活动，分析模拟实验中细菌传播的途径和方式，认同人的生活场所中各种微生物无处不在；

2. 通过分析日常生活中的洗手方式，提出探究问题及假设，并根据微生物的生存条件及实验设计的原则，设计探究实验，提升科学思维；

3. 通过探究实验，分析确定较优的洗手方式，提升学生利用科学知识解决实际问题的能力，并养成健康生活的习惯；

4. 在小组合作的探究活动中，能积极参与互动，乐于与他人交流合作，共同解决科学问题，提高合作学习的能力。

（三）教学过程

环节1：情境导入

教师：（拿出涂抹有洗衣液的玩偶）请同学们听老师的击鼓声，用右手快速传递玩偶。

学生听老师口令，参与击鼓传递活动。

教师：（玩偶传递一圈后）停！现在请一名同学上台，用荧光检测笔分别照射自己的左手和右手，描述观察到了什么现象？

学生：右手上有大量荧光，而左手上没有。

教师：为什么呢？手上的荧光来自哪里？

学生：可能来自于玩偶，因为刚刚用右手传递了玩偶。

教师：（用荧光检测笔照射玩偶）大家的猜测是正确的，大家右手上的荧光确实来自于玩偶。这些荧光是洗衣液造成的，模拟的是环境中的细菌、真菌、病毒等这些肉眼难以观察到的微生物。在我们生活的环境中含有各种各样的微生物，那么它们都分布在哪里呢？

学生：空气中、手上、课桌上、笔袋上、黑板上等等，无处不在。

设计意图：通过击鼓活动的实验现象分析，引导学生基于证据进行思考和判断，并理解个体微小的微生物与人类是密切相关的。

环节 2：微生物无处不在

教师：大家说得都很对，但微生物个体微小，很难用肉眼观察到，我们需要用实验方法来进行验证。课前，生物兴趣小组的同学进行了实验，他们先用未清洗的手在灭菌后的培养基上按压指印，标号 1；再用清洗后的手分别接触电脑键盘、手机、黑板、笔袋和教室门把手后，在灭菌后的培养基上按压指印，分别标号 2—6；将 6 个培养皿置于温暖、潮湿的环境中培养 24 小时，得到如下实验现象。

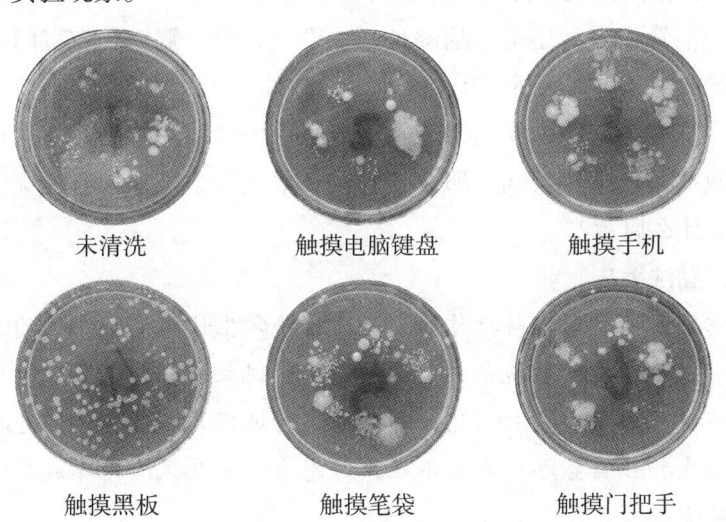

未清洗　　　　　触摸电脑键盘　　　　触摸手机

触摸黑板　　　　　触摸笔袋　　　　　触摸门把手

图 1　"不同生活用品上微生物的分布情况"实验现象

教师：培养基上分布的斑点，就是细菌、真菌繁殖后形成的菌落。单个的细菌、真菌我们看不到，但当细菌、真菌繁殖出很多个体聚合在一起后，我们就能观察到了。

教师：在分析实验现象前，请同学们先考虑，按压指印培养一段时间后能看到菌落，这说明什么？

学生：手指上分布有细菌、真菌等微生物。

教师：培养基是由富含营养物质的琼脂溶于水后熬制、灭菌，置于无菌培养皿中静置而成的。那么，为什么要在培养基上按压指印？不直接在培养皿中按压指印呢？

学生：细菌、真菌等微生物属于生物，生存、繁殖都需要营养物质。

教师：为什么要将培养基和培养皿进行灭菌处理呢？

学生：为了防止其他微生物干扰实验结果。

教师：在培养微生物时，培养皿为什么要放在温暖、潮湿的环境中？

学生：微生物只有在适宜的环节条件下才能正常生存和繁殖。

教师：请同学们描述你观察到了什么实验现象？

学生：6个培养皿中都有菌落，但不同培养皿中菌落大小和数量不同。

教师：根据实验现象能得到什么实验结论呢？

学生：不管是手，还是电脑键盘、手机、黑板、笔袋和教室门把手上都分布有大量的细菌、真菌等微生物。

教师：日常生活中，我们无法避免要用手去接触一些物品，这很容易接触到一些致病菌，感染疾病，那么我们在日常生活中该如何去做呢？这个实验对大家有什么启示？

学生：勤洗手！

设计意图：通过对实验操作的分析，引导学生认识到微生物的生存与繁殖需要营养以及适宜的环境条件；通过对实验现象的分析，引导学生用科学的语言描述实验现象和实验结论，并建立实验证据与解释实际问题之间的关系，认同微生物在自然界中无处不在，若想降低患病风险需养成良好的生活习惯，正确洗手。

环节3：探究如何洗手更卫生

教师：日常生活中，大家都是如何洗手的？

学生：用自来水快速冲洗、用肥皂或洗手液清洗……

　　教师：综合同学们的描述，日常生活中，大家洗手的区别主要是在洗手时使用的清洁用品不同或洗手的时长不同。我们这节课就通过实验来探究到底如何洗手更合理？

　　教师：请大家分成6组，1—3组设计实验探究"用什么洗手更卫生"，4—6组设计实验探究"洗手多长时间更卫生"。具体实验用具有灭菌培养基、具盖无菌培养皿、清水、肥皂、洗手液、免洗洗手液、酒精湿巾等。各小组可根据本组探究的问题任选实验用具。现在，请同学们以小组为单位进行实验设计。

　　学生小组合作，设计实验。

　　教师：请各小组派代表汇报本组实验方案，其他小组同学认真聆听，看看与你们组的实验方案有何不同。

　　学生小组汇报实验方案，组间分析实验方案的合理性。

　　教师：根据同学们的汇报，实验一"探究用什么洗手更卫生"可以分别使用清水、肥皂、洗手液、免洗洗手液、酒精湿巾进行相同时间的手部清洁，然后在无菌培养基上按压手印，并与未清洁的手形成对照，置于温暖、潮湿的环境中培养24小时后，观察实验现象。而实验二"探究洗手多长时间更卫生"可以选择清水或某一种清洁用品，清洗不同的时间，然后在无菌培养基上按压手印，置于温暖、潮湿的环境中培养24小时后，观察实验现象。

　　教师：大家在实验设计过程中都注意到了实验的变量，并采用不同的方式对实验变量进行了控制，接下来，请各小组根据刚刚的汇报，完善本组实验方案。

　　学生修改、完善本组实验方案。

　　教师：修改完成后的小组可以根据实验方案选择本组实验用具开展实验，并将设置好的实验装置置于恒温箱中。

　　学生开展实验。

　　教师：由于实验现象还需再培养24小时后才能观察到，我们先来看看生物兴趣小组课下的实验结果。

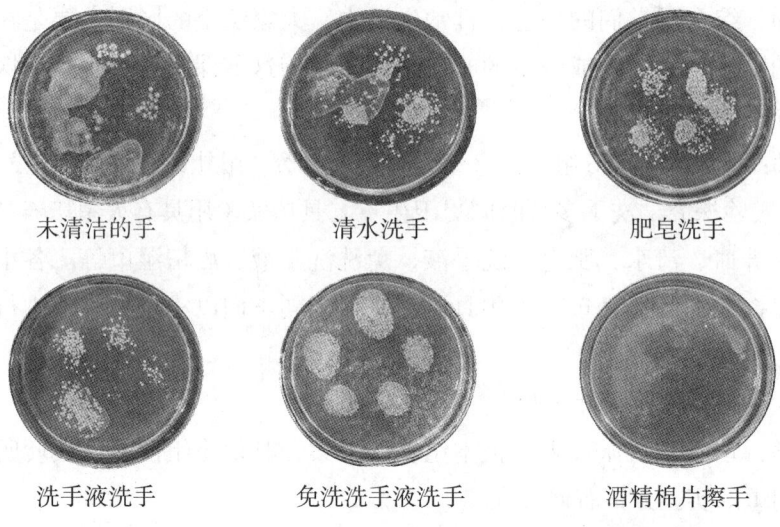

未清洁的手　　　　　清水洗手　　　　　肥皂洗手

洗手液洗手　　　　免洗洗手液洗手　　　　酒精棉片擦手

图 2　"探究用什么洗手更卫生"实验现象

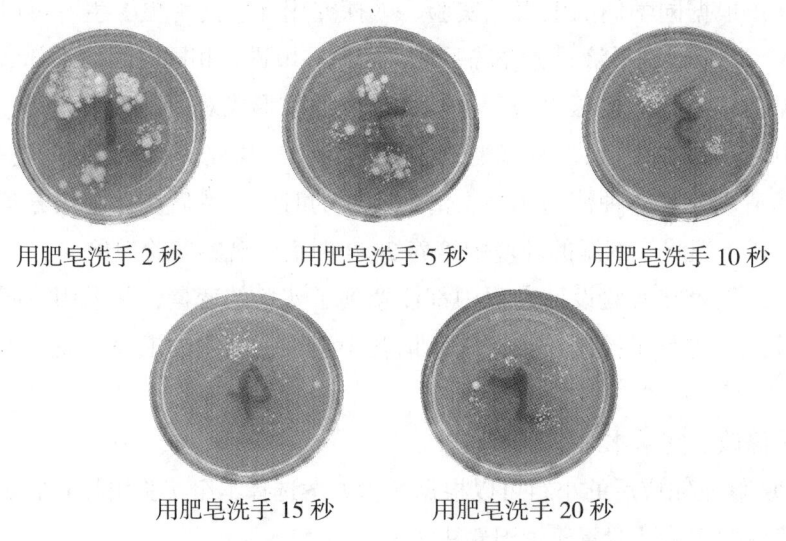

用肥皂洗手 2 秒　　　用肥皂洗手 5 秒　　　用肥皂洗手 10 秒

用肥皂洗手 15 秒　　　用肥皂洗手 20 秒

图 3　"探究洗手多长时间更卫生"实验现象

　　教师：在两个实验中，大家分别观察到了怎样的实验现象？

　　学生：在"探究用什么洗手更卫生"实验中，除了用酒精棉片擦手的培养基上没有菌落外，其他洗手方式的培养基上均有菌落；在"探究洗手多长时间更卫生"实验中，随着洗手时间的延长，培养基上的菌落越来越少。

教师：大家能得到什么实验结论？能带给大家什么启示呢？

学生：酒精湿巾擦手的洗手方式更卫生，其次是洗手液；若用其他洗手方式，洗手时间越长越好。

设计意图：通过分析日常生活中的洗手方式，提出探究问题，作出假设，并利用有关实验用具通过小组合作设计、开展实验，引导学生确定、分析和评价科学实验中的变量，提升学生交流合作与实验探究能力；通过组间实验方案的分享与分析，提升科学思维，强化学生审视他人观点的能力；通过对实验现象的分析，得出客观、合理的实验结论，锻炼运用分析比较、归纳总结来解释生活实际问题的能力，认同正确洗手的重要性，明确良好的生活习惯和方式是健康的前提。

环节4：养成正确的洗手习惯

教师：那么在日常生活中，到底如何洗手才科学呢？除了上述的实验结论外，建议大家使用七步洗手法。请大家观看视频学习七步洗手法。

教师播放七步洗手法视频。

学生观看视频，并跟随视频练习七步洗手法。

教师：视频中为大家介绍了正确的洗手步骤，希望大家可以将其应用到日常生活中，同时为保证七步洗手法的有效性，要求大家每一步揉搓时间应大于15秒，才能有效去除病菌。

设计意图：通过视频、实践学习正确的洗手方式，养成良好的生活习惯，关注自身身体健康，养成良好的生活习惯和方式。

环节5：课堂小结

教师：通过本节课的学习，希望大家能正确认识到洗手的重要性，在未来的生活中养成正确洗手的生活习惯。也欢迎同学们认真观察生活中的现象，不断提出问题，并尝试用生物学知识与方法解决问题。

设计意图：小结本课重点，引导学生进一步观察生活中的现象，并不断提出问题，用生物学知识与方法解决问题。

（设计者：北京燕山向阳中学　李梦洁）

## 四、圆明园古莲迟到百年盛开的秘密

### （一）进阶分析

本活动以水生植物莲的种子为研究对象，通过观察、比较与探究活动，探究莲种子寿命长的原因。在概念上以小学科学"植物能够长出新的植物"为进阶起点，初中"植物有自己的生命周期；适应的普遍性和相对性"为进阶终点，通过对莲种子结构的观察与探究活动，形成"种子包括种皮和胚等结构；适应对生物的生存和繁衍有重要意义"的概念；探究实践方面，以"能运用观察、实验等方式获取信息，分析处理信息并得出结论"为进阶起点，以能够"掌握科学探究的一般过程，运用所学技能解决真实情境中的问题"为进阶终点，通过情境和问题串设计了观察莲种子的外形特点、解剖莲种子、实验验证莲种子中抗氧化物含量多（寿命长的因素之一）的活动，帮助学生形成"具有获取信息，运用科学方法描述和处理信息并得出结论的能力"；在科学思维方面，以 "通过分析比较等方法，抓住简单事物的本质特征"为进阶起点，以"能够综合运用科学思维，探讨真实情境中的生物学问题"为进阶终点，通过本活动学生能"基于数据、图表等证据，能够运用分析比较、归纳总结的方法，建立证据与解释之间的关系"；在生命观念方面，以 "植物生长发育是植物生命活动中十分重要的生理过程"为进阶起点，以"运用适应观对生态系统中各种生物的形态结构进行观察和分析"为进阶终点，形成"适应一方面指生物的结构都与功能相适应；另一方面指结构与功能适合于该生物在一定环境条件下的生存和延续"的观念；在态度责任方面，以"具有探索自然界奥秘的兴趣"为进阶的起点，以"参与社会性科学议题的讨论，做出理性解释和判断"为进阶终点，引导学生"初步确立严谨求实的科学态度，关注科学探究在解决生物学问题时的重要作用"。具体进阶过程见下图：

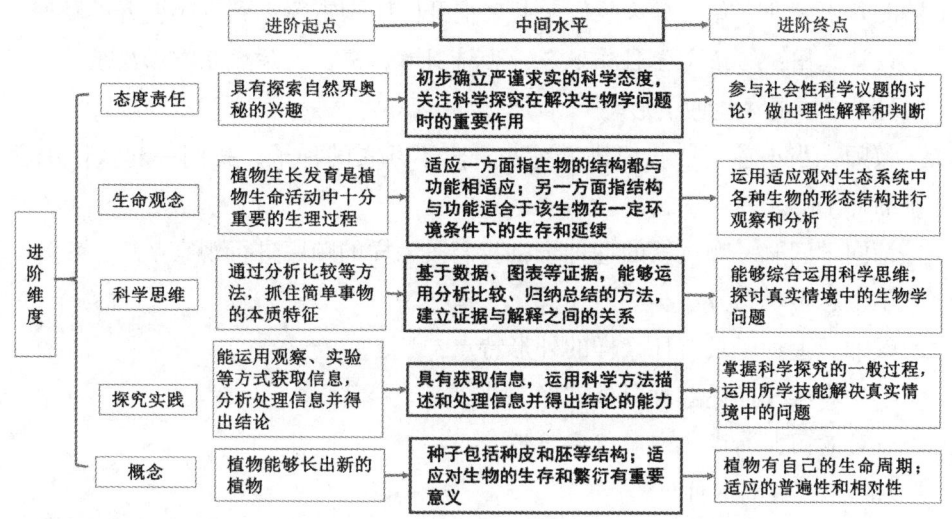

**（二）教学目标**

1.通过观察和解剖莲种子，能够说出水生植物莲种子的基本结构及各结构的功能，提高动手操作能力和观察能力；

2.通过莲种子结构与陆生植物大豆、花生种子结构的对比，体会结构与功能、结构与环境相适应的生命观念；

3.通过对莲子、花生、大豆抗氧化物含量的定量实验，发展学生科学探究能力；

4.通过对莲种子结构的观察、体验及抗氧化物成分的定量实验，说明莲种子寿命长的原因，发展学生科学思维。

**（三）教学过程**

环节 1：情境导入

教师："接天莲叶无穷碧，映日荷花别样红"，宋代诗人杨万里为我们写出了西湖六月莲花盛开的美景。漂亮的莲花不只存在于西湖之中，圆明园古莲池的莲花更加珍贵，我们一起来欣赏一下吧！

学生欣赏古诗词及圆明园古莲池莲花美景。

教师：看上去平平无奇的莲花为什么更珍贵呢？因为这满塘莲花是由 2017 年在圆明园出土的古莲子培育出来的。为什么在地下埋藏百年的古莲子依然能开出满塘莲花？今天我们一起来揭开圆明园古莲迟到百年盛开的秘密。

设计意图：与语文学科相融合，古诗引入新课，关注学生全面发展。

环节 2：观察莲种子形态

教师：小小莲子能长成满塘莲花，离不开它的种子，我们一起来认识它神奇的种子吧。

请同学们取一颗浸软的莲种子，我们按怎样的顺序进行观察？

学生思考观察方法。

教师：莲种子具有什么样的外形特点？

学生观察并描述莲种子外部形态。

设计意图：养成良好的观察习惯。

环节 3：解剖莲种子

教师：接下来，我们来观察它内部的结构特点。莲种子由几部分构成？每一部分有什么特点？带着问题开始解剖。

学生剥去种皮，然后轻轻分开合拢的两片子叶。

教师：请同学们描述莲种子由哪几部分组成的？每部分有什么特点？

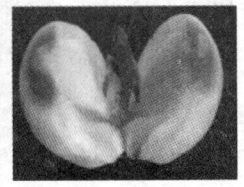

学生描述莲种子的组成及特点。

教师：请根据莲种子各部分的特点及与萌发到不同阶段的莲种子对比，推理每一部分有什么功能？

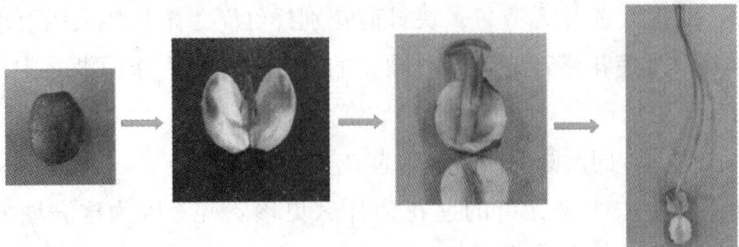

学生根据位置和结构特点分析推理各结构的功能。

教师：最外的皮有保护作用，我们称为种皮；嫩芽将来发育成莲的茎和叶，我们称它为胚芽；胖胖的两瓣非常饱满，富含营养，我们称为子叶；两片子叶相连的地方，是胚轴；胚轴向下是极度退化的胚根，将来发育成莲的根。胚芽、胚轴、胚根、子叶构成了胚，胚和种皮构成了莲种子。

设计意图：通过观察和解剖莲种子，能够说出水生植物莲种子的基本结构及各结构的功能，提高动手操作能力和观察能力；并提高学生通过分析、推理获取信息的能力。

教师：四年级的时候我们学习过常见种子的结构，请同学们解剖大豆、花生种子，找出花生种子和莲种子结构上有什么异同点？

学生观察比较莲种子与大豆、花生种子的异同点。

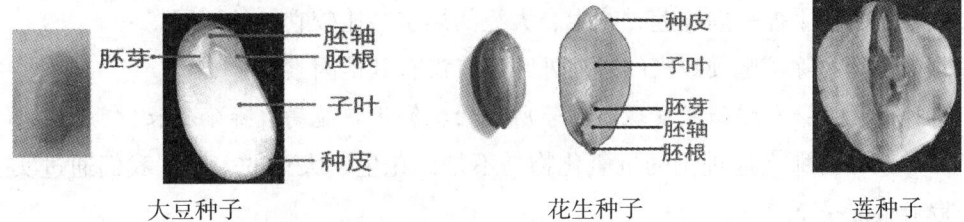

大豆种子　　　　　　　　　　花生种子　　　　　　莲种子

教师：为什么会有这样的不同？

学生分析莲种子与大豆、花生种子结构不同的原因。

设计意图：通过莲种子结构与陆生植物大豆、花生种子结构的对比，体会结构与功能、结构与环境相适应的生命观念。

教师：莲种子中哪一部分将来发育成一个完整的植物体？

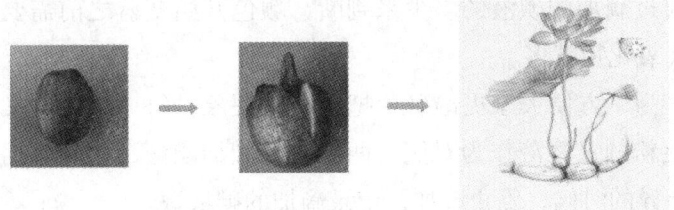

学生分析推理发育成完整植物体的结构。

设计意图：引导学生通过分析推理抓住事物的本质特征。

环节 4：分析古莲子沉睡百年的原因

教师：我们通过学习知道花生种子和莲种子中都有发育成植物体的胚，那么为什么没有听说过百年花生，却有百年甚至千年古莲？

小资料：种子的寿命因植物种类的不同而不同。柳树种子的寿命极短，成熟后只在 12 小时以内有发芽能力；巴西橡胶的种子寿命仅一周左右；杨树种子的寿命一般不超过几个星期；花生种子的寿命为 1 年；小麦、水稻、玉米、大豆的种子寿命为 3~6 年；莲的种子寿命很长，寿命长达数百年甚至千年。

教师：为什么莲种子寿命这么长？莲种子能这么长寿，是多种因素的结果。种子存在于果实内部，我们先从果实中找找答案吧。我们来比较一下莲果实和花生果实、大豆果实，同学们有什么发现？

学生动手捏一捏睡莲、花生、大豆的果实，比较它们的不同。

教师：除了坚硬致密的果皮外，还有没有其他因素？

小资料：科学研究发现，种子所含的抗氧化物越高，寿命越长！

教师：那么莲种子的抗氧化物是不是比花生、大豆的多吗？我们通过实验来验证一下。

实验原理：淀粉遇碘变蓝；抗氧化物和淀粉不反应；抗氧化物遇碘先发生反应，这时碘不和淀粉反应，随着碘液量的增多，碘消耗完抗氧化物，碘开始和淀粉反应，出现蓝色沉淀。

学生倾听实验原理。

教师：我们可以通过什么来判断各种种子内抗氧化性物质含量的高低？

学生通过滴加的碘液的多少来判断，颜色开始变蓝之前需要滴加的碘液多，含的抗氧化物就多。

教师：为了方便大家更准确地把握实验现象，每一组我们又设立了一组没有添加淀粉的水溶液作为对照，两组同时滴加碘液，边滴边摇，当两试管出现颜色差异的时候，停止滴加，记录滴加的碘液数。

学生以小组为单位，开始实验。

 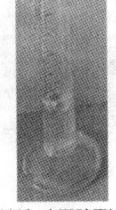   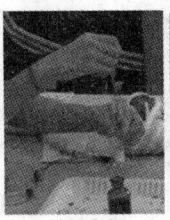 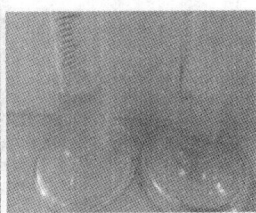

淀粉液　　淀粉+大豆种子汁　　淀粉+花生种子汁　　淀粉+莲种子汁　　滴加碘液　　颜色出现变化停止滴加

设计意图：通过对莲子、花生、大豆抗氧化物含量的定量实验，关注科学探究在解决生物学问题时的重要作用。

教师：请同学们记录下每组需要的碘液滴数，并填在表格中

学生将数据填在教师设计好的带有公式的 Excel 表格中。

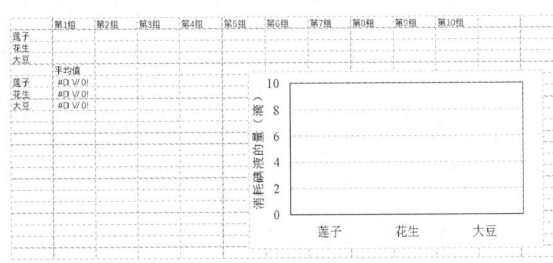 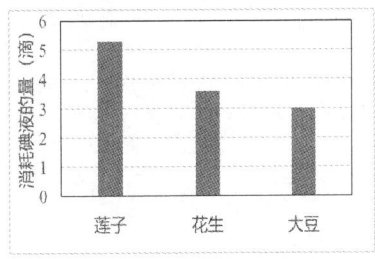

数据统计表　　　　　　　　　　　　　实验结果

教师：请描述实验结果。可以得出什么结论？

学生根据柱状图中的数据描述实验结果，并得出结论。

设计意图：培养基于数据、图表等证据，能够运用分析比较、归纳总结的方法，建立证据与解释之间的关系的科学思维。

教师：古莲子为什么一直在地下沉眠？

学生：被埋藏的环境干燥、低温、封闭。

教师：如何让它们萌发？

设计意图：培养具有获取信息，运用科学方法描述和处理信息并得出结论的探究实践能力。

环节 5：课堂小结

教师：老师给大家准备材料的时候，网上搜"莲子"，出现了以下一些图片，这些都是莲子吗？请用所学的知识分析这些叫法是否科学？

①　　　　②　　　　③　　　　④　　　　⑤　　　　⑥

学生分析各图片所属的结构。

设计意图：运用所学知识分析生活中的问题。

（设计者：北京燕山东风中学　郄向倩）

# 五、营养物质比大小

## （一）进阶分析

本活动以小肠衣和七大营养物质为实验材料，设计实验并动手操作探究七大营养物质的透过性，旨在了解物质与细胞膜的结构特性，为消化的学习打下基础。从概念来讲，以"水、无机盐、糖类、蛋白质、脂质和维生素是人体生命活动所需的主要营养物质"为进阶起点，通过动手操作验证实验后，进阶到"食物中的淀粉、脂肪、蛋白质等大分子物质，在消化酶的作用下分解成溶于水的小分子物质"，为初中阶段形成"淀粉、脂肪、蛋白质等营养物质通过消化和吸收才能被利用，小肠是消化和吸收的主要器官"的概念搭建进阶的阶梯。从生命观念方面讲，由"一切生命活动都是通过一定的生命物质来实现的"到"蛋白质、脂肪、淀粉等物质是生命体独有的，是生物体新陈代谢的物质基础，也提供生命活动所需要的能量"，为初中阶段形成"通过物质与能量代谢实现自我更新是生命的本质特征"的观念搭建台阶。在科学思维方面，由"通过转化、分类等方法区分事物"到"基于逻辑预测实验结果，独立运用类比、迁移的方法验证营养物质大小"，进而"能够分析生活中与生物学相关的实际问题"。在探究实践方面，由"对实验现象进行描述，分析处理信息并得出结论"到"能够从生物学现象中发现和提出问题，收集和分析证据、得出结论"，为初中阶段能"综合运用所学知识、方法与技能将解决问题的想法付诸实践"搭建台阶。在态度责任方面，由"具有探索自然界奥秘的兴趣"到"乐于尝试多种思路和方法完成实验探究，初步具有创新的兴趣"，进而能"关注科学和技术的新进展对探索自然奥秘的促进作用"。具体进阶过程见下图：

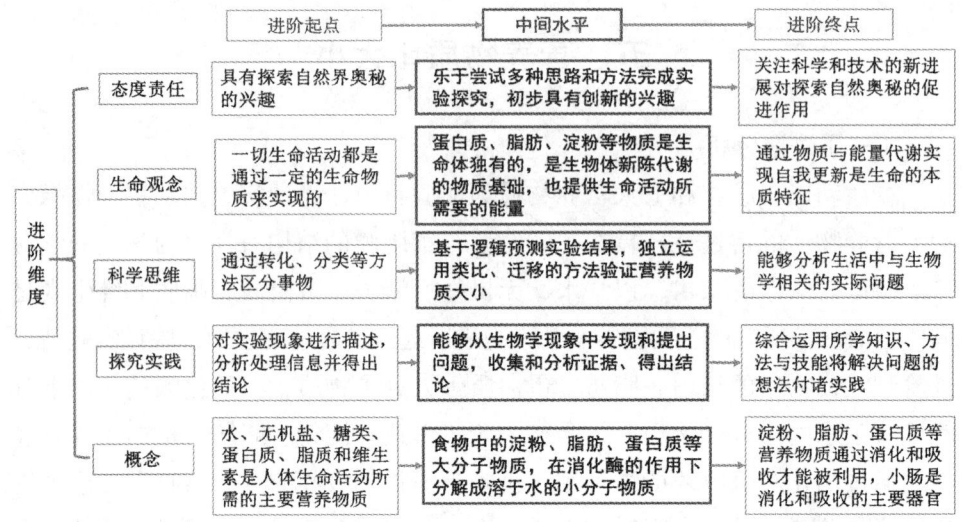

（二）教学目标

1.通过物质透过性实验验证，知道蛋白质、脂肪、淀粉无法透过小肠衣，水、无机盐、葡萄糖、维生素可以透过小肠衣；

2.通过设计物质透过性实验方案，形成科学的思维逻辑，提高发现问题、解决问题的能力；

3.通过动手操作完成实验，养成团队协作、创新思维、勇攀高峰的科学精神，提高交流沟通能力，以科学理性的眼光看待他人的不同观点；

4.通过观察、描述、对比实验现象，分析、归纳得出实验结论，规范学术语言表达，发展科学思维。

（三）教学过程

环节1：情境导入

教师：某同学因减肥而严格控制自己的饮食，少吃饭甚至不吃饭，一天课间操时突然晕倒。请大家想一想，这位同学晕倒的原因是什么？应该如何治疗呢？

学生讨论晕倒原因及治疗方案。

教师：临床上会采用静脉注射营养液的方式治疗，一些病人在手术后不能正常进食，医生会为其静脉注射营养液，营养液中包含了病人所需的全部营养物质，营养液的成分与我们每日从食物中摄取的营养物质有哪些异同点？

学生回顾食物中的营养物质，找出其与营养液成分的异同点。

设计意图：引起兴趣，引发重视。找出不同成分，为疑问做铺垫。认识到蛋白质、脂肪、淀粉是生物体新陈代谢的物质基础，也提供生命活动所需要的能量。

环节2：探究可以透过细胞膜的营养物质

教师：不同的营养物质透过性不同，这些营养物质的透过性分别是怎样的呢？我们以小肠衣为材料做实验来检验一下。

介绍实验用具和检验试剂：小肠衣是家畜的小肠经刮制而成的畜产品，是生物膜，可用于检验物质的透过性。

学生聆听实验材料用具。

教师：老师给大家准备了七种营养物质及检验试剂，已经分给了七个小组，如何设计实验验证物质的透过性呢？如何检验物质透过了呢？请大家根据自己小组拿到的材料思考、讨论。

学生根据本组拿到的营养物质设计实验验证其透过性，可根据实际情况尝试动手操作。

设计意图：交代透过性验证的材料，引导学生思考、讨论，设计实验方案，形成科学的思维逻辑，提高发现问题、解决问题的能力。

教师播放视频，以水为例，展示透过性验证实验。

学生观看视频，思考、完善实验方案。

教师分组选派代表讲述本组实验方案，共同讨论交流，说明设计依据及验证方法。

学生展示本组实验方案，聆听其他组的设计思路，讨论补充。

设计意图：基于逻辑设计实验方案，独立运用类比、迁移的方法验证营养物质的大小，提高科学探究能力。

环节3：引导学生开展实验

教师：请同学们根据自己小组拿到的营养物质和确定好的实验方案，进行透过性实验操作。

学生动手操作完成实验。

教师巡视小组进行情况，给予适时引导和纠正。邀请同学上台演示自己的操作过程，用实时投屏展示。

学生观察其他同学演示过程。

教师：水是否可以透过小肠衣？你是如何判断的？

学生：将小肠衣悬空放在干燥的烧杯上方，可观察到有水滴落下，一分钟后，干燥的烧杯中收集到了少量清水，说明水可以透过小肠衣。

设计意图：分组实验效率更高，具体的实验操作会加深学生印象，通过对比其他同学的操作，修改完善本组实验方案。对实验现象进行描述，分析处理信息并得出结论，乐于尝试多种思路和方法完成实验探究。

教师：请其他组同学继续完善本组实验，并邀请代表描述本组实验现象及得出的结论。

学生补充完善本组实验。

设计意图：学生亲自动手进行操作和检验，综合运用所学知识、方法与技能将解决问题的想法付诸实践。

环节 4：归纳总结

教师 PPT 展示其余六种物质的透过性验证视频及检验结果，引导学生通过观察实验现象，得出结论。

学生观察实验结果；描述实验现象；得出实验

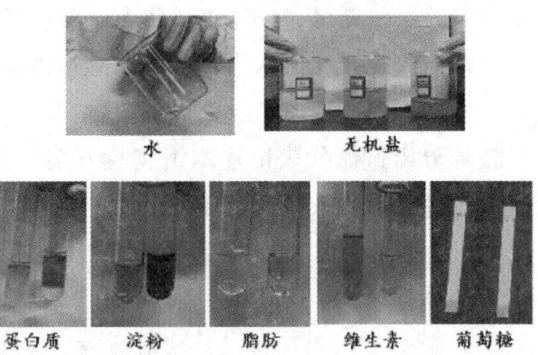

水　　　　　　　　　无机盐

蛋白质　　淀粉　　脂肪　　维生素　　葡萄糖

结论：淀粉、蛋白质、脂肪不能透过小肠衣，是大分子物质；水、无机盐、维生素、葡萄糖可以透过小肠衣，是小分子物质。

设计意图：以直观对比的方式对本节课主要内容进行梳理，便于学生明确并不是所有的物质都可以透过细胞膜，只有小分子的物质可以透过细胞膜，为将来学习消化和吸收搭建阶梯。

（设计者：北京燕山前进中学　宫伟）

# 六、打开食物营养成分的钥匙

## （一）进阶分析

本活动以实验方案的设计为依托，创造性地引入了酶的概念，增加双对照，使学生可以更加直观地理解酶的含义和功能。从概念上讲，本活动的进阶过程是由"消化道参与食物的消化，营养物质分大小"经过"食物中的淀粉、脂肪、蛋白质等大分子物质，在消化酶的作用下分解成溶于水的小分子物质"到"食物的消化通过消化系统完成"。从生命观念上讲，由"一切生命活动都是通过一定的生命物质来实现的"，经过"蛋白质、脂肪、淀粉等物质是生命体独有的，是生物体新陈代谢的物质基础，也提供生命活动所需要的能量。"到"通过物质与能量代谢实现自我更新是生命的本质特征"。从科学思维上讲，由"基于证据进行思考和判断"经过"唾液能消化淀粉，淀粉酶能消化淀粉等已知信息中推断，以发现未知信息（唾液中含有淀粉酶）"到"在真实的问题情境中结合已知信息，顺着逻辑线索，得出合理的洞见"。在探究实践方面，由"初步具有制定方案的能力"经过"制订合理的计划探究真实问题，运用科学方法描述和处理信息并得出结论"到"掌握科学探究的一般过程，运用所学知识和方法解决真实情境中的问题"。在态度责任方面，由"相信科学、善于沟通，积极反思和调整自己的探究活动"经过"尊重实验结果，科学、理性分析得出结论，并且主动在日常生活中践行健康生命观"到"在饮食作息等方面形成健康的生活态度和行为习惯"。具体进阶过程见下图：

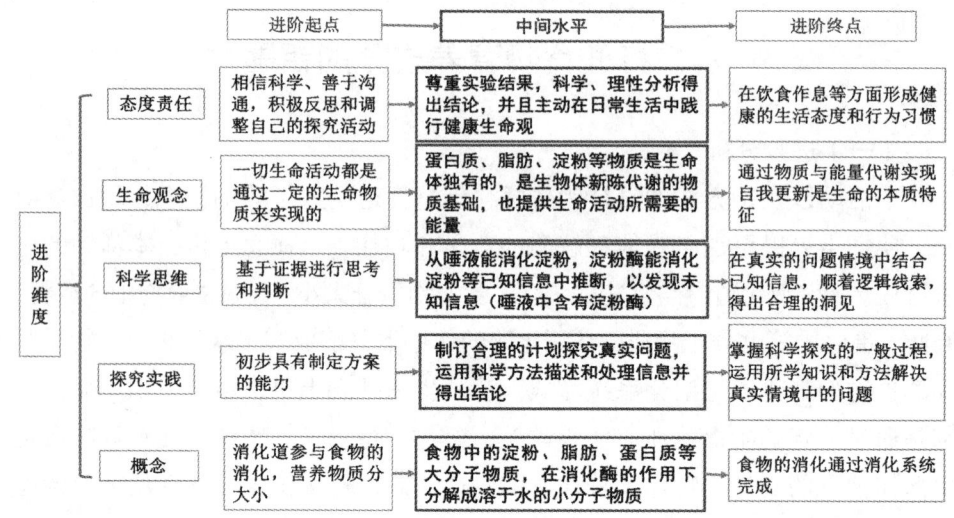

（二）教学目标

1.通过探究唾液、胃液和肠液对三大营养物质的消化作用，分析出各种消化液中消化酶的种类及作用；

2.结合生活经验尝试独立完成实验设计，参与小组讨论交流，关注科学探究的一般过程，提高运用科学的方法认识事物的思维能力。

（三）教学过程

环节1：情境导入

教师：俗话说"民以食为天"，我们摄入的食物最终要达到哪里发挥作用？食物需要经过哪些结构，发生哪些变化才能到达细胞内呢？

学生运用已有知识进行思考回答。

设计意图：体会细胞是构成生物体结构和功能的基本单位。

环节2：消化系统的组成

教师：大家已经知道了消化系统的组成，请大家仔细回忆，填出图上的结构。

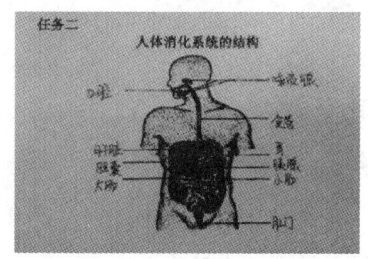

学生回忆消化系统的组成，完成填图。

教师：消化系统包括消化管和消化腺，消化腺可以分泌消化液。消化液为什么可以使营养物质发生变化呢？消化液中含有消化酶，酶可以分解对应的大分子物质。淀粉酶可以分解淀粉，脂肪酶可以分解脂肪，蛋白酶可以分解蛋白质。这些物质都可以通过试剂进行鉴定。

教师：展示鉴定方法。

学生思考、聆听、观察。

设计意图：回顾消化系统，引出物质变化；由消化液引出消化酶，为后续消化液中酶的探究做铺垫。知道唾液腺、胃腺、肠腺位于消化系统，其分泌的唾液、胃液、肠液对食物有分解作用。

环节3：探究唾液中消化酶的种类

教师：唾液中含有哪些消化酶呢？大家在吃馒头的时候有没有感觉到，馒头越嚼越甜呢？你能做出假设解释这种现象吗？

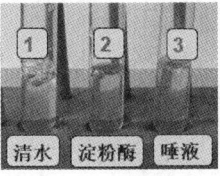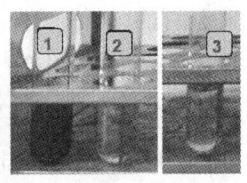

学生：结合自身经验思考讨论，作出假设：唾液中含有消化淀粉的酶。

教师：老师课前用棉球取了一些唾液样本，并准备了淀粉液、蛋清液和花生油，分别代表淀粉、蛋白质、脂肪。如何设计实验探究唾液中含有淀粉酶呢？

教师讲解对照实验、物质检验方法。

学生思考、设计实验方案。

教师：（PPT展示实验方案及实验结果。）哪位同学可以描述一下你观察到了怎样的实验现象呢？滴加唾液的3号试管和几号试管结果一样呢？可以得出怎样的结论？

学生观察描述实验现象，得出实验结论：唾液中含有唾液淀粉酶。

设计意图：结合生活经验如馒头越嚼越甜，提出合理假设，并通过分析比较实验组与对照组得出结论。

教师：唾液中是否含有蛋白酶和脂肪酶呢？你能否分别设计实验方案进行探究？

学生思考、设计实验方案。

教师：这两个探究方案与淀粉类似，只是检验试剂不同，老师课前做了这个实验，大家一起看一下蛋白质的实验结果，你观察到了什么现象？你能得出什么结论？

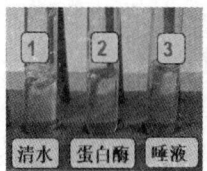
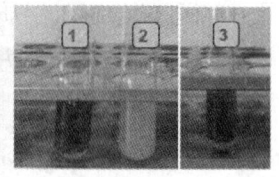

学生观察描述实验现象，得出实验结论：唾液中不含蛋白酶。

教师：大家一起看一下脂肪的实验结果，你观察到了什么现象？你能得出什么结论？

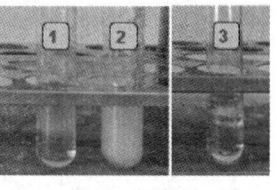

学生观察描述实验现象，得出实验结论：唾液中不含脂肪酶。

设计意图：以唾液为例，一步步引导学生设计实验；通过对实验结果的描述，锻炼学生的分析能力，规范学生的语言表达习惯。

环节4：探究胃液中消化酶的种类

教师：营养物质进入胃后会发生哪些变化呢？胃液中含有哪些酶呢？请同学们参考唾液的探究过程，分别针对淀粉、蛋白质、脂肪设计实验探究胃液中酶的种类。分别邀请三位同学展示方案设计并预测实验结果。

学生讨论、设计实验方案。回答、聆听，补充修正。

教师：老师课前做了这个实验，大家一起看一下实验结果，淀粉、蛋白质、脂肪在胃液的作用下分别发生了怎样的变化？可以得出什么结论？

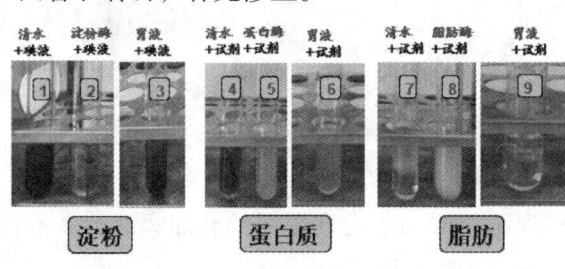

学生观察、描述实验现象，得出结论：胃液中含有胃蛋白酶。

设计意图：以唾液为参考，同学们设计胃液实验时更有思路，分别选取三位同学，每人设计一个营养物质，逐步提高实验设计能力。

环节5：探究肠液中消化酶的种类

教师：肠液在营养物质的变化中起什么作用？肠液中含有哪些酶呢？请

同学们参考唾液及胃液的实验思路，设计实验探究肠液中有哪种酶，邀请一位同学展示方案设计并预测实验结果。

学生讨论设计实验方案，聆听，补充修正。

教师：这个实验老师课前也做过了，大家一起看一下实验结果。你观察到了什么现象呢？这和你预期的结果有什么不同吗？可以得出什么结论？

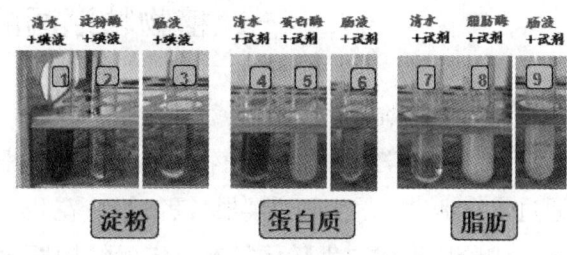

学生描述实验现象，得出实验结论：肠液中含有分解淀粉、蛋白质、脂肪的多种酶。

设计意图：只邀请一位同学独立设计整个实验，由唾液到胃液再到肠液，达到层层递进的效果，使学生能够综合运用比较、归纳、演绎等方法认识事物，解决实际问题，初步形成基于证据和逻辑的思维习惯。

环节6：归纳小结

教师：三种消化液中分别含有哪些酶呢？三种营养物质在消化酶的作用下发生了怎样的变化呢？现在可以找出食物与营养液成分之间的对应关系了吗？

学生思考、聆听。

教师：唾液中含有唾液淀粉酶，把淀粉分解成麦芽糖；胃液中含有胃蛋白酶，把蛋白质分解成多肽；肠液中有分解淀粉、蛋白质、脂肪的多种酶。

学生回顾、梳理、总结、记忆。

设计意图：结合图示，对本节课进行小结，明确参与各种营养物质消化的消化酶、能进行消化的场所及消化后的产物，建构起知识网络。

（设计者：北京燕山前进中学　宫伟）

# 第三节　实践类教学案例

## 一、植物粘贴画的制作

### （一）进阶分析

学生在小学阶段知道"植物的结构主要是根、茎、叶、花朵、果实以及种子"，通过本次活动，学生知道"根、茎、叶、花朵、果实以及种子是植物的器官"，为初中阶段形成"生物体具有一定的结构层次，能够完成各项生命活动"这一概念奠定基础。在科学思维方面，"通过识记了解解剖器的使用规范"基础上，"能够通过拆分、组合等方法设计作品"，进而能"掌握基本思维方法并能应用于科学探究以及技术与工程实践"。在探究实践方面，从"能够使用实验工具"，到"规范、正确使用解剖器"，进而进阶到"能熟练地、规范地使用解剖器具、运用所学的基本器材通过实验等方法获得数据和信息"。在生命观念方面，"从生物体的角度认识生命"，进阶到"从结构与功能的角度认识生命本质特征"，进而能"应用结构与功能观探讨和阐释生命现象及规律"。在态度责任方面，从"具有探索自然界奥秘的兴趣"，进阶为"立志成为美丽中国的建设者"，进而践行"绿水青山就是金山银山"的理念。具体进阶过程见下图：

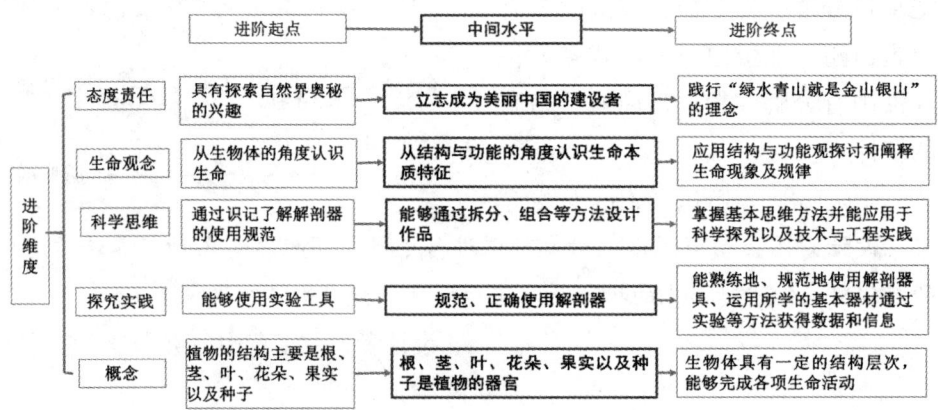

（二）教学目标

1. 通过观察图片，识别生物学常用的解剖器，说出其名称、功能及操作方法，培养学生的观察能力；

2. 能够规范地使用生物学常用的解剖器将植物材料做出规定的形状，掌握一定实验操作技能，提高学生的实践能力。同时体验实验操作的乐趣；

3. 通过在 A4 纸上用各种形状的植物材料进行设计粘贴，制作出精美的植物粘贴画，开发学生丰富的想象力和创造力；

4. 通过小组合作并展示交流粘贴画成果，提高学生团结协作的能力；

5. 通过清洁整理实验器材和垃圾分类，提高学生保护环境的社会责任意识。

（三）教学过程

环节 1：情境导入

教师展示部分小学生的粘贴画。

教师：同学们在之前制作过粘贴画，今天我们要制作的粘贴画与之前的有何不同呢？今天我们不用完整的叶片、花瓣等材料制作粘贴画，我们要使用解剖器具把植物材料加工成一定的形状，从而完成粘贴画的制作。不仅要求粘贴画构思巧妙，制作美观，更要注意解剖器具的规范使用。这里都有哪些解剖器？我们又该如何规范使用呢？下面我们先来认识这几种解剖器。

学生观看图片，倾听思考。

设计意图：明确本课目标，激发学生的学习兴趣。

环节 2：解剖器的认识及规范使用

教师：下面是 4 种生物学常用解剖器的名称、使用方法与功能，同学们模仿图中的操作方法练一练（提醒学生注意安全）。

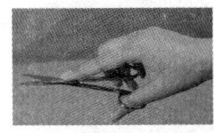

解剖剪——持剪刀时拇指和无名指分别插入两孔，食指扶剪轴

用于剪断、剪开实验材料

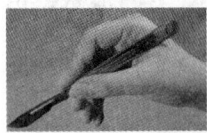

解剖刀——使用时多采用执笔式

用于切开、割断、剥离实验材料

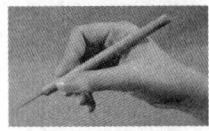

解剖针——执笔式

用于分离、刺孔、探洞

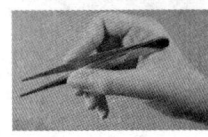

镊子——执笔式

夹取、夹放实验材料

学生观看图片，认识解剖器及其使用方法和功能。

设计意图：通过观察图片，识别生物学常用的解剖器，培养学生的观察能力。

教师：请四组同学每组派一名代表，选择其中一种解剖器具，演示其使用方法，并说出其功能（强调操作要点、注意事项，并进行应用拓展）。

各小组选派代表，演示解剖器的使用方法，说出其名称、功能。

设计意图：通过学生演示调动学生的学习积极性，体会实验操作的规范性。

教师：请同学们规范地使用4种解剖器完成下面的内容：

（教师介绍所提供的材料——根、茎、叶、花、果实、种子是植物体的六大器官）

①用解剖剪将叶片剪成1厘米×1厘米的正方形和3厘米×1厘米的长方形。

②用解剖刀将胡萝卜切成厚度为2毫米的圆；将茎切成厚度为1厘米的段。

③用解剖针在切下的胡萝卜上扎出自己的姓或名字；用解剖针在切下的茎上的横断面不同部位扎一扎，其中最软的部位是_____，较硬的部位

是_____。

④用镊子将茎的表皮撕下。

（提醒注意：在操作过程中，必须规范使用解剖器具，不要直接用手操作。）

【教师巡回辅导】

学生按要求规范操作解剖器完成练习（同桌 2 人可以选择不同的材料进行实验）

设计意图：通过练习使学生掌握解剖器的规范操作技能，提高学生的实践能力，体验实验操作的乐趣。

环节 3：制作植物粘贴画

教师：同学们可以同桌 2 人一组合作完成粘贴画。要求如下：

1. 确定主题。

2. 在 A4 纸上用各种形状的植物材料进行设计粘贴，制作出精美的植物粘贴画。

3. 用简洁的语言给粘贴画进行解说。

（提醒注意：不要用完整的叶片、花瓣等粘贴，材料不够可以添加。）

【教师巡回辅导】

同桌 2 人一组合作完成。

设计意图：通过设计粘贴画，开发学生丰富的想象力和创造力，激发学生的创作兴趣。通过小组合作，培养学生的团结协作能力。

环节 4：交流展示

教师：请同学将完成好的作品拿到展台进行展示和解说。其他组同学进行评分。评分标准如下：

评价指标：0~5 分对应"完全不符合"→"非常符合"

| 评价内容 | 评价标准 | 小组评分 |
|---|---|---|
| 规范性 | 用正确的持法操作解剖器具 | |
| 全面性 | 制作过程中使用到全部解剖器具 | |
| 安全性 | 制作过程中时刻注意安全 | |
| 作品外观 | 作品美观，具有一定观赏性 | |
| 作品解说 | 解说语言清晰，内容完整（包括解剖器的使用情况及作品设计完成情况） | |

小组依次展示解说作品，其他组观看并根据完成情况给予评分。

设计意图：通过展示，检测学生的学习效果。提高学生的成就感、获得感。

环节 5：练习

教师：解剖器不仅在生物学实验室中经常用到，在医院的手术室中也是常用的工具，请将解剖器与其功能连线：

解剖刀　　　　　分离纤维

解剖剪　　　　　剖腹产时切开腹部皮肤

解剖针　　　　　夹取缝制伤口的线

镊　子　　　　　剪断肌肉

学生完成连线。

设计意图：通过连线题，检测学生的学习效果。

环节 6：结束

教师：这节课，同学们认识了 4 种解剖器，并通过规范使用 4 种解剖器完成了植物粘贴画的制作。请同学们将解剖器用纱布清洁后，放回原处，养成良好的实验习惯。并清理桌上的垃圾，注意垃圾分类，保护我们实验室的环境卫生。希望同学们都能成为美丽中国的建设者。

学生整理实验器材，清洁桌面。

设计意图：总结本课重点。通过让学生整理器材，垃圾分类，使学生养成良好的实验习惯，培养学生的社会责任，渗透生物学核心素养。

（设计者：北京燕山星城中学　游良霞）

# 二、小蘑菇大循环

## （一）进阶分析

本活动通过实践活动的方式，带领学生培养蘑菇，并观察蘑菇的生长过程，使学生进一步了解生物与环境之间的相互关系，不断提升学生的知识水平与核心素养。在概念上，以"有些微生物在食品生产、医药工业等方面应用广泛"为起点，经过本活动知道"蘑菇是多细胞真菌"，为八年级理解"食用菌栽培技术微生物对维持生态系统平衡具有重要作用"这一概念加以铺垫。在核心素养方面，希望学生在生命观念方面能从"生物的生命活动离不开物质"出发，到"从蘑菇利用麦麸等原料进行生长和发育的事实中强化一切生命活动都是通过一定的生命物质来实现的"，再到"能够应用生态观分析真菌在维持生态平衡的作用。"；在科学思维方面能从"具有一定的推断思维"，到"总结得出的结论方法不仅可以来自观察，还可来自前期经验所提供的间接认识"，再到"掌握基本思维方法并能应用于科学探究以及技术与工程实践"；在探究实践方面能从"依据操作步骤进行实践的能力"，到"了解食用菌的栽培技术"，再到"综合运用所学知识解决食用菌生产各环节出现的问题，提高食用菌的产量和品质"；在态度责任方面能从"了解生物技术对人类生活和生产方式有影响"，到"关注生物技术的应用对人类社会的重要作用"，再到"理性地看待科学技术对人类造成的正反两方面的影响"。具体进阶过程见下图：

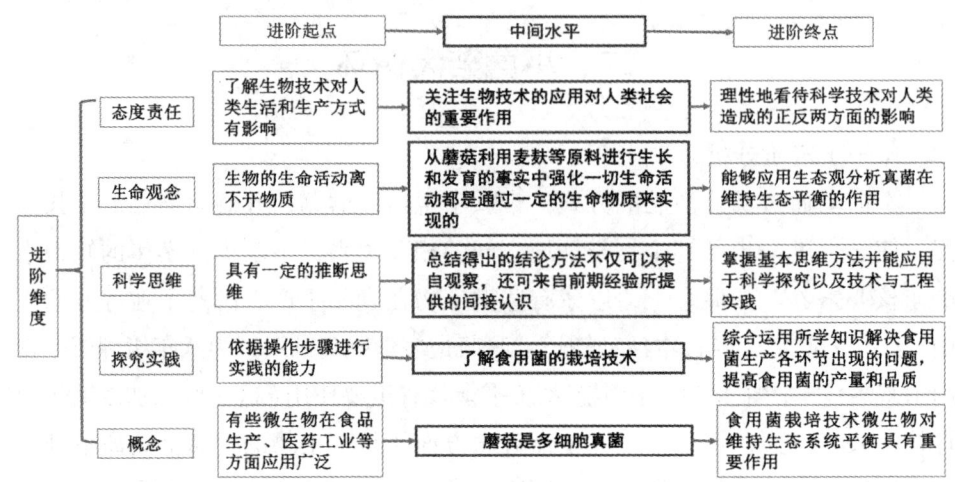

## （二）教学目标

1. 说出蘑菇属于真菌，根据蘑菇的外形、结构，区别蘑菇与动物植物；

2. 通过蘑菇的培养过程，能说明蘑菇的营养方式、繁殖方式；

3. 通过蘑菇微观结构的观察，知道蘑菇是由多细胞构成的真菌；

4. 参与小组合作完成蘑菇的培养与观察，提升观察、记录、交流、协作等能力。

## （三）教学过程

环节 1：情境导入

教师：（展示实物）看一看，实验桌上放着什么？在自然界中，哪些地方会生长蘑菇？

学生观察并回答。

设计意图：利用视频或图片，引导学生小结蘑菇的生活环境，为后面蘑菇的培养做铺垫。

环节 2：蘑菇的结构

教师：你还知道关于蘑菇的哪些知识？

学生：外观、品种、毒性等。

教师介绍蘑菇各部分结构，出示植物、动物各器官组成，并加以对比。

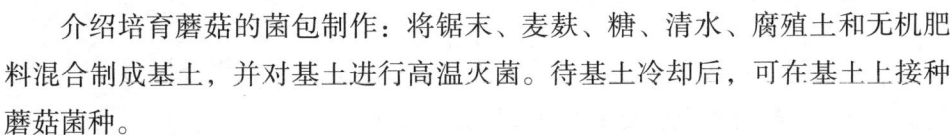

设计意图：明确蘑菇在生物界中属于真菌，根据蘑菇的外形、结构，能够区别蘑菇与动物植物。总结得出的结论方法不仅可以来自观察，还可来自前期经验所提供的间接认识。

环节3：蘑菇的培养原理

教师：蘑菇如何种植？

介绍培育蘑菇的菌包制作：将锯末、麦麸、糖、清水、腐殖土和无机肥料混合制成基土，并对基土进行高温灭菌。待基土冷却后，可在基土上接种蘑菇菌种。

提问1：为什么要制作培养基土？直接用土壤可以吗？

介绍蘑菇在自然界中的分解作用，明确蘑菇的营养方式为腐生。

提问2：为什么要高温灭菌？

提问3：接种的是种子吗？

介绍蘑菇的繁殖方式为孢子生殖，利用视频观看成熟孢子的传播。

提问4：还需要提供哪些环境？

设计意图：根据材料加以分析，小组讨论并回答问题，使学生了解蘑菇的营养方式及繁殖方式。从蘑菇菌包的制作过程介绍中体会到一切生命活动都是通过一定的生命物质来实现的。

环节4：蘑菇的培养

教师：分小组下发菌包，介绍菌包的使用要求，小组合作完成初步操作。

学生小组分工，设计观察日记格式。

教师出示提前培养的蘑菇。

请描述在培养过程中蘑菇发生怎样的变化？为什么会发生这样的变化？

设计意图：了解食用菌的栽培技术。参与小组合作完成蘑菇的培养与观察，提升观察、

记录、交流、协作等能力。从细胞的角度分析蘑菇生长发育的原因，为初中阶段细胞的生理活动做铺垫。通过分析、推理，发展学生科学思维能力。

环节5：蘑菇的观察

教师：请同学们撕取蘑菇的不同部位，分别制成临时装片，放到显微镜下观察。

在观察的过程中思考以下问题：

1. 蘑菇不同部位的细胞形态、结构是否相同？

2. 蘑菇的细胞结构与前边观察过的植物细胞和草履虫细胞结构有何异同？

设计意图：形成蘑菇是多细胞的真菌这一概念，为初中阶段形成"细胞是构成生物体结构和功能的基本单位"搭建阶梯。

环节6：课堂小结

教师总结本节课涉及的内容，布置任务：将种植的过程记录下来，并写下自己的感悟与收获。

设计意图：学生在主动感知和亲身体验中获得新的生活经验，丰富生物学知识。关注生物技术的应用对人类社会的重要作用。

（设计者：北京燕山星城中学　罗笑）

## 三、神奇的移花接木

### （一）进阶分析

嫁接是一种古老的农业技术，至今仍广泛应用在农林园艺上，本活动通过让学生观察、实践等方式，培养学生实践操作能力以及合作能力等。在概念方面以"种子是植物的生殖器官"为低阶点，以"生物通过生殖、发育和遗传实现生命的延续"为高阶点，知道"生物的生殖方式分为有性生殖和无性生殖两大类"。在探究实践方面，以"依据操作步骤进行实践的能力"为低阶点，以"运用所学知识解决植物繁殖与栽培过程中遇到的问题"为高阶点，通过实践活动嫁接蟹爪兰和长寿花，"联系实际生活，学习无性生殖的应用"。在科学思维方面，以"具有一定的类比推理能力"为低阶点，以"掌握基本思维方法并能应用于科学探究以及技术与工程实践"为高阶点，能"总结得出结论的方法不仅可以来自观察，还可来自前期经验所提供的间接认识"。在生命观念方面，以"生物体的形态、结构与其生活的环境相适应"为低阶点，以"不同生殖方式的形成又展示了不同生物类群在物种延续方面的进化"为高阶点，形成"不同生殖方式的形成体现了生物对环境的适应"的认识。在责任态度方面，以"了解生物技术对人类生活和生产方式有影响"为低阶点，以践行"绿水青山就是金山银山"的理念为高阶点，关注园林植物无性繁殖技术对人类社会的重要作用。具体进阶过程见下图：

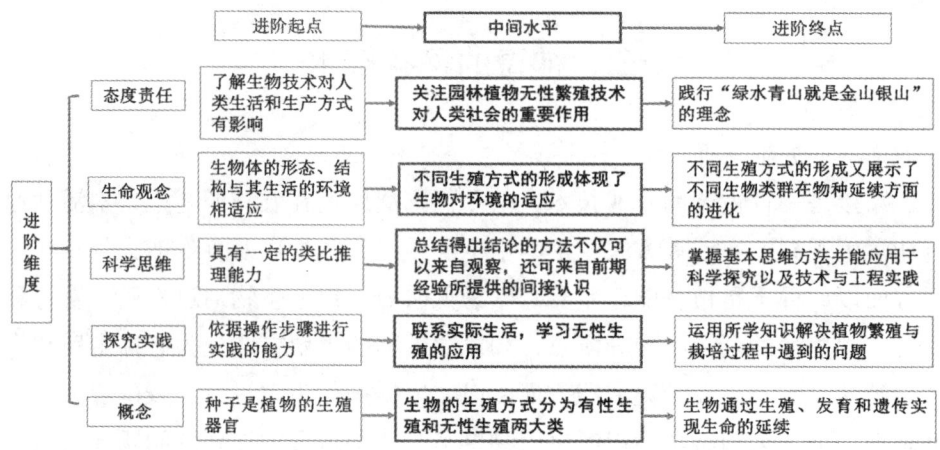

（二）教学目标

1.通过一些常见的无性生殖现象，区别无性生殖与有性生殖，辩证地认识生命现象；

2.通过嫁接蟹爪兰或长寿花的实践活动，提高学生观察能力和动手操作能力；

3.通过嫁接实践活动，体会嫁接成功的关键，发展学生科学探究能力；

4.通过学习无性生殖的知识，引领学生关注生物学在生产实践中的应用。

（三）教学过程

环节1：情境导入

教师展示图片。

教师：这是一棵能结出多种水果的神奇果树和一株多彩花卉，你知道这样的果树、花卉是怎么种出来的吗？你想得到像这样神奇的树和多彩的花吗？

学生观看图片并思考问题，相互讨论，积极发言。

设计意图：设疑激趣，调动学生探究知识的欲望。

环节2：植物的无性生殖——营养生殖

教师：请同学们观察并思考，这些植物的新个体是怎样产生的？

学生通过观看图片，根据个人经验回答，根据图片猜测植物新个体的繁殖方式。

教师：你还知道哪些类似的事例？

学生根据自己的生活经验，列举生活中植物营养生殖的例子。

教师：大多数的多肉植物都能像这样用叶繁殖，马铃薯用块茎，红薯用块根，大丽菊用根……它们都是通过植物的根、茎、叶来繁殖后代的。

教师：与用种子繁殖后代相比，这种繁殖方式有哪些优势？

学生分析营养繁殖的优势。

教师：由于营养繁殖速度快，并且可以保持母本的优良性状，是最常见的一种无性生殖方式，在生产实践中，人们用植物的茎进行扦插、嫁接和压条等方法来培育果树、花卉和蔬菜等经济作物。今天我们就一起来学习这些无性生殖技术。

1.扦插：通过剪取植物的茎、叶、根、芽等，然后插入土中、沙中或浸泡在水中，等到生根后再栽种，使之成为独立的新植株，称为扦插，也称插条。

2.压条：将植物体的枝条或茎埋土中，促使其生根，然后再与植物体分离，这种方法就叫压条。

3.嫁接：把一株植物的枝或芽，嫁接到另一株植物的茎或根上，使接在一起的两个部分长成一个完整的植物体叫做嫁接。

提问：哪些植物可以用扦插、压条和嫁接的方法繁殖后代？

学生列举生活中用扦插、压条和嫁接方法

繁殖的具体实例。

设计意图：渗透生物学科知识，明确植物的多种繁殖方式的具体过程，为下一步的实践操作做知识上的铺垫。

环节3：嫁接的原理和方法

教师：嫁接是一种古老的农业技术，至今仍广泛应用在农林园艺上，在生产实践中人们经常利用嫁接的方法来栽培果树和园林植物。

教师展示嫁接图片。

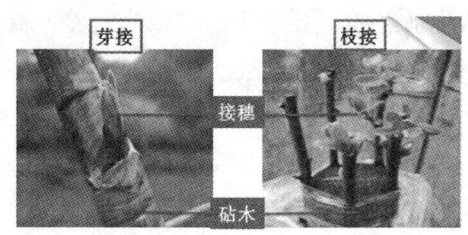

教师提出问题：

1. 嫁接的植物由几部分组成？把一种植物体的枝条或芽接在另一个植物体上，芽或枝条叫什么？另一个植物体叫什么？

2. 接穗接在了什么地方？为什么要接在那里？

学生观察图片知道嫁接分为芽接和枝接，通过教师点拨归纳总结，说出嫁接的两种方法，识别嫁接图片中的接穗和砧木。

教师：嫁接主要包括芽接和枝接。接上去的芽或枝条称为接穗，被接的植物体称为砧木。嫁接就是利用形成层的再生能力，使接穗的形成层与砧木的形成层结合在一起。这样两个形成层分裂出来的细胞，把接穗和砧木结合成为一个整体。

教师：请同学们思考嫁接成功的秘诀是什么？

学生分析推理。

教师：接穗的形成层与砧木的形成层必须要对准且紧密贴合，这是嫁接能否成功的关键。

设计意图：掌握方法，分析原理，强调注意事项。

教师模拟演示芽接——用卫生纸芯模拟植物的茎。

芽接：要在接受接穗的砧木的树皮上，用刀切割成一个"T"字形切口，长和宽要和接穗的相近，要深到木质部。

学生观看教师操作，直观感知芽接的方法，分析思考切口处裹紧保鲜膜的目的；知晓模拟实验法意义。

设计意图：知晓模拟实验法，模拟演示芽接的基本方法，操作简单，直观感知。

教师：演示枝接——嫁接蟹爪兰

1. 制备接穗时：将蟹爪兰茎的基部斜削成楔形，要露出形成层，便于与仙人掌的形成层细胞接触，有利于接穗的成活。

2. 接穗插入仙人掌茎的切口后，用夹子将其固定，目的是让蟹爪兰的形成层和仙人掌的形成层细胞能紧密接触。

3. 嫁接后的植株放在背阴处并罩上塑料袋，为了防止水分过分蒸发影响接穗的成活。

教师播放视频：在仙人掌上嫁接蟹爪兰。

学生观看视频，熟悉嫁接蟹爪兰的操作过程。

设计意图：通过教师的演示及播放课前录制的学生操做仙人掌上嫁接蟹爪兰的视频，让学生熟悉嫁接蟹爪兰的具体操作过程，消除畏难思想。

环节 4：实践活动——嫁接蟹爪兰、嫁接长寿花

教师："纸上得来终觉浅，绝知此事要躬行"，接下来就是同学们亲手实践的时间。

提供工具材料：解剖刀、解剖剪、牙签、夹子、保鲜膜；蟹爪兰、仙人掌、不同花色的长寿花。

学生动手实践，两人合作，嫁接蟹爪兰、嫁接长寿花。

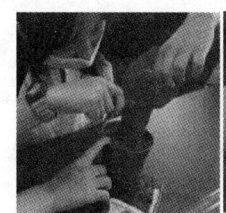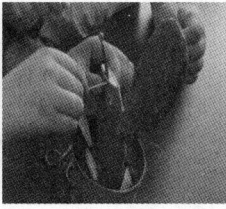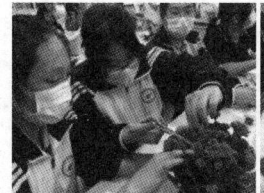

　　教师巡视，提示学生戴手套，以防仙人掌的小刺扎手；对有困难的小组进行指导帮助；提醒强调安全操作。

　　展示成果：选取学生完成作品进行展示评价。

　　教师提出课后任务要求——观察记录嫁接植物的生长情况。

　　设计意图：思而后行，培养学生观察能力、合作能力和动手实践能力，让学生充分展示自我。观察并记录嫁接植物的生长情况，锻炼语言表达能力，提高书面表达能力。

　　环节5：拓展延伸

　　教师：请同学们思考以下两个问题。

　　1.如果把果实大、味甜但抗病力弱的水蜜桃的枝条嫁接到果实小、味酸但抗病力强的毛桃树上，水蜜桃的枝条上将来会结出什么样的桃子？

　　2.现有两种梨：一种是杜梨，它的果实小，味道涩，但根系抗病力强；一种是鸭梨，它的果实大，味道甜，但根系抗病力弱。如何才能获得根系抗病力强、结的果实大而甜的梨树？

　　学生思考分析教师提出的问题。

　　教师：请同学们用课堂上学到的方法，回去进行扦插、压条和嫁接的体验，培育出更多的花卉或果树，并与同学们进行分享。

　　设计意图：学以致用，运用所学解决问题，学生结合已有的生活经验，并加以总结概括。生物学科知识渗透，为以后学习比较无性生殖和有性生殖作下铺垫。

（设计者：北京燕山东风中学　常小革）

# 四、吃出健康

## （一）进阶分析

本活动在小学 3—4 年级"简单鉴别食物的营养物质"和"分析常见食品的营养成分表"活动的基础上，设置"设计健康食谱"进阶活动，完成对初中阶段"人体的营养"相关学习的进阶过渡。在概念上，以"食物中不同营养成分的作用不同"为进阶起点，经过程性进阶完成"合理膳食即为能量的摄入和消耗要平衡，各种营养物质的摄入量要平衡"的认识，最终在初中阶段帮助学生形成"获得合理膳食是制订膳食营养成分供给量标准的基本原则"的概念。本活动从科学观念、科学思维、探究实践、态度责任等方面进行有效衔接，保持学生核心素养形成的连贯一致。在探究实践方面，使学生从"能运用感官和选择恰当的工具，观察并描述实验现象"到能"体验运用所学知识解决实际问题的过程"进行进阶，最终能够"综合运用生物学和其他学科知识等，采用工程技术手段设计并制作简单装置或作品"；科学思维方面，从"能以事实为依据作出独立判断"，到"通过拆分、组合、分析、归纳等方法设计食谱"，进而能"从多角度思考问题，以新的观点看待熟悉的事物，以独特的形式传达创意"；在生命观念方面，从"一切生命活动都是通过一定的生命物质来实现的"，到"食物中的营养物质是人体新陈代谢的物质基础，为生命活动提供能量"，进而意识到"通过物质与能量代谢实现自我更新是生命的本质特征"；在态度责任方面，学生能够从"了解不偏食的重要性"进阶到"形成健康生活的态度和行为习惯，认同生物学知识在指导健康生活中的价值"，最终能"运用生物学知识指导健康生活，宣传生命安全与健康的观念与知识"。具体进阶过程见下图：

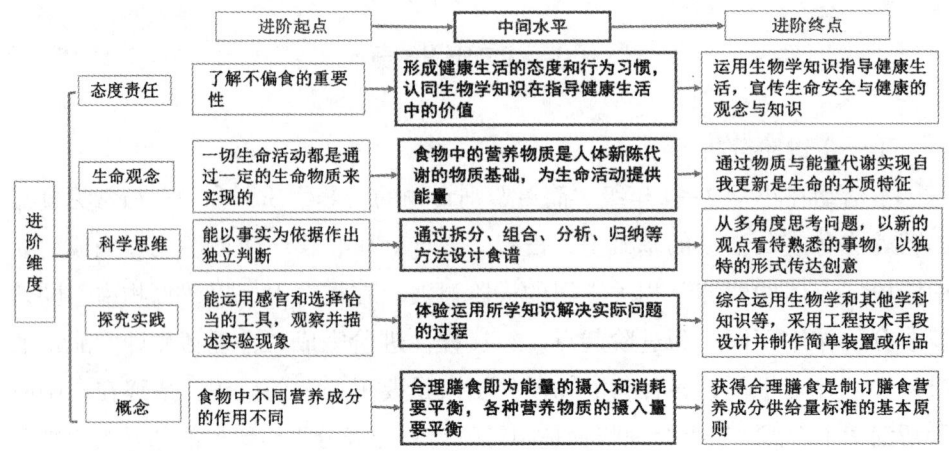

（二）教学目标

1.通过观察、实验等方式获取信息，知道人体生长发育所需的主要营养物质，形成基本的物质与能量的生命观念；

2.通过比较和分析给定食品的营养成分，对不同食谱的合理性做出判断，发展科学思维；

3.学会用科学语言记录信息，运用分析、比较等方法得出科学研究的结论，发展探究实践；

4.通过设计健康食谱，分析评估自身营养摄取情况，能以事实为依据作出独立判断，基本形成健康生活的习惯。

（三）教学过程

环节1：情境导入

教师展示并介绍两份食谱，提出问题：这两份食谱，哪种更合理？要想得出科学的结论，应该怎么做？

学生观看食谱，了解情境，思考问题，尝试提出解决问题的办法。

设计意图：通过创设情境引入本课主题，引发兴趣，通过了解学生对解决情境问题的方法熟悉学生情况。

环节 2：认识营养物质

教师引导学生思考"要想判断两份食谱的合理性，要先知道人体都需要哪些营养物质。还要知道如何检测食谱中的食物是否含有这些营养物质"。

教师：这两种食物中含有哪些营养物质呢？

学生根据生活经验推理两份食谱中含有的营养物质的种类。

教师：如何检测食谱中的食物是否含有这些营养物质呢？

学生通过小组汇报，介绍食谱中的营养物质的鉴定方法。

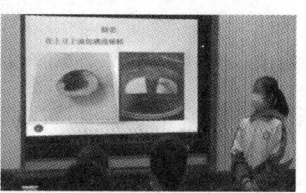

设计意图：通过问题引导学生逐步思考判断食谱合理性需要比较的项目，并提前安排兴趣小组完成营养物质检测实验，节省课堂时间，将思考留在课堂。学生能通过观察、实验等方式获取信息，知道人体生长发育所需的主要营养物质。

教师：根据这几位同学的介绍，你能得到什么结论？西红柿和橘子中的维生素 C 含量一样吗？为什么？

学生分析推理形成结论：同一种食物可能含有多种营养物质；不同食物含有的营养物质的量不同。

设计意图：通过观察实验现象，在教师引导下学会用科学语言记录信息，运用分析、比较等方法得出科学研究的结论，发展探究实践。

环节 3：认识膳食宝塔

教师：通过上边同学们的小实验，我们发现两套食谱中七大营养物质都具有，这样这两种套餐都能满足人体每日所需的营养物质吗？

教师：中国营养学会编写了《中国居民膳食指南》，中国居民平衡膳食宝塔是根据中国居民膳食指南结合中国居民的膳食结构特点

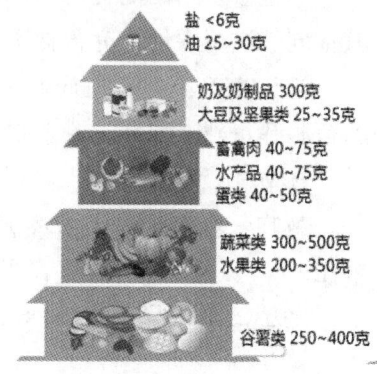

中国居民平衡膳食宝塔

盐 <6克
油 25~30克

奶及奶制品 300克
大豆及坚果类 25~35克

畜禽肉 40~75克
水产品 40~75克
蛋类 40~50克

蔬菜类 300~500克
水果类 200~350克

谷薯类 250~400克

设计的。它把平衡膳食的原则转化成各类食物的重量，并以直观的宝塔形式表现出来，便于群众理解和在日常生活中实行。这两份套餐是否符合膳食宝塔中所设计的人体每日对营养物质的需求呢？老师把两份早餐中各种营养物质的重量计算了出来，并按比例绘制成了图形，请一位同学到前边来完成拼图。

学生完成宝塔拼图——移动食物图片填入宝塔对应位置。

教师：请同学们根据拼图结果，分析两份食谱哪个更合理？

学生根据活动，分析宝塔中的食谱，找到食谱中缺少的种类，分析两个食谱的合理性。

设计意图：让学生了解作为合理膳食的标准之一的平衡膳食宝塔，给食谱的比较提供衡量标准，并让学生了解健康饮食的标准。拼图活动可以将不同食物对应到宝塔相应位置中，以图片的形式直观展现食物的种类和数量，便于学生对不同食谱的合理性做出判断，理解合理膳食的含义，发展科学思维。

环节 4：设计食谱

教师：根据膳食宝塔的要求，参考两种食谱，为自己设计一份健康食谱。

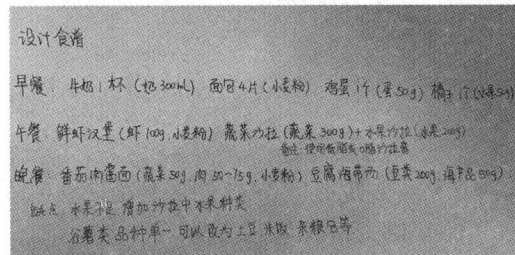
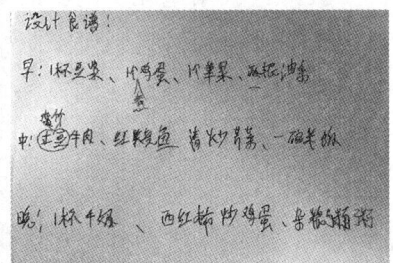

学生参考给出的食谱，设计符合平衡膳食宝塔要求的食谱。学生展示食谱，其他同学进行评价，完善食谱。

设计意图：通过设计健康食谱，分析评估自身营养摄取情况，能以事实为依据作出独立判断，基本形成健康生活的习惯。

环节 5：总结提升

教师：日常生活中应该怎样做才能保持饮食健康？

学生说出良好饮食习惯的做法，分组完成答

题游戏。

设计意图：检验知识掌握情况。用已学知识解决实际问题。基本形成健康生活的习惯，发展态度责任。

（设计者：北京燕山星城中学 韩多多）

# 五、酸奶的制作

## （一）进阶分析

本课时内容主要是通过开展实践活动的方式，使学生认识生物学与社会的关系，能够理解科学、技术等学科的相互关系，通过设计和制作生产特定的产品，发展核心素养。本部分内容在知识上需有微生物的相关知识作为基础。在基础知识层面上，以"细菌属于微生物，有些细菌会使人患病"为进阶起点，经过本活动形成"微生物主要以寄生或腐生的方式获取营养，有些微生物在食品生产、医药工业等方面应用广泛"的概念，最终希望学生能够在8年级时能阐述"微生物对维持生态系统平衡具有重要作用"。在核心素养方面，希望学生在科学思维方面能从"具有一定的推断思维"，到"总结得出的结论方法不仅可以来自观察，还可来自前期经验所提供的间接认识"，再到"掌握基本思维方法并能应用于科学探究以及技术与工程实践"；在探究实践方面能从"依据操作步骤进行实践的能力"，到"能利用相关仪器设备进行观察并记录，应用所学发酵原理设计并制作简单的酸奶机"，再到"综合运用生物学和其他学科知识等，采用工程技术手段设计并制作简单装置"；在生命观念方面，能从"生物的生命活动离不开物质"，到"从将加糖的牛奶变酸的事实中凝练出生命的物质变化"，再到"通过物质与能量代谢实现自我更新是生命的本质特征"；在态度责任方面，能从"了解生物技术对人类生活方式和生产方式有影响"，到"关注生物技术的应用对人类社会的重要作用"，再到"理性地看待科学技术对人类造成的正反两方面的影响"。具体进阶过程见下图：

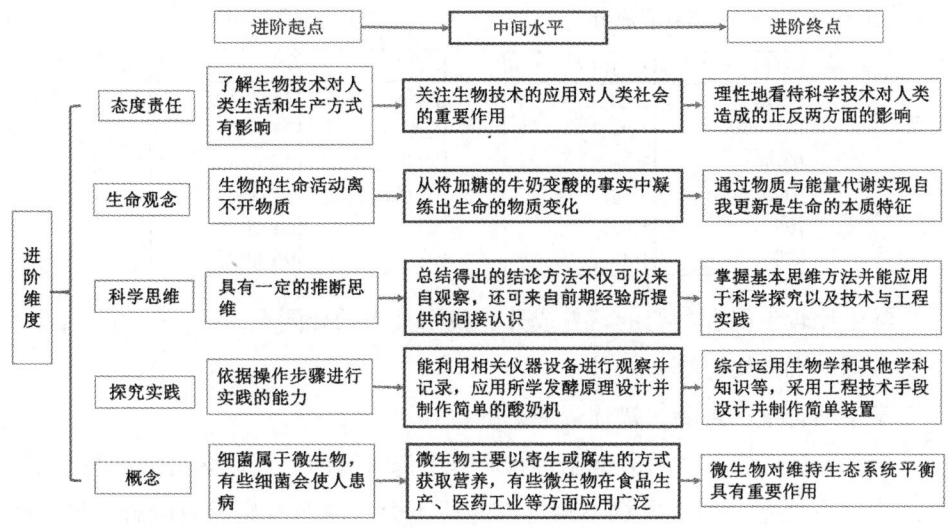

（二）教学目标

1.举例说明发酵技术在食品制作中的应用；

2.通过活动的过程，提高动手操作能力；

3.通过制作酸奶的学习活动，树立严谨认真的科学态度。

（三）教学过程

环节 1：情境导入

教师介绍酸奶（Yogurt）一词以及酸奶的来源：酸奶一词来源保加利亚语，yog 意为"有一定黏稠度的"，urt 意思是"奶"。最早的酸奶来源一说是：以游牧为主的保加利亚人常常背着灌满羊奶的皮囊随畜群在大草原上游荡，由于气温、体温等因素的作用，皮囊中的奶变酸、凝固。

过渡：随着现代工业技术的发展，酸奶逐渐走入了千家万户，酸奶得到了许多人的喜爱，那么喝酸奶有什么好处？（展示资料：纯牛奶和酸奶的营养成分。）酸奶与牛奶在营养成分上有何异同点？

牛奶营养成分

| 项目 | 每100ml |
|------|---------|
| 能量 | 275KJ |
| 蛋白质 | 3.0g |
| 脂肪 | 3.5g |
| 碳水化合物 | 5.0g |
| 钠 | 50mg |
| 钙 | 100mg |

酸奶营养成分

| 项目 | 每100克 |
|------|---------|
| 能量 | 356千焦 |
| 蛋白质 | 3.0克 |
| 脂肪 | 3.2克 |
| 碳水化合物 | 11.0克 |
| 钠 | 64毫克 |
| 钙 | 96毫克 |

学生比较牛奶和酸奶的营养成分，找出其中的异同点。

教师：喝酸奶有哪些好处？

学生结合生活经验，描述喝酸奶的益处。

教师：酸奶中的大量乳酸菌等物质有抵御有害菌、促进肠道蠕动的作用；牛奶中含有乳糖易引发乳糖不耐受而酸奶不会，说明酸奶具有缓解乳糖不耐受的功能。

教师：酸奶有许多好处，与我们的生产生活密不可分。今天我们就来学习酸奶的制作。

设计意图：通过单词引入新课，关注学生全面发展。通过讲述酸奶来源的故事调动学生的学习积极性。通过比较的方法认识事物的特征，提高学生解决真实情境中的简单问题的能力。

环节2：制作酸奶

教师拿出提前做好的酸奶，请学生品尝。（品尝自制的酸奶时，教师要提示学生品尝前一定要仔细观察酸奶的色泽和形态，确认质量合格后才能品尝。）

学生品尝酸奶。

教师：你们刚才品尝的酸奶是什么味？同学们想不想也自制一份可口的酸奶让我们的爸爸妈妈品尝呢？

要求学生观看视频：酸奶的简易制作。请同学将酸奶制作的步骤讲给大家听。并投影展示酸奶的制作过程。

学生观看视频，归纳总结制作酸奶的过程。

教师向学生出示如下问题：1.制作酸奶为什么要加糖？ 2.为什么要将牛奶煮开？ 3.煮开的牛奶为什么要冷却后，才可加入酸奶？ 4.加入酸奶的作用是什么？ 5. 发酵时为什么要密封瓶口？ 6. 为什么酸奶和牛奶的口味、形态不同？组织小组讨论。

小组讨论并回答教师提出的问题。

教师归纳总结酸奶的制作过程一般包括灭菌、接种、密封、发酵等步骤。结合图片操作逐步指导学生完成。

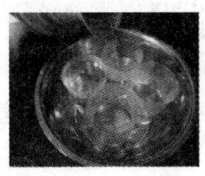

学生归纳总结酸奶的制作过程和原理并按教师的要求进行操作。

制作酸奶活动完成后教师介绍制作酸奶的原理，即利用乳酸菌进行无氧呼吸，使之大量繁殖，分解有机物产生乳酸的过程。

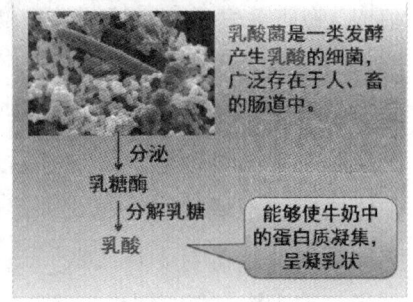

乳酸菌是一类发酵产生乳酸的细菌，广泛存在于人、畜的肠道中。

分泌
乳糖酶
分解乳糖
乳酸

能够使牛奶中的蛋白质凝集，呈凝乳状

设计意图：通过品尝酸奶的活动调动学生的学习积极性，激发学生的学习兴趣。通过分析提高学生的思维能力和解决问题的能力。通过总结酸奶的制作过程提高学生的归纳总结能力。通过制作活动提高学生的实践操作能力。

环节 3：分析影响酸奶发酵的因素

教师：酸奶的发酵可能会受到哪些因素的影响？（温度、发酵时间、乳酸菌的接种量、牛奶中营养物质的含量等）组织小组讨论。

小组讨论并回答教师提出的问题。

设计意图：通过分析提高学生的思维能力和解决问题的能力。

环节 4：课堂小结

教师指导学生总结概括，尽可能扩大学生的参与度。

学生构建知识体系，畅谈收获。

设计意图：通过总结使学生能够运用所学解决问题。

（设计者：北京燕山前进中学　闫冬）

# 六、性状调查

## （一）进阶分析

本活动通过对身边常见的生物性状的描述及对自己及家人性状的调查与分析，以"人与人之间在身高、肤色等方面各不相同"这一简单概念为进阶起点，形成"同种生物在同一性状上会有不同的表现，生物的性状在亲子代之间表现出相似性和差异性"这一概念，最终希望在八年级形成"遗传信息控制生物性状，并由亲代传递给子代"这一重要概念。在生命观念方面，从最初的"从结构、物质等生命本质特征的角度认识生命"，到"生命系统离不开信息传递，遗传与变异是生命本质特征之一"，最后到"运用进化与适应观分析、解释简单情境中的生命现象"；在科学思维方面，从"基于亲子间特征相似的事实经验构建简单概念"，到"通过家庭性状调查总结规律，得出结论的过程中体悟归纳推理的思维模式"，最后实现"掌握基本思维方法并能应用于科学探究以及技术与工程实践"这一目标。在探究实践方面，从"具有一定的收集、整理资料的能力"，到"能够有计划、有步骤地搜集、整理和分析客观事实，并从中发现事物本质和动态规律"，最后实现"能够采用适当的调研方法、调研工具，科学地搜集信息资料，并作出预测"；在态度责任方面，从"能如实记录和报告观察的信息，具有基于事实表达观点的意识，能有依据地质疑别人的观点"到"能以事实为依据，作出独立判断，面对有说服力的证据，愿意调整自己的想法"最后到"在尊重证据的前提下，坚持正确的观点，能以事实为依据做出判断"。具体进阶过程见下图：

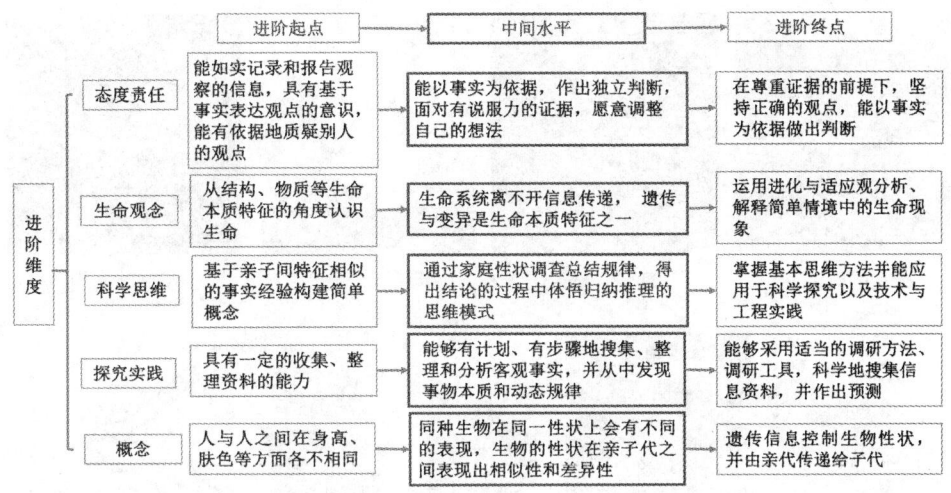

**（二）教学目标**

1. 基于大量实例分析，尝试运用归纳的方法概括性状、相对性状、遗传、变异的概念；

2. 通过家庭性状调查，分析性状的传递规律；

3. 通过性状调查活动，体会每个生命是独一无二的，建立学习和生活自信，认同生命存在的价值。

**（三）教学过程**

环节1：情境导入

教师出示多幅亲子照片，包括老师和孩子、同学及家长、名人子女等共5组图片并打乱顺序，请同学们判断谁是谁的孩子？

学生观察图片并判断图片中人物之间的亲子关系。

设计意图：选取老师和熟悉的名人，还有学生自己的照片，调动学生的学习兴趣，提高参与程度。并从真实现象中引导学生发现问题。

环节2：性状和相对性状

1. 性状

教师：同学们是根据什么判断亲子关系的？

学生描述判断亲子关系的依据。

教师：在小学时我们学过这些特征叫做性状。那么具体这些特征包括了哪些方面？你能说一说这些特点是不是性状？为什么？

母女的红衣服　　　　青霉形态　　　　豌豆的高茎矮茎　　　小猫眼球颜色

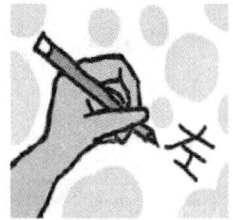

人的血型　　　　　性格外向　　　　　番茄大小　　　　习惯用左手

图 1　各种生物、非生物特点

学生根据已有知识，判断是不是性状。

教师：根据上面的例子，你能总结什么是性状吗？

学生总结性状概念。

教师给出性状准确概念，补充色觉、血型、植物的抗病性这些生理方面的特性也属于性状。

学生结合老师补充内容，体会性状的概念。

设计意图：学生在小学只是知道性状是一些特征，对于性状的具体概念没有清晰的认识，只是一个大体的感觉。因此特意选取了一些容易混淆的特征让学生分析、判断、归纳，最后总结出准确的性状的概念，帮助学生增强理解能力和推理能力，经历从感性到理性的认识过程，形成科学思维。

教师：我们在生活中，也是通过一些性状来认识新的同学，现在请大家两人一组进行性状调查活动，对照学案上的 7 组性状，在彼此的帮助下，确认自己这 7 种性状所属的类型，将检查结果记录在学案上。

活动 1：我的性状

学生：两人一组进行性状调查。

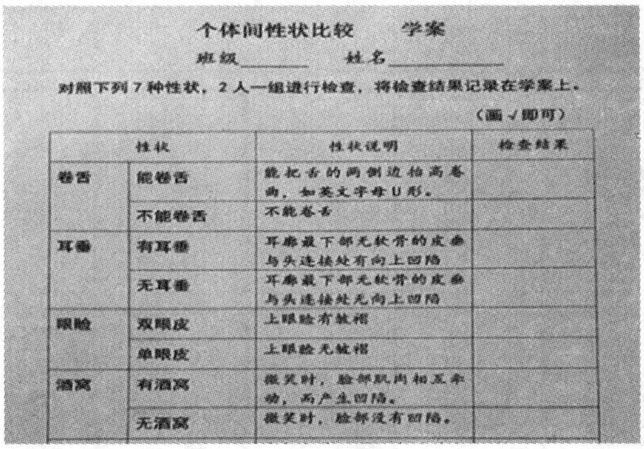
个体间性状比较 学案

班级______ 姓名__________

对照下列7种性状，2人一组进行检查，将检查结果记录在学案上。

（画√即可）

| 性状 | | 性状说明 | 检查结果 |
|---|---|---|---|
| 卷舌 | 能卷舌 | 能把舌的两侧边抬高卷曲，如英文字母U形。 | |
| | 不能卷舌 | 不能卷舌 | |
| 耳垂 | 有耳垂 | 耳廓最下部无软骨的皮垂与头连接处有向上凹陷 | |
| | 无耳垂 | 耳廓最下部无软骨的皮垂与头连接处无向上凹陷 | |
| 眼睑 | 双眼皮 | 上眼睑有皱褶 | |
| | 单眼皮 | 上眼睑无皱褶 | |
| 酒窝 | 有酒窝 | 微笑时，脸部肌肉相互牵动，而产生凹陷。 | |
| | 无酒窝 | 微笑时，脸部没有凹陷。 | |

图2 “个体间性状比较”学案

设计意图：加深对性状概念的理解，认识到同一性状有不同的表现类型，为后续活动做铺垫。

活动2：独一无二的我

教师：全班同学起立，请一名同学汇报自己每一种性状表现，不一致的同学坐下，直至汇报完所有的性状。（如果有同学和汇报者性状很相似，再来比较血型、身高、肤色等其他性状特征，就会发现人与人之间的差距很大；如果没有一位同学和汇报者相似，提出问题：性状差异这么大说明了什么？每一位同学都是独一无二的，即使双胞胎也会有很大差异，每一个你都是最独特最棒的！）

学生参与活动，体会人与人之间性状的差异巨大，体会每个生命个体都是独一无二的。

设计意图：通过活动让学生体会人与人性状差异很大，每个生命个体都是独一无二的，鼓励学生对自己充满信心，引导学生认同自己生命存在的价值，树立生命观念。

2. 相对性状

教师：我们在调查性状时，是如何比较生物之间的差异的？我们可以这样比较吗？你有耳垂，我有酒窝？我和小猫都有双眼皮？应该怎样比较？

学生回答同一生物同一性状怎样去比较。同时思考回忆性状调查的方法，结合老师给出的例子思考归纳总结相对性状概念。

教师结合豌豆性状的不同表现介绍相对性状概念。

| 种子形状 | 子叶颜色 | 种皮颜色 | 豆荚形状 | 豆荚颜色 | 花的位置 | 茎的高度 |
|---|---|---|---|---|---|---|
| 圆滑 | 黄色 | 灰色 | 饱满 | 绿色 | 叶腋 | 高茎 |
| 皱缩 | 绿色 | 白色 | 不饱满 | 黄色 | 茎顶 | 矮茎 |

图3　豌豆七种性状不同表现类型

学生结合豌豆的相对性状体会相对性状概念。

设计意图：通过一系列严密的逻辑问题，结合给出的具体例子，引发学生深层次思考，发展科学思维。选用豌豆的性状解释相对性状概念，让学生提前熟悉并感受到豌豆相对性状差异巨大，为日后讲解孟德尔选择豌豆作为研究遗传变异规律的材料做铺垫。

教师出示多个例子让学生判断是否是相对性状（图4不是同一生物、图5不是同一性状）。

图4　狗的长毛和猫的短毛

图5　狗的长毛和狗的卷毛

学生根据相对性状概念进行判断。

设计意图：通过具体例子判断，加深学生对于相对性状概念的理解。

环节3：遗传变异

活动3：家庭性状调查

学生在课前根据老师给出的表格进行家庭成员间的性状调查，找一位同学分享调查结果。

学生在课前进行性状调查并完成调查表格，汇报调查结果，大家思考为什么一家人在性状上会有相同和不同，这是什么现象。

| 性状 | 本人 | 父辈 | | 祖辈 | | 祖辈（外） | |
|---|---|---|---|---|---|---|---|
| | | 爸爸 | 妈妈 | 爷爷 | 奶奶 | 姥姥 | 姥爷 |
| 卷舌 | 不能 | 不能 | 能 | 不能 | 不能 | 能 | 能 |
| 眼睑 | 双 | 双 | 单 | 单 | 双 | 单 | 单 |
| 酒窝 | 无 | | | | | | |
| 拇指 | 弯曲 | 弯曲 | 竖直 | 弯曲 | 弯曲 | 弯曲 | 竖直 |

图 6　家庭性状调查示例

教师：一家人在性状上，有相同也有不同，这是什么生物学现象？

教师：其他同学的调查中，家族成员性状之间是否也出现了遗传和变异现象？你能总结遗传和变异的概念么？

学生尝试归纳总结遗传和变异概念。

教师给出遗传、变异概念。

教师：我们在开始的亲子连连看活动中有些很容易辨认出亲子关系，这正是性状在亲子传递中的遗传现象帮助了我们判断（教师给出大量图片例子，再次证明遗传和变异的普遍性）。

例：1. 种瓜得瓜，种豆得豆。2. 一母生九子，连母十个样。3. 龙生龙，凤生凤，老鼠生儿会打洞。4. 一树之果有苦有甜，一母之子有愚有贤。5. 科学家把千年古莲子培育出莲花，这些莲花与现代莲花有相同的地方，又有差异。

学生判断练习，加深对遗传变异概念的理解。

设计意图：通过真实的调查过程，引导学生有计划、有步骤地搜集、整理和分析客观事实并发现事物本质。学生以亲身的调查结果作为依据，分析概括出遗传和变异的概念，体悟归纳推理的思维模式。全班同学的例子对比也能让学生感受到遗传和变异的普遍性，体会遗传变异是生命的本质特征。

环节 4：小结

教师：生物的性状是如何传递下去的？有什么传递的规律？性状和细胞内部的遗传物质又有怎样的关系？请同学们课下思考讨论，在将来的学习中我们会继续研究。

学生思考，激发兴趣，课下思考讨论。

设计意图：通过问题激趣增疑，为后面学习遗传变异原理和规律打下基础。

（设计者：北京燕山星城中学　张雨丝）

# 七、给校园中的植物设计"身份证"

## （一）进阶分析

本课时内容主要是通过观察分析、查阅资料的方式，认识植物的类别，培养学生热爱自然、保护环境的观念。在概念上以"地球上有多种多样的植物"为进阶起点，在"根据生物的形态结构、生理功能以及繁殖方式等，可以将生物分为不同的类群"基础上，以期达到"生物的多样性对维持生态平衡具有重要作用"的进阶终点。在生命观念方面，"从生物体的角度认识生命"，进阶为"从结构与功能的角度认识生命本质特征"，进而能"应用结构与功能观探讨和阐释生命现象及规律"。在科学思维方面，能"通过分析比较等方法，抓住简单事物的本质特征"，进阶到"运用比较、归纳、总结方法进行思考和判断"，进而能"从多角度思考问题，以新的观点看待熟悉的事物，以独特的形式传达创意"。从探究实践方面，从"具有一定的收集、整理资料的能力"进阶到"能运用观察、查阅资料、实地调查等方式获取植物分类的信息，用科学语言、图形的形式记录整理信息"，进而能"综合运用生物学和其他学科知识等，采用工程技术手段设计并制作简单装置或作品"。在态度责任方面，由"在好奇心驱使下，对常见自然现象或生活现象表现出直觉兴趣"，进阶为"立志成为美丽中国的建设者"，进而能践行"绿水青山就是金山银山"的理念。具体进阶过程见下图：

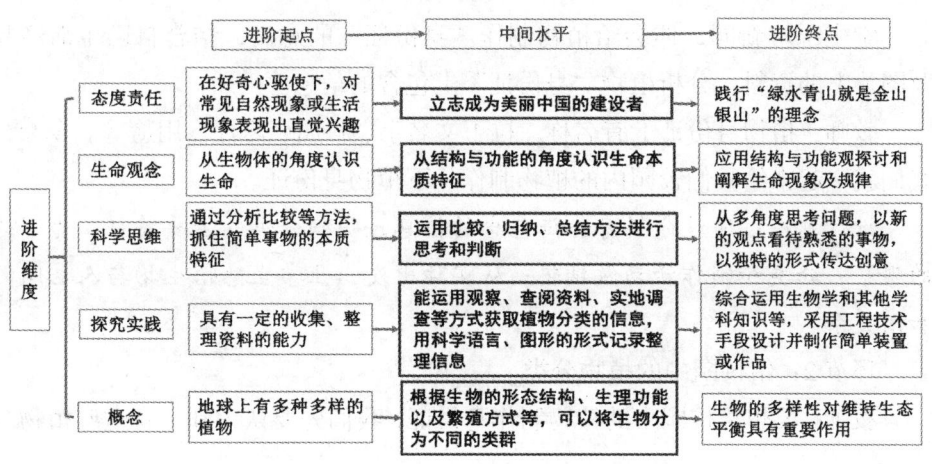

（二）教学目标

1.通过对校园中植物的调查，初步认识校园中植物的形态结构特征，体会植物的多样性与适应性；

2.通过对植物形态、结构的观察、对比、分析，能根据植物的主要特征对植物进行分类；

3.通过给植物制作"身份证"，亲身体验设计制作带来的乐趣。

（三）教学过程

环节1：新课引入

教师：我们一起来看一下几则新闻。

1.2022年3月12日是我国的第44个植树节。华东师范大学在校园中种下25棵垂丝海棠、150棵柳树。并且为每一棵新栽种的植物制作了一张特别"身份证"——一块小小的铭牌。这块小小的铭牌，不仅记录着该种植物的科普信息，形成一张可以"随身携带"的生态地图，更蕴含着"不言之教"的大文章。

2.掌上春城讯："手机扫一扫，就可以了解植物身份信息以及它身后的故事……"2022年3月24日，记者走进昆明市某小学，棕榈、樟树、水杉等近百种植物郁郁葱葱、生机勃勃，仿佛走进一座生物多样性乐园，这些"植物朋友"们都挂上自己的专属"身份证"。

教师：两则新闻中都出现了植物身份证，谁能说一说什么是植物身份证？都具备哪些信息呢？

学生了解新闻，体会给植物制作"身份证"的意义，结合自己生活经验及图片上的资料，分析植物"身份证"上包含的信息。

教师：植物身份证上有名称、拉丁文名字、科属、习性、用途等。今天，我们就一起来给我们校园内的植物制作一下植物身份证。

设计意图：通过分析身份证包含的信息，明确分类的主要特征，为下边的观察、分类和制作活动做铺垫；从实际出发，让学生感悟生物与人之间的和谐关系。

环节2：给校园中的植物分类

教师：要想给校园中的植物制作身份证，我们先要认识和了解这些植物。

在我们校园中的植物有很多，我给同学们布置了课间调查校园中植物的任务，并对植物进行分类。请同学们汇报调查及分类结果。

学生汇报调查校园中植物及分类结果并互相评价，思考自己的分类依据。

教师：同学们根据什么给植物进行分类的？

学生分析自己的分类依据。

教师：同学们进行分类时依据的是植物的茎、叶、花等特点，看来同学们对植物也有简单的了解了。那么下面我们就选择

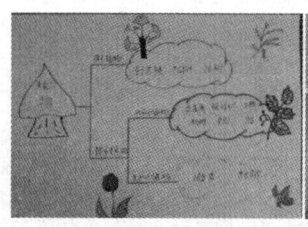

一种你最想介绍和展示给大家的植物，为它做一个"身份证"。

设计意图：初步认识校园中植物的形态结构特征，体会植物的多样性与适应性。

环节 3：给植物设计"身份证"

教师：下面同学们选择自己感兴趣的一种植物，为它设计一张有特色的身份证，设计要求如下。

1.分组协作：六人一组，互相协作，保证组内每人都有自己的作品。设计制作时应外形美观、大方。

2.裁剪制作收集材料时一定要注意安全。将用完的垃圾放到垃圾袋里。

3.内容补充：简易制作完成后，将你所收集的材料带回家中，通过查阅资料完善身份证内容。身份证内容中至少包含植物的名称、拉丁文名字、科属、习性、用途等。

4.小组展示：将你制作好的身份证在组内进行介绍，每组通过评分表进行打分，每组选出三名内容较完善的同学在班内进行展示，由老师进行打分。其他同学课下完善自己设计的"身份证"，课后将你制作的"身份证"挂在植物上。

学生听要求，进行活动，展示自己的作品并进行评价。

设计意图：通过观察和收集材料提高学生的动手操作能力和观察能力；认识局部与整体、结构与功能的关系；通过对植物简单的了解，体会结构与功能、结构与环境相适应的生命观念。

环节4：课后作业

教师：利用所学的方法为社区植物做"身份证"，让大家更好地了解它们，爱护它们。

设计意图：初步形成热爱自然、保护环境的责任感。

（设计者：北京燕山前进中学　刘泽萱）

# 八、令人"头痛"的病毒

## （一）进阶分析

本活动主要是通过学生自己查阅病毒的相关知识，并通过自制小报、PPT等的方式，向同学进行介绍和展示交流。在概念方面，以"列举生活中常见的微生物，举例说出感冒、痢疾等疾病是由微生物引起的"为基础，能"列举病毒的主要特点，举例说明它们与人类的关系"，进而知道"常见的寄生虫病、细菌性传染病、病毒性传染病是人体健康的威胁"。在科学思维方面，在"能够运用简单识记了解病毒的结构"基础上，能"运用比较、归纳、总结方法进行思考和判断"，进而"初步形成基于证据和逻辑的思维习惯"。在探究实践方面，在"具有一定的收集、整理资料的能力"的基础上，"能够有计划、有步骤地搜集、整理和分析客观事实"，进而"能够运用实验操作技能独立开展自主探究"。在生命观念方面，"从生物体的角度认识生命"，到"从结构与功能的角度认识生命本质特征"，进而能"应用结构与功能观探讨和阐释生命现象及规律"。在态度责任方面，从"具有探索自然界奥秘的兴趣"，到"关注科学技术的进步对探索自然界奥秘的促进作用"，进而能"参与社会性科学议题的讨论，做出理性解释和判断"。具体进阶过程见下图：

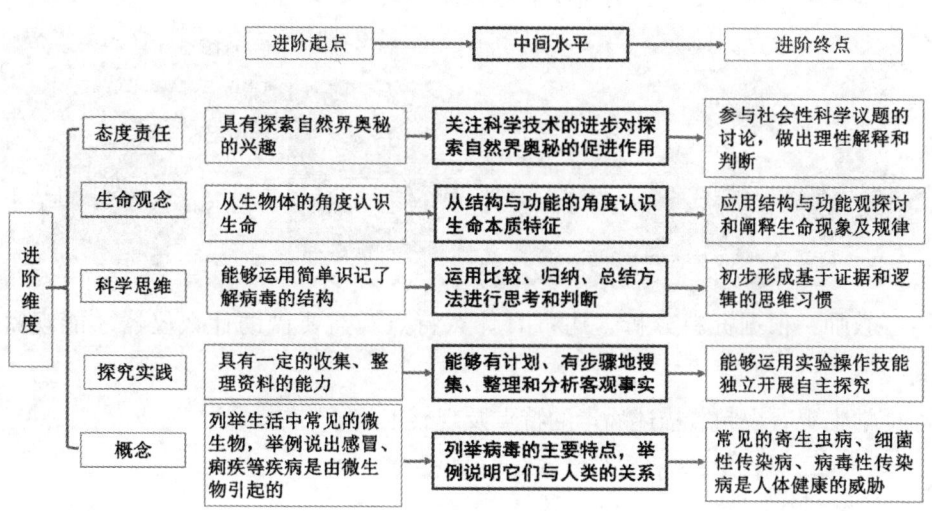

（二）教学目标

1.通过查阅资料、制作小报、PPT等培养学生获取信息及加工信息的能力；

2.通过汇报交流等方式，概括病毒的形态、结构特征及与人类生活的关系，提高学生的表达能力；

3.通过病毒与人类的关系的分析，学会用辩证的思维分析问题；

4.通过查阅资料及教师拓展资料的介绍，引导学生关注与生物学有关的社会问题，进行生命科学价值观的教育，确立积极、健康的生活态度，珍爱生命！

（三）教学过程

环节1：情境导入

教师播放视频《中国战疫纪》片段。

教师：这是2020年发生在武汉的抗疫故事，现在的武汉人们已经恢复了正常生活，但是人们不会忘记在那个时期牺牲了以及为抗疫做出贡献的英雄们。武汉的疫情虽已过去，但全球的疫情并未消失，新冠肺炎病毒不断地变异，不断地侵害着人类。今天我们就一起来研究病毒这种生物。

学生了解新冠肺炎病毒带来的灾难。

设计意图：创设情境，激发兴趣；引导学生关注社会生活。

环节2：病毒出现的历史及大小

教师播放视频——《病毒的发现史》。

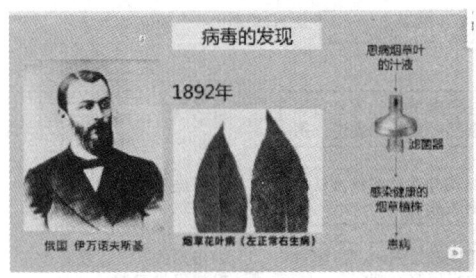 

教师：根据资料分析，病毒有什么特点？需要借助什么仪器才能观察到呢？

学生观看视频，描述病毒的特点及观察工具。

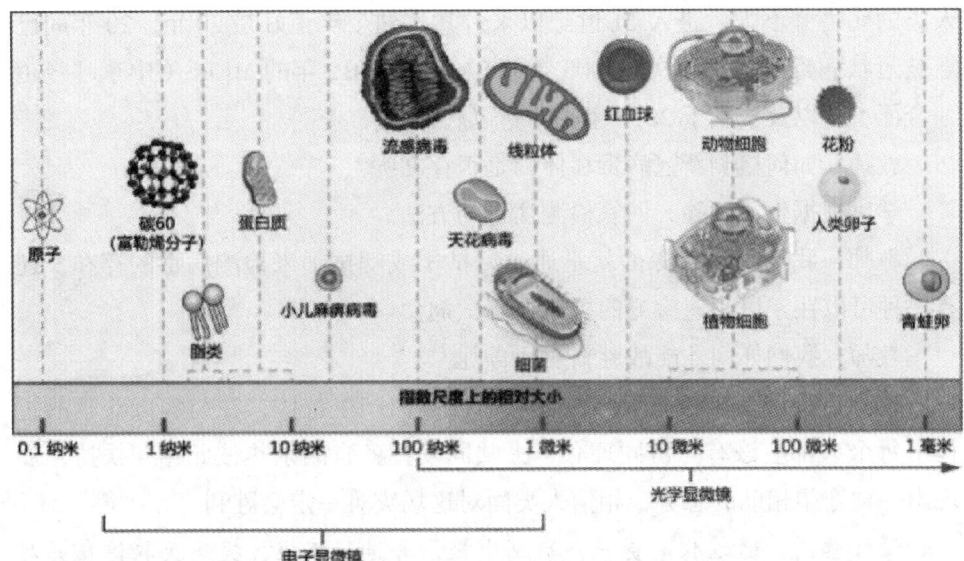

教师：病毒到底有多小？（展示图片）

学生观察图片描述病毒的大小、形态。

教师：大约 10 亿个细菌等于一粒小米粒大；大约 3 万个病毒等于一个细菌大；一个病毒的大小约为 10nm~300nm。形态包括球状、杆状、丝状。病毒已经在地球上存在几十亿年了，我们人类只存在了大约一万年的时间（从农业社会算起），给人类的生活带来了非常大的影响。

设计意图：通过对比，体会病毒的大小、形态；了解科学进步与技术的关系。

环节 3：新冠病毒

教师：同学们通过查阅资料，已经对病毒有了一些认识，下面请同学们来分享自己的作品。

学生展示介绍新冠病毒。

教师：同学们从新冠病毒的结构、类型、繁殖、预防及危害等不同的角度对新冠病毒进行了全面的介绍。我们发现新冠病毒的形态是球状，属于冠状病毒的一种。人类对冠状病毒的最早认知是在 1965 年，最早的冠状病毒对

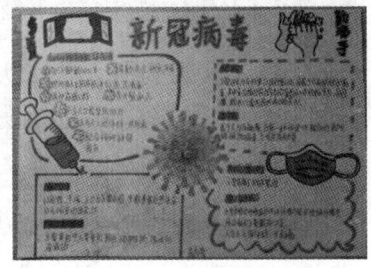

人类的伤害并不大。进入 21 世纪以来，其实到今年正好是 20 年，20 年间已经被冠状病毒侵袭了 3 次，2003 年的 SARS 和 2012 年的 MERS（中东呼吸道综合征），以及暴发于 2019 年底的新冠病毒。

教师：如何检测新冠病毒在体内是否存在呢？

学生根据生活经验，回答检测病毒的方法。

教师：我们感受最深的就是通过鼻拭子或咽拭子来检测病毒的存在。还有一种可以在家里快速检测的抗原检测试剂盒。

教师：我们如何才能战胜新冠病毒呢？

教师打疫苗是一种有效方法，可以使体内产生抗体，在与病毒斗争的过程中每个人都应该有一份同理心，去共同发挥各自的余热彼此相互扶持，展现出一种守望相助的态势，相信人类面对这场灾难一定会胜利。

设计意图：通过收集资料，自制小报，并进行汇报，提高获取信息并对信息进行加工处理及交流、展示的能力；提高学生参与讨论热点问题的意识，树立社会责任。

环节 4：艾滋病病毒

教师：对抗新冠病毒的疫苗在 1 年内就已经研发出来了，但是现在有一种病毒疫苗迟迟没有攻克，它就是艾滋病病毒。下面请同学们介绍艾滋病的相关内容。

学生展示手抄报和 PPT，介绍艾滋病病毒的繁殖、分类，危害；了解艾滋病的传播途径。

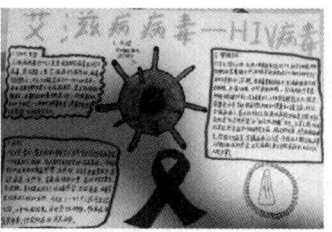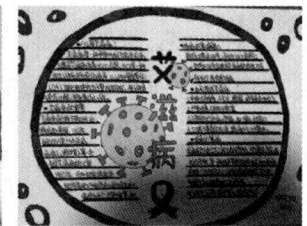

教师：艾滋病研究专家认为，艾滋病最初起源于非洲。有医疗记载的第一例 HIV 人类患者，是非洲某个城市里的男性患者，他的血液被当时医疗研究人员保存了下来。

艾滋病之所以进入暴发期，就是因为非洲移民将 HIV 带入了美国。随着科学的不断研究，发现艾滋病毒的起源可能是非洲喀麦隆南部地区的一些黑猩猩和大猩猩，但病毒为何传染给了人类？很多人对此困惑不解。后经科技人员追逐历史考察情况，分析可能原因如下：非洲的自然条件十分有限，为了能让家族生存下去，就会选择猎杀动物，就包括了黑猩猩和大猩猩。但由于这里的居民狩猎工具并不先进，在过程中可能会受伤，和黑猩猩和大猩猩的血液接触之后可能感染 HIV 病毒。"

面对艾滋病，全世界的医学研究人员都在夜以继日的努力，但可惜的是，即便是到了现在还没有研制出彻底根治艾滋病的药物，而且也没有可以预防艾滋病的疫苗。所以大家在生活中，一定要保护好自己，只有洁身自好才能远离艾滋病。

设计意图：让学生认识到艾滋病的危害以及预防艾滋病的紧迫性，引导学生尊重生命、关爱生命，激发学生的社会责任感和使命感。

环节 5：噬菌体

教师：刚才两种病毒一旦进入人体都会带来巨大的伤害，但是世界上有一种数量最多的病毒，它的数量甚至超过了所有生物加在一起的数量，它就是噬菌体。下面请同学们介绍噬菌体的相关知识。

学生展示手抄报和 PPT，介绍噬菌体的繁殖、分类，与人类的关系。

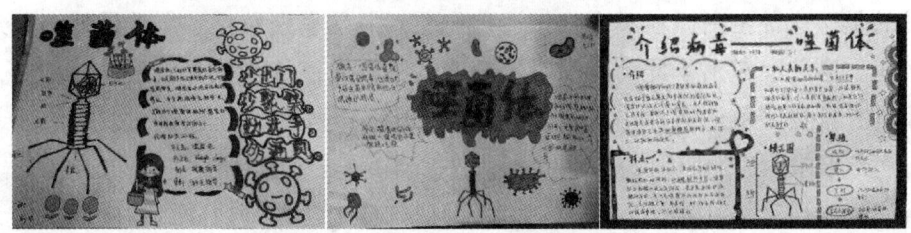

教师：噬菌体是病毒中最为普遍和分布最广的群体。通常在一些充满细菌群落的地方，如：泥土、动物的肠道里，都可以找到噬菌体。此时你的手上、肠道里、眼皮上，正有数十亿的噬菌体，每天有 40% 的细菌在海洋里被它们杀灭。虽然已经找到了对付细菌的抗生素，但是细菌会进化出抗药性。不过微小的噬菌体病毒，也许可以救我们。2016 年最大的噬菌体实验室，已经开始此类研究，相信终究有一天，噬菌体可以完全合理地使用，以拯救更多的病人。

设计意图：通过噬菌体与细菌的长期战斗，体会结构与功能、结构与环境相适应的生命观念。认同人类对遗传物质的认识是不断深化不断完善的过程。

环节6：朊病毒

教师：前面三种病毒都具有遗传物质，这也是病毒最主要的结构，但是现在要介绍的这种病毒，只由蛋白质构成，它就是朊病毒。下面请搜集朊病毒资料的同学来介绍朊病毒。

学生展示手抄报和PPT，介绍朊病毒的繁殖、分类，与人类的关系。

 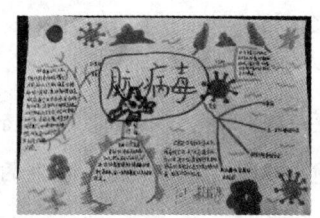

教师：感染朊病毒后一旦病发没有解决办法，它会攻击感染者的大脑，控制神经中枢，让动物们无法控制自己，俗称"笑死症"，且朊病毒有着近一年的潜伏阶段。美国神经病理学专家斯坦利·普鲁辛纳经过多年对牛羊等动物瘙痒症的研究，最终分离出来一种致病的蛋白微粒。不过令世人震惊异常的是，这种蛋白微粒不含任何遗传物质，但是它繁殖到一定数量就会导致生病。这已经超出了此前人类对生命的认知。人们认为只有核酸的结构体，才具有自我繁殖代谢等一系列生命现象。2005年美国科学家通过研究表明，朊病毒繁殖致病的原因，是因为朊病毒的结构和其他正常蛋白质的结构不同。朊病毒能通过拓扑结构发生改变，就是把自身正常的蛋白质结构变成杀伤力极强的蛋白微粒，等到朊病毒扩散十分严重之后，就会引起各种各样的疾病。而且这个病毒并非我们所说的常规意义上的病毒，它的体积只有我们已知的最小病毒的百分之一都不到，250个氨基酸分子就是它的全部了。它具有超高的防御力，被120℃以上的高温热水煮4个小时，仍然具有感染性。我们人体的免疫系统对它无效，所以一旦感染，基本没有办法消灭他们，人畜一旦发病，在一年时间内会全部死亡。

设计意图：认同科学离不开不断探索研究与设备的支持。形成认知冲突，激发学生对生命科学的兴趣与探索欲望。

环节 7：总结病毒特征及与人类的关系

教师：请同学们根据同学们对病毒的介绍概括病毒的结构特点及与人类的关系。

学生归纳、总结病毒的结构特点，概括分析病毒与人类的关系。

设计意图：通过比较、归纳、总结等方法进行判断，初步形成基于证据和逻辑的思维习惯，发展学生的科学思维。激发学生探索自然界奥秘的兴趣，并认识到科学技术的进步对探索自然界奥秘的促进作用，进而鼓励学生参与社会性科学议题的讨论，并作出理性解释和判断。

（设计者：北京燕山前进中学　张潮）

# 参考文献

[1] Wilson M R, Bertenthal M W, Education B O S, et al. Systems for state science assessment[J]. National Academies Press, 2005:248.

[2] Duschl R A, Schweing H A, Shouse A W. Taking science to school: Learning and teaching science in grades K-8[J]. National Academies Press, 2006.

[3] Liu L, Jackson T. A recent review of learning progressions in science: Gaps and shifts[J]. The Educational Review, 2019, 3(9), 113-126.

[4] 韦斯林, 贾远娥. 学习进程：促进课程、教学与评价的一致性 [J]. 全球教育展望, 2010, 39(9), 24-31.

[5] 乔通. "运动与相互作用" 主题中的重要概念及其学习进阶研究 [D]. 西南大学, 2015.

[6] 孙影. 基于 ChemQuery 评价系统的化学变化学习进阶研究 [D]. 山东师范大学, 2015.

[7] 陈樱樱. 学习进阶在生物学课堂教学中的应用 [D]. 华东师范大学, 2016.

[8] 罗莎琳德. 德赖弗, 埃迪特. 盖内, 安德烈. 蒂贝尔吉安. 儿童的科学前概念 [M]. 上海：上海科技教育出版社, 2008.

[9] Taber K S. Building the structural concepts of chemistry: Some considerations from educational research[J]. Chemistry Education Research and Practice, 2001, 2(2), 123-158.

[10] 周存军. 高中化学螺旋式课程衔接教学探究 [J]. 教育科学论坛, 2013(6), 3.

[11] 刘晟, 刘恩山. 学习进阶：关注学生认知发展和生活经验 [J]. 教育学报, 2012,8(2), 81-87.

[12] Alonzo A C, Steedle J T. Developing and assessing a force and motion learning progression[J]. Science Education, 2021(93), 389-421.

[13] Smith C L, Wiser M, Anderson C W, et al. FOCUS ARTICLE: Implications of research on children's learning for standards and assessment: A proposed learning progression for matter and the atomic-molecular theory[J]. Measurement Interdisciplinary Research & Perspectives, [13]  2006(4), 1-98.

[14] 皇甫倩，常珊珊，王后雄. 美国学习进阶的研究进展及启示 [J]. 外国中小学教育，2015(8), 8

[15] Salinas I. Learning progressions in science education: Two approaches for development[J]. Consortium for Policy Research in Education, 2009.(7), 1-18

[16] 姜显光. 高中化学反应限度学习进阶研究 [D]. 东北师范大学，2019.

[17] Alonzo A C, 翟小铭. 学习进阶：描述学生思维发展的有效方式 [J]. 物理教师，2015, 36(11), 73-76.

[18] 周军. 思维支架：学习进阶撬动深度课堂的着力点 [J]. 中小学数学：高中版，2018(11), 4

[19] 冷春莹. 基于学习进阶理论下的物理生成式教学 [D]. 哈尔滨师范大学，2020.

[20] Stevens S Y, Shin N, Peek-Brown D. Learning progressions as a guide for developing meaningful science learning: A new framework for old ideas[J]. Educación Química, 2013, 24(4), 381-390.

[21] 张玉峰. 基于学习进阶的科学概念教学内容整合 [J]. 课程·教材·教法，2019(1), 7

[22] 张玉峰. 基于学习进阶的中学物理教学改进研究：电与磁 [M]. 北京：北京师范大学出版社，2020.

[23] 郭玉英，姚建欣. 基于核心素养学习进阶的科学教学设计 [J]. 课程·教材·教法，2016(11), 7

[24] 郭玉英. 在初中物理教学中培养学生的科学素养 ( 下 )[J]. 新课程教学：2015(7), 1

[25] 郭玉英，姚建欣. 聚焦教学关键问题 发展学生核心素养——初中物理教学关键问题的理论基础与实践引领 [J]. 基础教育课程，2016(19), 6

[26] 周宗奎. 现代儿童发展心理学 [M]. 合肥：安徽人民出版社

[27] 郎筠. 皮亚杰认知发展理论简析 [J]. 科技信息，2011(15), 2

[28] 张莉云. 维果茨基认知发展理论的当代发展及教育启示 [D]. 东北师范大学，2008.

[29] 曾智，丁家永．维果茨基教学与发展思想述评 [J]. 外国教育研究，2002，29(11)，4

[30] 夏玲玉，廉丽姝，王芯芯．基于学习进阶的地理区域认知能力培养 [J]. 地理教学，2019(1)，6

[31] 张平．杜威"经验"概念的独特阐释 [D]. 东北师范大学，2011.

[32] 吴艳玲．杜威的经验概念及其教学意义 [J]. 吉林广播电视大学学报，2014(9)，2

[33] 宋洁．"连续性的进程"：让思维不 " 掉线 "——" 社会化学习 " 基本要素解读之三 [J]. 教育研究与评论：小学教育教学 .2021(7)，22-25

[34] 拉尔夫·泰勒．课程与教学的基本原理 [M]. 北京：中国轻工业出版社，2014.

[35] 解艳红．泰勒《课程与教学的基本原理》简析及其启示 [J]. 内蒙古师范大学学报：教育科学版，2007(S1)，2

[36] 马丽．"泰勒原理"述评 [J]. 甘肃高师学报，2015，20(1)，4.

[37] 吴有昌，高凌飚．SOLO 分类法在教学评价中的应用 [J]. 华南师范大学学报：社会科学版，2008(3)，5.

[38] 宋洁，赵雷洪．SOLO 分类评价法及其应用 [J]. 上海教育科研，2005(10)，3.

[39] 黄黎明，颜穗芬．SOLO 分类评价理论及其对新课程改革的启示 [J]. 天中学刊，2007，22(6)，3.

[40] 姚建欣，郭玉英．为学生认知发展建模：学习进阶十年研究回顾及展望 [J]. 教育学报，2014，10(5)，8.

[41] 杨亚琼，弭乐．学习进阶理论的模式创新与研究展望 [J]. 办公自动化，2021，26(20)，3.

[42] 陈小红．基于学习进阶的物理概念教学研究 [D]. 西南大学，2015.

[43] 郭玉英．用核心素养引领初中物理教学 ( 上 )[J]. 新课程教学：2016(11)，1.

[44] 弭乐．物理教育视域下整合式进阶教学研究 [J]. 教育科学论坛，2021(4)，4.

[45] 弭乐，郭玉英．概念学习进阶与科学论证整合的教学设计研究 [J]. 课程·教材·教法，2018(5)，9

[46] 李化侠，宋乃庆，杨涛，等，学习进阶测评工具研发：以小学生统计思维为

例 [J]. 华东师范大学学报：教育科学版 , 2020, 38(4), 11.

[47] 孙小坚 , 康春花 , 曾平飞 , 等 , 建构反应题中能力估计准确性的影响因素 : 评分者人数和项目个数的交互作用 [J]. 心理学探新 , 2018, 38(1), 7.

[48] 李佳欣 . 物理概念学习进阶测量工具现状的研究 [J], 山西青年 . 2021(10), 19-20.

[49] Pruitt S. Next-Generation Science Standards[C]. American Association for the Advancement of Science 2013 Annual Meeting, 2013.

[50] 谢佳宏 . 高中物理 "静电场" 主题的学习进阶研究 [D]. 陕西师范大学 , 2019.

[51] 高佳利 . 基于科学解释能力进阶的中学物理教学设计研究 [D]. 长江大学 . 2019

[52] 王磊 , 黄鸣春 . 科学教育的新兴研究领域 : 学习进阶研究 [J]. 课程·教材·教法 , 2014(1), 7

[53] 牛亚男 . 基于学习进阶理论培养高中生 "证据推理" 素养的教学实践研究 [D]. 贵州师范大学 . 2021

[54] 杨玉茹 . 初中生物学教学进阶式培养学生社会责任的实践研究 [D]. 内蒙古师范大学 , 2021.

[55] 李春艳 . 中学地理课程中的概念建构与学习进阶 [J]. 课程·教材·教法 , 2016(4), 6

[56] 穆雪莹 . 中学地理核心概念的学习进阶研究 [D]. 东北师范大学 .2018

[57] 杨春燕 . 学习进阶在高中地理教学中的应用研究 [D]. 鲁东大学 .2018

[58] 张素娟 . 基于核心概念和学习进阶分析的初高中地理教学内容的衔接 [J]. 中学地理教学参考 , 2015,(15), 19-21

[59] 孙银银 . 基于学习进阶对地理核心素养综合思维的研究 [D]. 西南大学 , 2020.

[60] 中华人民共和国教育部制定 . 义务教育科学课程标准（2022 年版）[M]. 北京 : 北京师范大学出版社 , 2022.

[61] 中华人民共和国教育部制定 . 义务教育生物学课程标准（2022 年版）[M]. 北京 : 北京师范大学出版社 , 2022.